罪犯自杀防范与干预

ZUIFAN ZISHA FANGFAN YU GANYU

主　任◆殷导忠　王少波

副主任◆邵晓顺　楼　扬

主　编◆邵晓顺

撰稿人（按撰写专题顺序）

邵晓顺　郑自明　葛立军

邓　平　杜正洲　史金芳

方扬松　程小俊

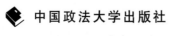 中国政法大学出版社

2023·北京

图书在版编目（CIP）数据

罪犯自杀防范与干预/邵晓顺主编. —北京：中国政法大学出版社，2023.9
ISBN 978-7-5764-1112-6

Ⅰ. ①罪⋯　Ⅱ. ①邵⋯　Ⅲ. ①罪犯－自杀－心理干预　Ⅳ. ①D916.7

中国国家版本馆CIP数据核字(2023)第184036号

出　版　者	中国政法大学出版社
地　　　址	北京市海淀区西土城路 25 号
邮寄地址	北京 100088 信箱 8034 分箱　邮编 100088
网　　　址	http://www.cuplpress.com (网络实名：中国政法大学出版社)
电　　　话	010-58908435(第一编辑部) 58908334(邮购部)
承　　　印	保定市中画美凯印刷有限公司
开　　　本	720mm×960mm　1/16
印　　　张	14.5
字　　　数	230 千字
版　　　次	2023 年 9 月第 1 版
印　　　次	2023 年 9 月第 1 次印刷
印　　　数	1～4000 册
定　　　价	49.00 元

前言 Preface

　　罪犯自杀现象在世界各国监狱都存在，防范罪犯自杀也被世界各国监狱普遍关注。近年来，我国监狱机关高度重视罪犯自杀防范与干预工作，罪犯自杀现象逐年减少，防范罪犯自杀取得积极成效。

　　为了进一步做好监狱防范罪犯自杀工作，我们组织司法警官院校专家与监狱基层资深专业警察，联合开展防范与干预罪犯自杀调查研究，并根据调研成果撰写了《罪犯自杀防范与干预》教材。

　　本教材以习近平新时代中国特色社会主义思想为指导，全面贯彻习近平法治思想，以科学的理论结合实践经验，系统谋划防范罪犯自杀工作，促进提升监狱人民警察防范与干预罪犯自杀工作能力，为确保监狱安全稳定和提高罪犯改造质量服务。

　　本教材以"模块+专题"的方式编撰教材内容，共包括四个模块：罪犯自杀理论基础、罪犯自杀评估、罪犯自杀干预、案例与演练。每个模块又包含若干专题，以构建起防范罪犯自杀整体工作体系。教材内容上，理论知识与实践操作并重，以确保监狱人民警察通过演练切实掌握防范罪犯自杀的工作内容与干预技术。

　　各专题撰写人是（以撰写专题先后为序）：

　　邵晓顺（浙江警官职业学院教授）：专题一。

　　郑自明（浙江省之江监狱评估矫治中心副主任）、刘俊梅（浙江省丽水市民政局社工师）：专题二。

　　葛立军（杭州市西郊监狱教育科副科长）：专题三。

邓平（浙江警官职业学院讲师）：专题四。

杜正洲（浙江省乔司监狱评估矫治中心一级警长）：专题五。

史金芳（浙江省长湖监狱评估矫治中心一级警长）：专题六。

方扬松（浙江省第五监狱三级高级警长）、程小俊（浙江省第五监狱一级警长）：专题七。

本教材的出版得到了浙江省之江监狱和浙江警官职业学院的资助；本教材在撰写时参考了国内外诸多专家学者的研究成果，在此一并表示衷心感谢。

编写组

2022 年 12 月

目录
Contents

▌模块三　罪犯自杀干预▌

▌模块四　案例与演练▌

模块一

罪犯自杀理论基础

专题一　罪犯自杀防范概述

我国监狱机关对罪犯自杀防范工作非常重视。监狱系统的理论研究者和实践工作者对罪犯自杀防范开展了系统研究，取得了诸多研究成果。本专题在对罪犯自杀进行解读的基础上，提出罪犯自杀防范的总体原则与基本对策，以促进监狱机关防范与干预罪犯自杀工作积极有序推进。

学习任务一　罪犯自杀解读

一、对自杀的简要分析

（一）自杀的含义

自杀是一种社会现象，也是一种医学现象，在世界范围内普遍存在。自杀是指个体在复杂心理活动的作用下，采取各种手段结束自己生命的主动或被动的行为。个体的生理与心理因素、家庭因素、社会环境因素等交互作用，导致个体产生自杀行为。有时自杀还是一种沟通方式，有人借由它来传达情绪，获得控制或者换取某种利益（精神的或物质的），但更有可能是为了逃避内心深处的罪恶感以及无价值感。

自杀行为通常包括三个基本要素：一是行为后果的致死性，即自杀行为的直接后果是死亡；二是行为后果的故意性，即自杀者明知这种行为会产生死亡的后果却故意为之；三是行为主体的主动性，即自杀者对自己行为及后果有清楚的了解，并采取手段促使这种后果的产生，其中行动的手段可以是主动的，也可以是被动的。只要具备了这三个要素，都是自杀行为。

（二）自杀的分类

1. 按自杀的原因分类。法国社会学家埃米尔·迪尔凯姆依照社会对个人的关系及控制力的强弱，把自杀分为四种类型。一是利他型自杀，是指在社会习俗或群体压力下，或为追求某种目标而自杀。常常是为了负责任，牺牲小我而成全大我。二是自我型自杀，与利他型自杀正好相反，是指个人失去社会约束与联系，对身处的社会及群体毫不关心，最终因孤独而自杀，如离婚者、无子女者。三是失调型自杀，是指个人与社会固有的关系被破坏，如丢失了工作、丧失学习能力、失去自理能力、亲人死亡、失恋等，令人彷徨、不知所措，难以控制而自杀。四是宿命型自杀，是指个人因种种原因，受外界过分控制及指挥，感到命运完全非自己可以控制时而自杀。

2. 按自杀的结果分类。根据自杀结果的不同，通常将自杀分为自杀死亡与自杀未遂。但是在自杀意愿方面，自杀死亡与自杀未遂之间有许多交叉重叠之处，因此这样分类不够精准。目前，学术界根据自杀结果的不同将自杀行为分为三类：自杀意念，有寻死的愿望，但没有采取任何实际行动；自杀未遂，有自杀意念且有伤害自身的行为但未导致死亡；自杀死亡，采取有意的自伤行为并导致了死亡。其中自杀意念又包括两种情况，一是准备自杀，即有自杀意愿，并确定了自杀的方法和时间，或者写好了遗书，安排了后事，但尚未采取实际行动；二是仅仅有死的念头，尚无自杀计划和自杀准备。

3. 按自杀的手段分类。根据自杀手段的不同，可以把自杀分为情绪性自杀与理智性自杀两类。情绪型自杀常常由于爆发性的情绪所引起，如委屈、悔恨、内疚、羞惭、激愤、烦躁、赌气等情绪状态所引起的自杀。此类自杀进程比较迅速，发展期短，甚至呈现出即时的冲动性或突发性。理智性自杀不是由于偶然的外界刺激唤起的激情状态导致的，而是由于自身经过长期的评价和体验，进行了充分的判断之后，逐渐萌发自杀的意向，并且有目的、有计划地选择自杀手段。此类自杀的进程比较缓慢，发展期较长。

（三）自杀者的心理特征

国内学者总结了普通人群自杀者 10 个心理特征：①对社会特别是对周围人群抱有很深的敌意，戒备心理较强，喜欢从阴暗面看问题；②缺乏决断力，遇事犹豫不决，没有主见；③社交能力差，在心理与感情上把自己与社会隔离开来，缺乏归属感；④缺乏理性的生活态度，认识问题倾向于过度概括化、非此即彼、以偏概全；⑤倾向于夸大负性事件的危害性，自暴自弃、自我贬低；⑥过分追求绝对化，不能忍受不确定性；⑦适应能力差，应对困难的技巧和能力较差；⑧行为具有冲动性；⑨人格不成熟，情绪不稳定，神经质；

⑩缺乏人格自知力，对自己的定位不准确。[1] 具有这些心理特征的个体如果遭受心理社会因素就容易出现自杀行为。

二、对罪犯自杀的解读

（一）罪犯自杀的含义与特征

罪犯自杀是指在各种内外因作用下，罪犯主动或被动采取某种手段结束自己生命的行为。

我国监狱是自杀管控体系建构最完善、最严密的场域之一，但仍有罪犯入狱服刑后因受人生落差、心理障碍、生理疾病、监禁环境等因素影响，改造目标十分模糊，改造动力严重不足，对生活前景极度悲观，最终意图以自杀来了结人生。罪犯一旦入狱服刑，自杀就不再属于单纯的个人行为，而是关乎监管安全的重大事件。因此，监狱人民警察应当高度重视防范罪犯自杀工作。

有研究者认为，自杀罪犯的心理特征有认知功能缺陷、情绪体验难受、意志表现极端、价值观念偏移、人际关系不良等。[2] 有关澳大利亚监狱罪犯自杀的研究表明，在监狱自杀罪犯中绝大多数是男性囚犯，自杀罪犯的年龄比那些因其他原因死亡的罪犯更年轻，暴力犯自杀比例高于其他类型罪犯等。[3] 罪犯自杀的特征综合表现为：一是农村籍的多；二是新入监的多；三是年轻的多；四是在案情上强奸犯自杀的多，亲情犯罪（伤害亲人）的次之；五是在刑期上短刑期的多，长刑期的次之；六是在自杀死亡方式上选择上吊、服毒、绝食等非暴力方式的多，采用触电、跳楼、割腕、自焚等暴力方式的少；七是在自杀时间上选择在深夜至凌晨的多；八是在自杀地点上选择在人员活动少的死角地点的多；九是自杀前有自杀征兆表现的多；十是女犯自杀的多。[4]

罪犯自杀防范方面，我们可以借鉴国外的防控方案与措施，但更应加强国内罪犯自杀的研究，以习近平法治思想为指导，构建起具有中国特色的防

---

[1] 何仅、李浒、贺敬义等主编：《精神分裂症》，南海出版公司2007年版，第389页。

[2] 龚道联：《罪犯自杀危机干预》，重庆出版社2014年版，第16~18页。

[3] 张桂荣、葛向伟主编：《域外预防犯罪与刑事司法新趋势》（第三卷），法律出版社2021年版，第175页。

[4] 雷世章、周何："狱内罪犯自杀防控"，载《安徽警官职业学院学报》，2014年第5期。

范罪犯自杀框架体系与应对策略。

（二）罪犯自杀的分类

根据罪犯自杀动机的不同，可以把罪犯自杀分为内在丧失型、解脱型、外在报复型、威胁型等。

1. 内在丧失型自杀，是指罪犯因为最亲密的社会支持系统突然断裂或者对最牵挂的人所处困境无能为力，从而产生极度沮丧情绪，继而因承受不住打击而选择自杀的行为，如罪犯配偶提出与其离婚，或者亲人与其断绝关系，或者家人因严重疾病突然去世，又或者家庭成员因患重病生活陷入困境等。

2. 解脱型自杀，是指罪犯在监狱服刑期间患有慢性或严重疾病，刑期长不知能否活着走出监狱，或者即使能活着出狱但自知生活难以自理，伺机通过自杀来寻求心理解脱的行为。

3. 外在报复型自杀，是指罪犯因思想认识偏激，对监狱或监狱警察的管理教育心怀不满，便以自杀行为作为报复手段，企图借此使监狱警察遭受道义上的谴责、行政上的处分甚至法律上的制裁。

4. 威胁型自杀，是指罪犯抱着某种不良目的，如为了缩减学习任务、更换劳动岗位、要求狱外就医、实现营养加餐等，以绝食、撞墙等自杀手段获得某种差异化改造处遇。这类罪犯的自杀，死亡不是其目标指向，寻求某种改造好处是其追求的真实目标。

此外，还有罪犯会因过分内疚而选择自杀，如有的罪犯骗取的是亲人或朋友的钱款，杀害的是自己的配偶或子女。这些罪犯经过监狱警察的教育改造，有时会幡然悔悟且悔恨不已。他们在改造中表面上很平静，但内心却是翻江倒海，思绪万千。也有的罪犯会见亲朋或拨打亲情电话后情绪跌入低谷，没过多久便选择自杀，究其原因是其内心抑郁、焦虑情绪长期积压。原本抱着良好的期盼前去会见、通话，岂料通过会见与电话得知了更多因自身犯罪给家人带来的各种凄惨遭遇与严重打击，最后导致其因过度内疚、自责而实施自杀行为。

（三）罪犯自杀方式

罪犯自杀方式多种多样，包括自缢、失血、自焚、溺水、电击、绝食、重创、吞食异物等。对罪犯自杀方式进行归类，可分为以下几种类型。

1. 窒息型自杀方式。罪犯借助绳索、纤维带、包装带、皮带、冲水软管、裤子或将床单撕扯成布条套在脖子上，因绳带压迫颈部血管、神经，致使呼吸道窒息、脑部严重供氧不足，最后导致死亡。这是目前监狱罪犯自杀最常见的方式。另外，背心、袜子也能用于自缢。

2. 切割型自杀方式。这也是罪犯自杀的主要方式之一。通过对 2018 年 6 月至 2019 年 6 月全国 30 起罪犯自杀案件的调查，发现用锐器猛戳自己重要部位最终导致自杀身亡的占 20%。具体表现为罪犯利用劳动工具（如剪刀）、生活用品（如指甲钳）、尖锐物质（如铁钉、铁丝）等物品中隐藏的锐器，实施割腕、戳颈部、捅腿部大动脉等行为，因大出血而导致死亡。其中，选择割腕自杀的比例较高，而实施割腕的场合既有劳动现场，也有厕所，还有的则选择在被窝中进行。

3. 撞击型自杀方式。实施此类行为的罪犯大多因脑部受到重创，最后救治无效死亡。如罪犯用头部快速撞击固定设施（如机器、铁架、地面、围墙等）或运动物体（如汽车），根据物理学中的动量定律，短时内会产生强大的作用力，导致人颅脑严重损伤。

4. 中毒型自杀方式。罪犯服用各类药物或有毒物质自杀。这种自杀方式以前在监内比较常见，如大量服用治病类药物（如安眠药、感冒药等）、含有重金属的物品（如电池、体温计）、具有腐蚀性的液体（如洗衣粉、消毒液）、具有精神依赖性的物品（如各种毒品）等。近十年来，随着监狱对各种药物监管的日趋规范严格，罪犯企图通过药物自杀的机会越来越少。

5. 内伤型自杀方式。罪犯利用现有的一些物品与材料，采用吞咽方式实施自杀行为，如吞咽缝衣针、玻璃碎片、剃须刀片、尖锐利器等。绝大部分罪犯经过救治后都自杀未遂，但也有极个别罪犯因延误抢救，造成人体内大出血而自杀既遂。

除上述自杀方式之外，还有少数或极少数其他自杀方式如跳楼、头浸水桶溺水自杀、头套袋子窒息自杀、住院时打空针、大剂量药水静脉滴注自杀以及破坏电路开关与电线设施造成触电死亡等。

（四）影响罪犯自杀的因素

在影响罪犯自杀的原因方面主要有这样一些观点。

有学者认为罪犯自杀的原因大体上可以分为两类。一是社会与环境因素，包括罪犯服刑期间重大负性生活事件的冲击，家庭变故引起的无助绝望心理，疾病长期得不到有效治疗等；二是罪犯个人因素，包括心理脆弱、易受暗示、内向孤独、思维偏执、性格倔强、情绪冲动、敌意、病理心理等。[1]

有研究者从罪犯的外部环境原因与自身原因两方面进行归纳。在外部环境原因方面，一是社会环境方面的原因，包括社会转型期的影响、文化因素的负面效应、媒体报道引起不良心理反应等；二是家庭环境方面的原因，包括家庭关爱缺失、家庭结构不完整、家庭发生变故等；三是负性生活事件的发生，包括健康的丧失、创伤后应激障碍、长期受牢头狱霸的欺压且得不到管教警察的关怀、因劳动生产技能较差而无力完成习艺任务等；四是监管制度执行上的漏洞和疏忽，如比较隐蔽的场所及可供罪犯实施自杀的绳索、刀具等工具，可能会诱导罪犯自杀。在罪犯自身原因方面，一是存在不良心理或消极人格特征，如自卑心理、人际关系紧张、神经性气质等；二是存在心理疾病，如中重度抑郁症、精神分裂症、双相情感障碍等；三是存在一定的心理或情绪障碍，一般表现为情绪低落、失眠、食欲减退、疲乏、注意力不集中、自责等；四是自身患有疾病，思想包袱严重而备感绝望。[2]

另有研究者从影响女犯自杀的内因与外因角度进行了阐析。在女犯自杀的内因构成上，一是心理落差，由于角色急剧变化，女犯更难以适应监狱生活；二是女犯的生理特点，女性特有的生理周期容易导致情绪波动，在经期前后一周左右或患上更年期综合征时期，容易产生自杀念头甚至付诸行动；三是性格特征，女犯大多内向、情绪悲观、承受能力差，容易走极端；四是心理需要，女犯有更多的情感和心理需要，特别是犯故意杀人、故意伤害罪的女犯。在女犯自杀的外因构成上，一是家庭因素，如女犯入狱后自感亲人淡漠、亲友疏远，易产生被抛弃的孤独感，内疚又悲愤，觉得活着没意思，还有就是家庭变故归因于自身，产生极强的负罪感进而产生自杀解脱的念头；二是改造压力，不想拖累家人的女犯以及年龄较大且文化程度低的女犯，改造能力弱，思想压力大，感到"活着不如死了好"；三是监管漏洞，如劳动工具管理不到位，搜身不到位，"三连号"包夹制度不到位，犯情掌握不及时；四是政策变动，如减刑、假释政策变动，给女犯带来的心理冲击大，以及监

---

〔1〕 吴宗宪主编：《中国服刑人员心理矫治技术》，北京师范大学出版社 2010 年版，第 392~393 页。

〔2〕 吕登明：《罪犯自杀与防控研究》，载《犯罪与改造研究》2015 年第 9 期。

管模式改变且亲属长时间无法会见等，对极需亲人关心的女犯打击大。[1]

还有研究者从罪犯的特殊身份、监禁环境、社会家庭等方面进行分析，认为影响罪犯自杀的原因主要有：一是负罪感重、良心谴责，特别是一些杀害亲属、恋人的罪犯，精神负担重，易产生自杀心理和行为；二是刑期漫长，希望渺茫，长刑期的罪犯比短刑期的罪犯更易产生自杀行为；三是服刑挫折，压力增加，不能正确认识和处理服刑改造中遇到的挫折，骤然增加了心理压力，难以适应当前的环境，从而产生自杀心理；四是人格缺陷，性格偏执，部分罪犯心理不够健全，并具有消极的人生观和强烈的反社会心理，遇到一点小事就可能走极端；五是家庭变故，精神坍塌，部分罪犯一旦失去精神支柱、社会支持，往往产生走绝路的念头；六是精神障碍，身体疾病。[2]

上述研究表明，影响罪犯自杀的原因，既有与社会自由公民相同的因素，也有罪犯特有的一些因素。两种类型的影响因素都要给予应有的重视。为了便于监狱警察认识罪犯自杀的原因，我们整合两类影响因素并从罪犯的外部因素与内部因素两个维度进行分析阐述。

第一，影响罪犯自杀的外部因素主要包括社会、家庭与监狱三个方面。社会因素包含多个内容，通常有社会的政治、经济、文化与法制环境等方面。比如社会经济因素，来自贫困地区的罪犯与来自富裕地区的罪犯相比，可能更容易产生自杀心理与行为。又如法制环境因素，社会法律制度的变化特别是有关监狱法律法规的变化，如减刑假释政策的改变，对长刑期罪犯来说影响非常大，一些罪犯可能因此极度失望而心生自杀念头，进而实施自杀行为。家庭与监狱两个方面对罪犯自杀心理与行为的影响常常是更为直接的。家庭变故，不管是亲人离世还是家人对监狱服刑罪犯突然的不管不顾等抛（遗）弃行为，都会给罪犯带来沉重打击，进而引发自杀心理与行为。罪犯自杀作为一个客观存在，监狱的防范工作也许是最后一道防线，监狱工作中的各种疏漏可能让想自杀的罪犯更易实现其目的。

第二，影响罪犯自杀的内部因素包括罪犯的心理因素与生理因素两个方

---

[1]　樊向慧、鲁雅琴：《浙江省第二女子监狱女性罪犯自杀情况调查与应对》，载《犯罪与改造研究》2021年第4期。

[2]　方扬松：《罪犯自杀的调查与防治对策——以浙江省某监狱为例》，载《犯罪与改造研究》2019年第9期。

面。生理因素主要影响的是那些身患严重疾病的罪犯，病痛的折磨使其对生活失去信心进而走向绝路。心理因素则包括多个层面的问题，一是患有精神疾患，如严重的抑郁症、精神分裂症、双相情感障碍等；二是对前途绝望，不管是因为刑期长、身体伤痛还是犯罪给家人带来伤害而产生的困顿自责，都会使罪犯看不到前途与希望；三是心理缺陷，如对周围发生的事情总是错误地内归因，把责任归因到自己身上而压垮了自身。另外，曾经自杀过的罪犯，即有自杀史的罪犯，自杀危险系数高。

第三，两类因素的交互作用。这些因素之间常常相互作用，共同对罪犯的自杀心理与行为产生影响。我们在分析罪犯自杀心理与行为时，应当把罪犯的外部因素与内部因素等诸多因素综合起来进行分析，而不能把两者割裂开来，"只见树木不见森林"。总之，造成罪犯自杀的原因是复杂的、多因素的，要以系统的、发展的、辩证的眼光来看待，才能更准确、更全面地认识罪犯自杀现象，从而找到防范罪犯自杀的有效对策与措施。

（五）罪犯自杀的心理过程

罪犯自杀的心理与行为发展过程一般包括三个阶段：[1]

1. 自杀动机或自杀观念的形成阶段。在很多自杀案例中，自杀被自杀者当作一种逃避现实生活或在遇到自以为难以克服的挫折和打击时使自己得到解脱的手段。如有的罪犯将自杀作为对自己因违法犯罪而产生的悔恨、自责自罪心理的补偿。自杀还常被自杀者用来报复与自己有关的人，以使他们感到内疚、后悔和不安。如有的罪犯为了报复某个监狱警察或者家人而选择自杀。

2. 矛盾冲突阶段。罪犯形成自杀观念之后，由于求生本能和对世事的牵挂，常常使得他们在做出最终的自杀决定前陷入生与死的矛盾冲突状态中。在此阶段，自杀者会经常与人谈论与自杀有关的话题，反复预言、暗示自己的自杀可能，或以自杀威胁他人，表现出直接或间接的自杀意图。这实际上是自杀者向周围人发出的寻求帮助或引起注意的信号。这种信号如果能及时被身边的罪犯或监狱警察觉察到，使想自杀的罪犯得到适当的关注，或者通过外界的帮助找到解决问题的办法，自杀罪犯的自杀企图就有可能被减轻甚

---

〔1〕 吴宗宪主编：《中国服刑人员心理矫治技术》，北京师范大学出版社 2010 年版，第 394 页。

至打消。而这也是自杀行为可以被预防和救助的心理基础所在。

3. 行为选择阶段。自杀罪犯在这一阶段似乎从所面临问题的困扰中解脱出来，不再谈论或暗示自杀，抑郁情绪有所好转，表现得轻松，平静如常。这使得周围的人们以为其心理状态真的好转，从而放松警惕。事实上，这可能是一种彻底的假象，因为自杀罪犯已经做出了自杀决定，不再为生与死的抉择而苦恼，认为自己终于找到了解决问题的办法。他们不再谈论或暗示自杀，甚至表现出各方面情况的好转，只不过是为了消除周围其他人对其自杀行为阻碍和干预的可能。他们接下来所要做的事情是为实施自杀进行最后的准备工作——考虑自杀方式，准备自杀工具，并等待一个合适的时机来结束自己的生命。

关于罪犯自杀的心理过程，如下图所示：

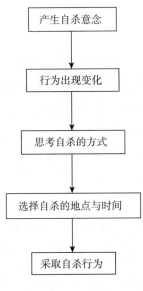

图1-1　自杀过程

（六）罪犯自杀现状分析

我国监狱罪犯自杀现状，以三个调查为例。

据调查，1997年1月至2002年12月，以1万人为基数计算，某省监狱系统罪犯自杀既遂率分别为2.09、1.19、0.70、0.79、0.60、0.46。在此期间，共有 35 名罪犯自杀既遂，56 名罪犯自杀未遂，两者比例为 1∶1.6。自杀既遂者平均年龄为 34.4 岁，自杀未遂者平均年龄为 27.9 岁。自杀未遂者中，除了一心求死外，还有出于逃避改造和教育（18.5%）、保外就医（7.4%）、调换改造岗位（3.7%）、引起监狱警察注意（1.9%）、要挟报复监狱警察（1.9%）等目的。[1] 罪犯自杀既遂者多选择自缢、服毒等方式，自杀未遂者多选择割脉、吞异物等方式。

某男犯监狱罪犯自杀情况统计显示，1994 年至 2003 年的 10 年内，自杀成功 5 人、未遂 12 人，10 年内自杀成功总数占在押犯年平均数的 0.59%。2002 年至 2018 年的 17 年内，年自杀成功率均为零，自杀未遂人数为 12 人。2018 年该监狱对罪犯自杀情况调查显示，有自杀倾向的罪犯占全监在押犯人数的 2.69%，有自杀倾向的罪犯中有自杀史的占 15.87%。同期对 581 名罪犯的问卷调查结果显示，是有过自杀行为（未遂）的占 6.37%，有过自杀意念的罪犯中仍经常想自杀的占 2.58%，偶尔想过自杀的占 17.90%。[2]

某女子监狱罪犯自杀情况调查显示，从 2017 年至 2020 年 9 月，共排查出有自杀史的罪犯 176 人，占总押犯人数的 3.8%；有自杀意念的罪犯 264 人，占总押犯人数的 5.7%；实施自伤自残和自杀未遂行为的 21 起，占总押犯人数的 0.45%。2020 年，4219 名女犯参加罪犯自杀态度问卷调查（QSA），对自杀表示肯定、认可、理解和宽容的有 971 人，占总押犯人数的 23.0%；对自杀持矛盾或中立态度的有 1834 人，占总押犯人数的 43.5%；对自杀持反对、否定、排斥和歧视态度的有 1414 人，占 33.5%。[3]

上述调查显示，罪犯自杀潜在风险依然不小，不容忽视，需要监狱机关加强对罪犯自杀的调查研究，并重视应对与防范。从调查数据来看，监狱罪犯自杀防范取得积极成效，罪犯自杀成功率逐年减低，罪犯自杀行为得到有效的控制。

---

〔1〕 孔一：《罪犯自杀研究——对浙江省罪犯自杀案件的实证分析》，载《中国人民公安大学学报》2005 年第 1 期。

〔2〕 方扬松：《罪犯自杀的调查与防治对策——以浙江省某监狱为例》，载《犯罪与改造研究》2019 年第 9 期。

〔3〕 樊向慧、鲁雅琴：《浙江省第二女子监狱女性罪犯自杀情况调查与应对》，载《犯罪与改造研究》2021 年第 4 期。

学习任务二 罪犯自杀防范现状

一、罪犯自杀防范对策研究状况

北京师范大学法学院吴宗宪教授认为，对于罪犯的自杀危机干预，应该从下列方面进行：一是关注自杀征兆，包括感情异常、行为异常、言语异常、社交异常、学习劳动异常、健康异常等；二是关注易自杀人群，在罪犯中具有某些特征的更有可能进行自杀行为或者更容易自杀死亡，这些罪犯构成易自杀人群，必须给予重点关注；三是评估自杀危险，通常可以采用临床面谈和量表测定两类方法进行自杀危险评估；四是恰当进行干预，自杀干预的步骤包括倾听和共情、帮助解决问题和困难、建立治疗关系、确定自杀以外的选择、使用药物进行干预、建立自杀干预契约、决定住院和转诊治疗。[1]

湖北省江北监狱雷世章、周何认为，防控罪犯自杀的主要策略有：一是及时准确排查，包括广泛收集信息、认真甄别"筛查"、划定危险犯群、实行重点排查，制作危险清单、指引日常监测；二是加强安全措施，包括严格落实点名、盯控、互监包夹措施，严格落实监听、搜身、清监措施，严格加强劳动工具管理，严格加强病犯服药管理，严格监狱警察一日工作流程管理；三是开展防范教育，包括开展珍爱生命教育、普及心理健康知识、普及预防自杀知识；四是多方实施干预，包括及时个别教育、借助亲情帮教、开展生命热线、心理危机干预；五是完善相关法规，包括完善罪犯医疗保障相关规定、完善罪犯保外就医相关规定、完善罪犯死亡处理相关规定。[2]

江苏省浦口监狱吕登明提出了防控罪犯自杀的路径：一是加强狱政管理和监管制度刚性约束，包括高度重视狱情分析研判、做好重点对象的摸排，强化"三个要害"的有效管控，严格罪犯监督岗的选用和管教；二是切实提高罪犯教育的针对性、科学性和有效性，包括开展有针对性的个别谈话教育，主动开展防自杀教育，积极开展心理健康教育和自杀心理危机干预；三是加

---

〔1〕 吴宗宪主编：《中国服刑人员心理矫治技术》，北京师范大学出版社 2010 年版，第 394~401 页。

〔2〕 雷世章、周何：《狱内罪犯自杀防控》，载《安徽警官职业学院学报》2014 年第 5 期。

强防范屏障设施建设，提高执法监督效能，包括加强防范设施建设、消除罪犯自杀安全隐患，改善和提高执法监督效能，创造宽松的执法环境；四是树立人性化执法理念，培育监狱警察职业道德素养，包括强化以人为本理念，强化人权理念，加强监狱警察的工作责任心理和使命感。[1]

浙江省第五监狱方扬松认为，预防处置罪犯自杀的对策有：一是纠正对罪犯预防工作的错误观念和认识，包括从工作管理任务中分析，要纠正"自杀防不胜防"的观念；从防自杀的技术角度分析，要澄清一些错误观念，如威胁别人说要自杀的人不会自杀等；二是日常注重对自杀危险罪犯的排查；三是要善于分析罪犯自杀的先兆；四是努力消除罪犯自杀时机和条件；五是对罪犯的教育矫治；六是建立预防危机干预机构。[2]

浙江省第三女子监狱樊向慧、鲁雅琴认为，预防罪犯自杀的对策有：一是"防"字为要，强化各项监管制度落实，包括加强监狱警察现场管理、强化犯情收集和狱情分析能力、狠抓罪犯联号包夹制度、从严管理违禁品、注重重点部位和重要时段管理；二是"疏"字为基，深化罪犯心理矫治工作，包括常态化开展"大水漫灌"式心理健康教育、科学化开展心理体检、精准化开展"小水滴灌"式心理干预、特色化开展心理健康教育活动、项目化开展心理矫治活动；三是"度"字为念，优化罪犯改造执法环境，包括设立更年期女犯教育管理课题、监狱每月开展罪犯问卷调查、人性化管理罪犯夜互监队伍、定期开展疾病及无劳动能力鉴定工作、重视罪犯的合理诉求；四是"育"字为途，固化监区文化建设成果，包括积极发挥监区文化对罪犯的引导作用、心理调节作用、矫正作用、激励作用与感召作用；五是"情"字为媒，重新点燃亲情火把。[3]

上述关于罪犯自杀防范的研究，从宏观或者微观的角度就防范罪犯自杀提出了许多有针对性的对策建议。但就单个研究来说，其对策建议还是不够系统全面。如果把这些研究成果综合起来并作科学的、全面深入的思考，则可以为监狱机关构建起防范罪犯自杀的系统性对策体系。

〔1〕 吕登明：《罪犯自杀与防控研究》，载《犯罪与改造研究》2015 年第 9 期。
〔2〕 方扬松：《罪犯自杀的调查与防治对策——以浙江省某监狱为例》，载《犯罪与改造研究》2019 年第 9 期。
〔3〕 樊向慧、鲁雅琴：《浙江省第二女子监狱女性罪犯自杀情况调查与应对》，载《犯罪与改造研究》2021 年第 4 期。

二、罪犯自杀防范原则

（一）贯彻"生命至上"的原则

要以习近平新时代中国特色社会主义思想为指导，将"人民至上、生命至上"的原则贯彻到罪犯自杀防范工作中。罪犯作为社会公民，生命权、人格权应受到尊重，人的生命只有一次，监狱机关要以高度的责任感、使命感，做好罪犯自杀防范的各项工作。

（二）坚持综合治理的原则

防范罪犯自杀是一项需要基层监狱警察、监狱管理层、司法高层、社会和国家合力完成的系统性工程。罪犯自杀的事件数量可以减少，但只要罪犯在服刑期间有自觉不能再承受的痛苦或不能再让他人承受的痛苦，被罪犯当作"博弈手段"、变失控为控制的自杀行为就不会在监狱消失。监狱是人与人打交道的场所，监狱警察倾听罪犯的声音并调动他们的自身资源和效能，以改变用身体的"此痛"代替各种其他的"彼痛"的思维和行为模式。而司法高层和社会大众倾听监狱警察的声音，不让监狱警察感受"被忽视"之痛，以提高监狱警察的工作安全感和成就感。如此，罪犯自杀防控系统才可能进入更加良性的循环。[1]

（三）贯彻依法治理的原则

防范罪犯自杀工作如监狱各项工作一样，要纳入法制轨道。我国监狱工作法制化取得积极成效，但是监狱法制建设与变化发展的监狱工作不匹配现象仍客观存在，有关罪犯自杀防范工作方面的情况亦处于同样的情形，规范化、法制化不足。要努力改变当前罪犯自杀事件发生后处置失度与无法可依现象，使防范罪犯自杀工作真正有法可依。

（四）坚持重点抓、抓重点的原则

首先，防范罪犯自杀是确保监狱安全稳定的重要工作，各级监狱机关要给予高度重视，要把它作为监狱重点工作来谋划与布置。只有思想上真正重视起来，才能把工作落到实处，落实到位。其次，要把有自杀可能的罪犯准确查找出来，这就要做好罪犯自杀危险性评估筛选工作，既要采用科学的鉴

---

〔1〕　郭晶英：《狱内罪犯自杀研究》，载《犯罪与改造研究》2018 年第 7 期。

别程序与手段来做好筛选，也要发挥各级监狱警察特别是老监狱警察的作用，通过行之有效的犯情分析来甄别出自杀风险罪犯。鉴别出来的罪犯，不管其自杀心理发展处于哪一阶段，都应立即采取措施，要作为工作重点予以针对性处置。[1] 再次，要"一人一策"做好教育矫治工作，开展针对性干预活动。最后，要制定防范罪犯自杀的各种预案，并组织监狱相关部门和监狱警察反复演练，做到发生罪犯自杀事件时行之有数、行之有度。

（五）坚持科学追责的原则

要改变当前防范罪犯自杀工作中的无限追责现象，贯彻科学追责的原则。因监狱警察工作疏漏造成罪犯自杀的，要严肃追究相关人员的失职渎职行为，并按规定予以处理，但不能无限上纲上线。若监狱机关和各级监狱警察已经做好了各项防范罪犯自杀的工作，相关部门要从依法治监的精神和爱护保护监狱警察的角度出发，依法依纪依规做好罪犯自杀事件中相关工作人员的责任追究工作。

三、积极开展罪犯自杀防范工作

（一）系统谋划防范罪犯自杀工作

我国监狱机关和各级领导以及监狱警察对罪犯自杀防范工作非常重视，这是我国监狱在防范罪犯自杀工作上取得骄人成效的关键，但还有可改进之处。一是要在习近平新时代中国特色社会主义思想指导下，全面贯彻习近平法治思想，系统谋划我国监狱机关的各项工作，包括监狱罪犯自杀防范工作。"通过制定全国性的预防罪犯自杀指导意见，明确监狱以及监狱警察在自杀预防的职责、自杀预防应当遵循的基本原则、预防目标、预防措施与方法、自杀预防的程序等，为全国监狱有效开展罪犯自杀工作提供明确的指导，提高全国监狱管理水平，切实维护监狱安全与稳定。"[2] 二是罪犯自杀防范工作在监狱整体工作中的地位要进一步明确。既不能无限拔高，也不能轻视忽视，要把它放到本来应有的位置上去。防范罪犯自杀是监狱整体工作的一个部分，而不是监狱工作的全部。正如监狱的安全稳定是监狱工作的前提与基础，但

---

〔1〕 张发昌：《思想博弈论 罪犯矫正策略的理论思考》，法律出版社 2021 年版，第 282~283 页。

〔2〕 张桂荣、葛向伟主编：《域外预防犯罪与刑事司法新趋势》（第三卷），法律出版社 2021 年版，第 199 页。

不是监狱工作的全部。应当改变一些监狱存在的唯安全稳定的片面思维,科学辩证地看待监狱的各项工作包括防范罪犯自杀工作。三是防范罪犯自杀作为一个系统工程,要有系统思维,还要运用矛盾论的观点。既要系统谋划,又要抓住主要矛盾,分清主次重点,科学有序进行。四是要处理好各种关系。既要处理好防范罪犯自杀工作中监狱警察与罪犯各自的责任关系,也要处理好平时教育矫治工作与防范罪犯自杀工作的关系,还要制定好罪犯自杀未遂与自杀身亡的处置对策,确保防范罪犯自杀各项工作有序开展。

(二) 开展防范罪犯自杀宣传教育工作

防范罪犯自杀宣传教育的对象主要是监狱服刑罪犯。对罪犯自杀宣传教育主要包括珍爱生命教育、心理健康知识普及以及预防自杀知识教育。

1. 开展珍爱生命教育。人的生命只有一次,每一个人都要珍惜自己的生命。在人的成长过程中,必定会遇到各种各样的挫折,会遭受多种多样的磨难。监狱服刑罪犯相比社会自由公民,也许会遭受更多的挫折与困难,但是同样需要勇敢面对,重新找到生命的价值与意义。任何一名服刑罪犯,他对社会、对家庭、对他人与自己,都是有其价值和意义的,即使其价值与意义受到了一定的限制。监狱要通过生命教育,让罪犯知晓生命的意义、生命的价值,以及自杀对亲人造成的悲痛和永远无法估量的伤害。要教育罪犯遇到挫折必须面对是生命的真谛。逃避现实并不困难,而面对现实更需要勇气和坚强。通过开展生命意识、生命责任等多形式的系列教育活动,帮助罪犯发现生命的意义,从而珍惜生命、敬畏生命、善待生命,敢于面对挫折和失败,重新考虑符合自己实际的人生规划。特别是对被判无期徒刑、死刑缓期两年执行以及限制减刑罪犯等长刑期罪犯,让他们做好适应监禁生活的人生规划更有必要。

2. 普及心理健康知识。一般来说,走向或者寻求自杀的个体是心理健康存在问题甚至障碍的个体。提高个体的心理健康水平有助于减少自杀行为的发生。随着社会经济发展,生活节奏的加快,各种压力越来越多,人们的精神健康问题日益突出。而监禁中的罪犯作为特殊群体,其心理健康水平通常低于社会自由公民,罪犯普遍存在不同程度的心理健康问题,精神疾患的发病率也高于社会自由人群。罪犯由于社交退缩,人际疏离,日复一日处于高压单调的监禁改造生活中,往往会出现痛苦、焦虑、悲伤、抑郁、恐惧、烦躁等不良情绪，更严重的会出现无助、绝望、惶惶不可终日等重度负性情绪体验，进而触发精神障碍的产生，严重时导致自杀行为的发生。对罪犯普及心理健康知识，开展心理健康教育，应当从提高罪犯心理健康水平入手，在教育内容上侧重让罪犯了解基本心理健康知识，常见心理问题及调适方法，出现心理困扰时如何寻求监狱心理健康中心的帮助等。通过普及教育，帮助罪犯消除不合理信念，建立合理认知，增强心理保健意识，学会和掌握常见的心理调适方法，有效化解自身不良情绪，缓解焦虑、抑郁、无助等不良心理，更好适应监禁改造生活，从而从源头上减少自杀行为的发生。

3. 普及预防自杀知识。"每一囚犯在进入监狱系统之初都会接受自杀预防相关教育。这类教育包括监狱内的自杀现象、可以获得的支持以及在关心同伴安全的情况下，如何将有自杀风险的其他囚犯报告给监狱。"[1] 对罪犯普及预防自杀知识，应贯穿于罪犯从入监到出监的整个服刑期间，主要内容包括自杀的可能原因、征兆、方式与特点，自杀的危害，遇到心理问题如何解决，如何防止自杀工具及自杀时机、地点的获取，同犯出现自杀倾向应如何报告给监狱机关等。

另外，监狱警察也要开展相应的教育活动。监狱警察的心理健康水平不仅影响自身工作成效，而且也会给罪犯的心理健康水平带来一定的影响。提高监狱警察心理健康水平，具有多方面的效用，既能帮助监狱警察自身及其家庭，也能帮助到所监管的罪犯。而监狱警察参加预防自杀知识的教育活动，一则是因为监狱警察工作要求高、心理压力大，了解自杀知识有助于他们防范因职业倦怠、工作成就感低等引发的自我攻击行为甚至违纪违法行为；[2]二则是当监狱警察掌握了预防自杀的知识，将有助于他们更好地去预防和控制罪犯的自杀现象。如在监管改造工作中及时筛查发现罪犯自杀高危人群，及时识别自杀警示征兆，掌握基本的罪犯自杀倾向鉴别力，从而更有效地做好罪犯自杀预防工作。

（三）开展罪犯自杀评估鉴别（筛选）工作

罪犯自杀风险评估是监狱对罪犯开展的四个风险评估（另外三个是暴力

---

〔1〕 张桂荣、葛向伟主编：《域外预防犯罪与刑事司法新趋势》（第三卷），法律出版社 2021 年版，第 186~187 页。

〔2〕 吴宗宪：《监狱学导论》，法律出版社 2012 年版，第 79 页。

风险、脱逃风险、再犯风险）中的一个。开展罪犯自杀风险评估鉴别工作，是要把真正具有自杀风险的罪犯排查出来，然后对摸排出来的罪犯采取针对性干预措施。若"眉毛胡子一把抓"，不管罪犯自杀风险的高低，对所有罪犯都给予相同的干预措施，这种缺乏目标人群的干预活动将使罪犯自杀风险干预工作事倍功半，降低工作成效，是工作缺乏科学性的表现。

1. 对罪犯自杀风险的评估鉴别工作，在罪犯入监阶段即需要开展。"由于罪犯的自杀现象常常发生在入狱后不久，尤其是入狱后的三个月内，因此从罪犯入监教育时就应该对其开展有关自杀现象与心理危机干预工作。"[1]"心理健康专业人员将在囚犯入监后 24 小时内对其开展心理健康和广泛的风险评估，包括自杀风险评估。""所有囚犯均应在到达新监狱后 24 小时内尽快接受医疗从业人员或护理工作人员实施的医学筛查，包括自杀和自伤风险状况的评估。"[2]

2. 在罪犯服刑过程中开展自杀风险评估筛查工作，通常是基于罪犯情况的变化。如罪犯遭遇重大家庭负性生活事件，遭受重大挫折，患上了严重的躯体疾病、精神疾患或者这些疾病在监内复发。因罪犯服刑时间长或者其他原因导致其突然受到家人冷落、嫌弃，也要再次对其进行自杀风险评估。而上述几种情况如果同时在某个罪犯身上出现，如罪犯身患严重疾病又遭家人遗弃，或者遭遇重大挫折又伴精神疾病复发，那就更应及时开展自杀风险的再次评估。

有关自杀风险评估筛查的具体方法与技术，在"罪犯自杀评估"模块详细阐述。

（四）对自杀中高危罪犯进行全方位干预

经自杀风险评估为中高度风险的，特别是评估为高度危险的罪犯，必须立即开展自杀风险管控工作。"有自杀风险的所有囚犯，在其风险提示行为被发现后的两小时内均应接受心理健康专业人员的初步评估。""在对囚犯进行初步评估后，心理健康专业人员应制定临时风险管理计划。"[3] 风险管理计

〔1〕 龚道联:《罪犯自杀危机干预》，重庆出版社 2014 年版，第 197 页。

〔2〕 张桂荣、葛向伟主编:《域外预防犯罪与刑事司法新趋势》（第三卷），法律出版社 2021 年版，第 187 页。

〔3〕 张桂荣、葛向伟主编:《域外预防犯罪与刑事司法新趋势》（第三卷），法律出版社 2021 年版，第 190~191 页。

划应明确风险水平、安置方法、监视级别（必要情况下还应明确日间或夜间、囚犯参与的不同日常活动的差异化监视要求）、应提供支持的类型和级别（咨询辅导、矫正官员/家属/同犯支持等）、治疗计划、日常活动、重大问题如会见安排、搜查机制、应倡导的互动（如与同犯、志愿者、亲属之间的互动）类型和强度。罪犯风险管理计划还应明确在监视机制之外的矫正官与罪犯之间的互动强度，以强化矫正工作人员为罪犯提供支持性监管的必要性。

因此，对自杀中高风险的罪犯，监狱应当制定风险管控方案，进行全方位的干预。管控方案包括但不限于以下内容：罪犯的基本情况、风险等级、安全安置地点与方法及监视等级、教育矫治内容与方法及人员安排、心理干预的内容与技术及人员安排、是否参与日常的习艺劳动与其他各项教育活动以及参加后如何管控、减低风险等级的计划安排、如何安排会见以及包干警察如何参与管控与教育转化工作等。

对自杀中高风险罪犯实施全方位干预后，要及时进行风险再评估工作。"风险评估团队每天均应对每一名被认定有迫切或重大风险的囚犯的风险管理计划进行复核，而对于被评估为有潜在自杀风险的囚犯，风险评估团队至少 3 天就对其风险管理计划进行一次复核。"[1]

有关自杀中高风险罪犯的具体干预工作，在"罪犯自杀干预"模块详细阐述。

除了对自杀中高风险罪犯的全方位干预工作，监狱机关还应制定罪犯自杀危机干预预案。这是对正在发生自杀行为的罪犯的现场干预方案。现场干预方案包括但不限于以下内容：干预警察/谈判专家安排、基本干预内容设置、保护措施安排、其他需要配合的工作及监狱警察安排、善后处置方案等。罪犯自杀危机干预方案应当在平时加强演练，以便参与干预的监狱警察与相关人员熟练掌握流程与具体操作技术，确保事件发生时现场按干预计划与技术规范井然有序地进行。

（五）针对自杀未遂罪犯的工作

1. 罪犯自杀未遂事件发生后，除了严格按照防范罪犯自杀预案所规定的内容来开展针对性工作，并根据自杀行为造成的罪犯身体受损程度采取相对

---

〔1〕 张桂荣、葛向伟主编：《域外预防犯罪与刑事司法新趋势》（第三卷），法律出版社 2021 年版，第 193 页。

应的医疗措施之外，还必须对自杀未遂罪犯进行风险评定，以消除其再次发生自杀的可能。一般来说，自杀未遂后第一年（特别是前三个月内），自杀未遂者再次进行自杀的风险性最高。[1]

对自杀未遂罪犯的评定包括如下内容：一是了解并掌握罪犯自杀的真正原因；二是了解罪犯自杀未遂的原因，如自杀罪犯是否真正想死，还是企图以自杀的形式来达到某种个人目的，或者自杀未遂是因为方法不当还是被及时发现而获救等；三是罪犯自杀意向的严重程度；四是罪犯是否仍然存在着自杀危险；五是罪犯目前面临的、亟待解决的问题是什么；六是采用何种帮助能被罪犯接受并能取得最佳效果。[2] 要对处于心理危机状态的自杀未遂罪犯开展心理危机干预工作。而对度过危机期的罪犯，则要根据评定结果，开展相应的处置与教育矫治工作。

2. 对罪犯自杀未遂事件的处置，除了自杀罪犯本人，还要对自杀未遂者周围的其他人——其他罪犯和监狱警察进行干预。针对其他罪犯的干预要及时、恰当，使他们尽快摆脱由于他犯自杀而造成的心理阴影。这些工作应该在监狱有关部门的统一协调和领导下，由监狱专业的心理工作者来完成。对自杀罪犯周围的其他罪犯，特别是自杀现场的罪犯以及同小组的罪犯，需要采取针对性的心理危机干预措施，以缓解并逐步消除罪犯自杀给他们带来的创伤性消极心理影响，防止出现模仿性自杀或自伤。针对监狱警察的干预，一般应当请社会专业心理工作者来实施。罪犯自杀事件发生后，当时值班的监狱警察可能要接受各方面的调查与质询，甚至可能因此受到处分和处罚。但是自杀事件本身会对当值监狱警察带来心理危机，有可能给他们造成严重的心理创伤。如果没有得到及时有效的心理干预，这些心理创伤很可能会影响他们今后的工作以及日常生活。因此，要开展针对性心理干预，如鼓励他们说出内心真实感受、组织开展团体心理辅导、合理运用心理治疗方法等，使监狱警察能够安然渡过危机。[3]

---

〔1〕 惠淑英、姚杜纯子、杨洁编著：《自杀心理危机十损》，电子工业出版社 2021 年版，第 211 页。

〔2〕 陈立成、于海霞：《罪犯自杀发生后的心理干预》，载《河南司法警官职业学院学报》2008 年第 4 期。

〔3〕 惠淑英、姚杜纯子、杨洁编著：《自杀心理危机干预》，电子工业出版社 2021 年版，第 224～226 页。

（六）罪犯自杀身亡的处置

罪犯自杀事件发生后，首先要做的工作是按照罪犯自杀危机干预方案中的要求紧急抢救，同步开展医疗急救，同时一定要注意保护好现场。一旦确定罪犯自杀死亡，监狱不仅需要在人民检察院的监督下进行罪犯死亡事件的应急处置，而且需要对已经死亡者进行"心理解剖"，对自杀相关人员进行心理危机干预。

1. 罪犯自杀死亡的应急处置。一是保护现场，并立即通知驻监检察室、原判法院、死者家属或近亲属，同时向上级监狱机关报告罪犯自杀死亡情况，并由上级监狱机关派员进行调查、核实，指导、协调监狱做好善后工作。二是监狱立即启动罪犯非正常死亡应急预案，并成立应急处置机构，设置相应的工作小组。三是配合驻监检察机关，查明死因，由检察机关作出书面死亡鉴定报告。在处理罪犯死亡过程中，死者家属、律师等社会人员不得对死者拍照、录像。[1]

2. 对自杀死亡罪犯的心理解剖。为了更深入地了解罪犯自杀的心理原因，以及对周围人员产生的心理影响，有效预防和控制后续的自杀现象，为今后罪犯心理危机干预提供有益的线索和经验、教训，监狱方面应当积极开展自杀死亡罪犯的心理解剖工作。为此，一是要做好现场勘察工作，将罪犯自杀现场情况详细记录、拍照、录像以及绘制现场图，并做好静态勘验以及动态勘验，做好自杀现场痕迹物证的提取工作；二是要全面收集并准确掌握死者的基本情况；三是对了解死者情况的相关人员开展访谈，获取死者生前的各种生活信息，以及相关人员遭遇死亡事件的心理反应；四是综合上述材料，得出罪犯自杀行为的原因及影响其自杀的心理因素，寻找导致自杀的危险因素及预防和控制自杀的方法。[2]

3. 对罪犯自杀相关人员的心理维护。与罪犯自杀未遂事件对周围人的影响一样，罪犯自杀死亡事件同样会给周围人带来心理上的重大负面影响，必须给予积极的干预。干预对象、方法与措施与前述罪犯自杀未遂事件发生后的相一致，在此不再赘述。

---

〔1〕 龚道联：《罪犯自杀危机干预》，重庆出版社 2014 年版，第 302～305 页。

〔2〕 陈立成、于海霞：《罪犯自杀发生后的心理干预》，载《河南司法警官职业学院学报》2008 年第 4 期。

★**思考题**：

    1. 如何正确认识罪犯自杀现象?

    2. 影响罪犯自杀的因素有哪些?

    3. 防范罪犯自杀应贯彻哪些原则?

    4. 如何做好罪犯自杀防范工作?

专题二 不同理论视角下的罪犯自杀

学习任务一 生物学视角

生物因素的研究通常采用医学实验的方法。有关自杀的生物学研究甚多，但尚未发现与自杀相关的生物学标记。研究多认为自杀与 5-羟色胺（5-HT）、去甲肾上腺素、下丘脑-垂体-肾上腺素、多巴胺等物质或系统相关。在上述变量中，有研究指出低水平的 5-HT 与攻击、冲动有关，低水平的脑脊液 5 羟吲哚乙酸（5-HIAA）对自杀未遂和自杀死亡有预测作用。[1] 江苏省监狱管理局精神病院吕成荣认为，自杀者死后的脑研究揭示，脑前额叶皮质 5-HT 活动降低，抑郁症患者对芬氟拉明激发的催乳素分泌反应越迟钝，患者的自杀企图越强烈。[2] 这些研究成果至少说明自杀个体与正常群体之间存在特殊的生物学差异。

一、遗传因素

遗传因素决定个体生物学的特征。遗传性是先天既得性和后天获得性两者相互作用形成的。遗传性因素能否显现，需要了解实施自杀行为的罪犯当时的社会环境、心理因素。良好环境和心理因素可以降低或避免自杀的发生。

基本上，基因决定气质，而气质又影响我们对环境的选择。气质也会左右我们对环境的反应和环境对个性的塑造。"对那些容易发怒、脾气暴躁、性情冲动的人来说，人生的挫折和疾病就会造成危险，他们的神经系统好像浸泡在煤油里，和情人发生的争执、赌博输钱、官司缠身或是一时的精神疾病

---

〔1〕 P. Nordstrom, M. Samuelsson, M. Asberg, et al. CSF 5-HIAA predicts suicide risk after attempted suicide. *Suicide Life Threat Behav*, 1994, 24（1）：1~9.

〔2〕 吕成荣主编：《监狱精神病学》，东南大学出版社 2018 年版，第 335~336 页。

刺激，都会引发自杀的反应。"[1] 早在 1840 年，英国医生福布斯·温斯洛就断言："谈到自杀，再没有比其遗传特征更确定的事实了。就牵涉到各种不同器官的所有疾病而言，大脑的疾病是最容易代代相传的。自杀的先天特质并不一定每一代都会出现，而是常常隔代出现的，而疯狂则没有隔代出现的倾向。" 19 世纪中期美国奥德劳纳克斯教授曾言："根据观察，自杀问题与个人的气质息息相关。活泼乐天型和多血质会造成血流加速的疾病，比如躁狂，也可能造成对别人或对自己的突发的狂乱举动，这种神经质、暴躁、粘液质的先天气质常常与自杀行为相关，尤其见于长期坚持不懈的自杀者。这些人的病态倾向很容易被唤起，而且很难消除；当这种先天遗传的气质尚处于休眠期，只要一点点诱发的原因，就可能使整个病情完全爆发出来。遗传对自杀者的影响很大，1/6 以上有案可查的自杀，都直接与遗传有关。"[2] 在西方，至少 200 年来大家都相信疯狂和自杀出现在相同的家族里。晚近的双胞胎研究结果也提出了遗传影响的强有力证据。研究发现，"有家族自杀病史的人，其自杀率大约是没有家族自杀病史者的 2~3 倍，因此，家族自杀病史是预测个体自杀风险的重要因素之一。"[3]

综合家族研究、双胞胎研究、领养研究，自杀和自杀行为确受到遗传因素的影响。当然，基因只是自杀错综复杂原因的一部分，可是遗传因素对心理和环境造成的冲击，让很多人选择走上死亡之路。[4] 由于目前尚未有对罪犯自杀的家族研究，我们只能参照社会研究结论和凭经验判断，家族中有人自杀的历史则是自杀行为很重要的一个风险因素，尤其是在患抑郁症普遍的家庭里。吕成荣认为，家系调查和双生子研究表明自杀行为确有一定的遗传学基础，家系中有自杀者自杀风险较高。[5] 一般而论，有家族自杀史的罪犯，更容易发生自杀事件。这可能与个体曾经亲历过自杀情景、场景，潜意

〔1〕 ［美］K. R. 贾米森：《生命逝如斯：揭开自杀的谜题》，一熙译，重庆大学出版社 2011 年版，第 180 页。

〔2〕 ［美］K. R. 贾米森：《生命逝如斯：揭开自杀的谜题》，一熙译，重庆大学出版社 2011 年版，第 149 页。

〔3〕 ［美］K. R. 贾米森：《生命逝如斯：揭开自杀的谜题》，一熙译，重庆大学出版社 2011 年版，第 153 页。

〔4〕 ［美］K. R. 贾米森：《生命逝如斯：揭开自杀的谜题》，一熙译，重庆大学出版社 2011 年版，第 157 页。

〔5〕 吕成荣主编：《监狱精神病学》，东南大学出版社 2018 年版，第 336 页。

识中时常出现自杀的血亲等有关。当然，也与自杀模仿、感染有关，一旦有促成自杀的应激事件发生，有的罪犯便会模仿血亲自杀的方式采取自杀行为。

遗传上容易自杀的倾向并不表示必然会寻求自杀，只表示如果积累了足够的压力，或是突然产生极大的压力时，有较大可能唤起对自杀的选择。[1]

以上分析并不代表"自杀是具有遗传性"的观点。只是某些研究发现，在自杀者的血缘亲属中，自杀率和自杀未遂率都比普通人要高一些，其中的原因也许是受到家族中其他自杀者的心理影响或是与其他自杀者具有比较特殊的感情。但至少表明自杀行为具有强烈的家族聚集性。因此，我们最多可以说自杀行为具有一定的遗传倾向，而不具有遗传性。[2]

二、生理因素

在对监禁罪犯自杀的生物因素分析时，我们还需要密切关注严重躯体疾病、脑部损伤、血清素功能的异常等导致罪犯自杀的因素。

（一）生理疾病

有严重的躯体疾病，无疑会给生活带来重压。被病痛长期折磨的罪犯，更容易发生自杀事件。年老多病、残疾、患有严重慢性病的罪犯，在监禁环境中一般属于弱势群体，容易受到歧视和不公正的待遇，自尊心也更容易受到伤害。这类罪犯日常生活相对艰难。有的生活起居需要别人照顾，有的生活根本不能自理，有的长期卧病在床甚至大小便都无法自理或失禁。有的罪犯身患难以启齿的病症，如严重的性病、艾滋病等，长期的心理矛盾、躯体痛苦、羞辱感、厌世情绪，若加上突如其来的情绪打击、屈辱、愤怒等激发因素，都极易促成这类罪犯的自杀。还有的罪犯身患绝症，典型的是晚期癌症患者，自感生命短暂、生活无望，加之病痛煎熬、精神折磨，极易选择自杀方式以提前结束生命的，脱离苦难。因此，这类罪犯若不能很好地调节心态，情绪得不到有效控制，或者得不到实效的心理辅导与教育引导，将在某一导火索事件的引发下，走上自杀之路。

---

〔1〕 ［美］K. R. 贾米森：《生命逝如斯：揭开自杀的谜题》，一熙译，重庆大学出版社2011年版，第181页。

〔2〕 章恩友、姜祖桢主编：《矫治心理学》，教育科学出版社2008年版，第295页。

（二）脑部损伤

"人们发现，在监狱环境中，犯人脑损伤和学习障碍的发生率要高于一般人口。"[1] 有的罪犯脑部曾经遭受严重的外力损伤。脑外伤根据损伤部位、损伤程度不同，其后遗症表现不同。如果是头皮、颅骨的损伤，一般不会造成什么后遗症。如果有脑组织或脑血管的损伤，就会导致不同的脑功能异常表现。最常见的是头痛（如偏头疼）、头昏，有些人还会失眠，还有一些人会出现继发性出血。大脑是所有人体器官中最复杂的，大脑的功能主要表现为意识觉醒，包括思维、记忆、语言、运动、情感等比较复杂的高级功能。如果大脑受损伤，首先表现出来的不太典型的症状是智力障碍。另外比较典型的症状是定位功能受损，如损伤发生在运动区，运动区所支配的区域表现为肢体活动受到影响，活动障碍或偏瘫情况。大部分人都是右利手，所以大部分语言功能区都在左侧大脑半球，如果损伤发生在语言功能区，病人可表现为失语。失语根据损伤的不同表现为感觉性失语或运动性失语。如果损伤发生在颞叶可表现为幻听、幻嗅等。

科学家们认为，慢性创伤性脑病（CTE）源于激烈冲撞，如有过脑震荡经历，患病可能极大，它以脑组织的逐渐退化和牛磺酸蛋白的积累为标记。CTE 患者将被持续不断的头疼困扰，抑郁、暴躁、易怒和其他非常态行为都是慢性创伤性脑病的症状，严重的将导致患者自杀。

（三）血清素功能的异常

大量的证据表明，血清素、多巴胺和去甲肾上腺素的缺乏是导致罪犯自杀的原因之一。其中，血清素在抑郁症自杀行为中发挥着重要作用，与冲动行为、攻击性和暴力等行为相关联。此外，脑脊髓液中的低浓度 5-HIAA 与自杀危险性密切相关，不论是攻击行为的严重程度还是自杀企图的严重程度，都与脑脊髓液中 5-HIAA 的浓度有关。这种低浓度可能与突发情绪混乱或精神疾病严重发作时的冲动和暴力行为倾向有关。

此外，自杀者前额叶的血清素异常也是导致自杀的原因之一。前额叶是主管行为抑制的区域，血清素的减少会导致冲动行为无法被抑制，从而使人的自杀想法付诸实施。去甲肾上腺素的神经元数目在自杀者大脑中也显著减

---

[1] 吴宗宪编著：《国外服刑人员心理矫治》，中国轻工业出版社 2004 年版，第 109 页。

少，表明去甲肾上腺素的回路存在问题，这种改变可能是突发或长期压力的后果，使大脑的发育出现异常。突发或长期压力，如抑郁症、重大的情绪挫折等，都可能影响血清素分泌，从而使得大脑内部的生物反应出现致命的连锁反应。[1] 不管是生物因素或是个人经历中所造成的过度压力反应，都可能使人的情绪、免疫反应和血清素功能受到不良影响。

同时，病态程度的焦虑和激动也与自杀有关。尸体解剖显示，自杀者的视丘-脑下垂体-肾上腺这一系列相关腺体都有过度分泌激素的迹象，这项发现可以进一步支持压力在自杀中扮演的角色。慢性精神分裂症和阿尔茨海默氏症患者的大脑结构变化也可能与自杀的企图有关。[2]

科学家也探究了血清脂质对抑郁症和自杀可能产生的影响。报告指出，胆固醇浓度低的人都比较容易因自杀而死亡。胆固醇、血清素功能和自杀间的关联是很重要的假设。胆固醇和膳食必需脂肪酸的研究引出了神经系统发展的核心问题，即饮食对抑郁症、攻击性和自杀可能产生的影响。[3]

生物体质较弱的人，自杀的临界点很低，无足轻重的事情就能引发他们寻死的念头。而一旦抑郁症、精神分裂症或严重的焦虑症发作，其临界点就可能骤然降低。因此，对于这些人来说，生物因素的影响可能是致命的，需要及时干预和治疗。[4]

---

〔1〕〔美〕K. R. 贾米森：《生命逝如斯：揭开自杀的谜题》，一熙译，重庆大学出版社2011年版，第176~178页。

〔2〕〔美〕K. R. 贾米森：《生命逝如斯：解开自杀的谜题》，一熙译，重庆大学出版社2011年版，第177~178页。

〔3〕〔美〕K. R. 贾米森：《生命逝如斯：揭开自杀的谜题》，一熙译，重庆大学出版社2011年版，第178~180页。

〔4〕〔美〕K. R. 贾米森：《生命逝如斯：揭开自杀的谜题》，一熙译，重庆大学出版社2011年版，第181页。

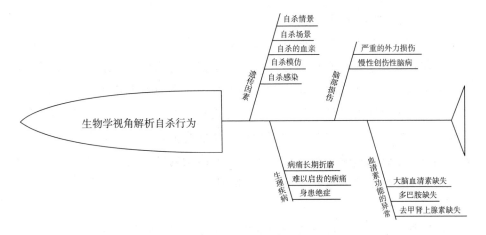

图 2-1　生物学角度解析罪犯自杀行为鱼骨图

学习任务二　心理学视角

一、认识视角解析罪犯自杀行为

自杀的启动和维持模型认为，人际因素是导致自杀行为的直接原因，其中早期的虐待或忽视、自我宽恕低下、依赖、自尊都能导致自杀行为的发生。

（一）早期的虐待或忽视

调研发现，有自杀行为的罪犯在孩童时期曾遭遇过虐待或者被忽视。早期的父爱母爱关爱不足或者遭遇虐待，都会对个体造成极大的压力，最终诱发抑郁症或者自杀行为的出现。[1] 当罪犯回忆起伤心的往事时，当时的情绪会一并重现，这就是大脑的记忆闪回。特别对有 PTSD（创伤后应急障碍）的罪犯来说，他们头脑中闪回的内容（事故、强奸、虐待等），通常是直面生命危险的恐怖体验，生活上的挫折，或者是家人的责骂等。当他们回忆这些事情的时候，也会跟着回忆起当时的痛苦情绪，感觉就像是最近刚刚发生的事情一样，并陷入无法自控的状况。很多时候这些罪犯为了逃避这种痛苦，多次尝试各种办法，但仍无法逃避时（通常选用自己的方法是无效的），最后选择自杀。

---

〔1〕　〔日〕贝谷久宣编著：《非典型抑郁症》，金磊译，北京联合出版公司 2021 年版，第 18 页。

（二）自我宽恕低下

在处理社会和人际冲突时，自我认知中的宽恕具有积极作用，其中宽恕自己，即自我宽恕是指在面对自己的、已认识到的错事时，个体愿意放弃对自己的不满，并给予自己同情、宽大与关爱。与宽恕他人相比，自我宽恕更能消除或缓解个体的负性情绪，对维护与调节个人内部和人际间的和谐具有重要作用。研究发现，自我宽恕更能让个体摆脱消极情绪，减少自责，做出妥协和自我超越。自杀行为人相对于正常人体验到更多的负性情绪，常常会出现自我宽恕低下或对他人宽恕低下的情况。

（三）依赖

依赖是影响非自杀性自伤行为的重要人际因素，它是个体在早期成长过程中与某些事物之间形成的情感联结。它对个体情绪管理、人格发展、人际关系等具有重要的影响。[1]

例如，罪犯在未进监前，常见的表现就是对毒品的依赖。毒品能缓解不安等消极情绪，因此在不断的吸毒过程中，罪犯形成了对毒品的严重依赖。除此之外，还有赌博、互联网、游戏、购物等，也都能成为依赖对象。在被监管期间，因为没有毒品等作为依赖事物，会导致罪犯心情崩溃，出现自杀行为。

（四）低自尊心

自尊是指一种能够对自身产生多种影响的稳定且统一的人格品质，是个体对自己的欣赏、重视和认可。

已有证据显示，自尊与自杀行为有着非常密切的关系。研究发现，自尊主要作为一种间接变量，对自杀行为有一定的影响，自尊心强的人认为自己对他人很重要且有价值，因此他们更愿意选择让别人受益，来满足自己的自尊心。相反，低自尊心的人则认为自己与其他人格格不入，导致其不愿别人受益，甚至认为可以用自己受伤来惩罚别人，导致自杀行为的出现。

特别是具有过敏性人格的罪犯，即对某些事物具有特殊情感的人格障碍群体，其主要的特征表现为过度的敏感，比起自己更在意别人的想法或者完全不在意别人的想法，总是认为别人在藐视、羞辱自己。

---

〔1〕 郭雅如、黄云横等：《非自杀性自伤行为影响因素及相关研究》，载《中华疾病控制杂志》2021 年第 7 期。

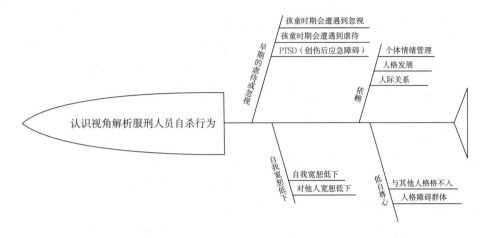

图 2-2　认识视角解析罪犯自杀行为鱼骨图

二、行为视角解析罪犯自杀行为

行为视角下解析罪犯自杀行为，主要是分析先前行为和环境刺激的影响，让我们近距离观察监禁条件下罪犯自杀的各种关联因素。通过先前行为和环境刺激的分析近距离思考罪犯自杀的刑罚环境影响度，也可以进一步反思刑罚的功能与价值，为丰富惩罚与改造哲学提供理论与实践相一致的建设性意见，其终极目的依然是为防范罪犯自杀服务。

（一）先前行为的影响因素——犯罪的阴影和余罪的折磨

对犯罪的阴影，可以理解为罪犯自杀的犯罪因素。

1. 犯罪的阴影。有的罪犯无法走出杀亲、血腥恐怖的犯罪场景等阴影，入狱以后，残忍的犯罪现场画面、被害人凄厉的呼救与哀求更是在脑海中挥之不去。与其终日被恐惧包围，"罪行严重、罪大恶极的自己"不如以死谢罪、以死解脱。这类自杀的罪犯往往有命案在身，有极其强烈的犯罪罪恶感。这种罪恶感随着时间的流逝不但没有减轻、消退，反而愈发深重与无法承受。在监禁中，与被害人关系曾经亲密的"杀亲案"主角，不少都会产生强烈的罪孽感与超乎寻常的悔恨、自责，认为监禁隔离根本无法弥补自己的罪孽，也无法原谅自己所违反的天理、人伦，追悔莫及遂以死抵罪。正如 E·多朗所言："我将只能看到邪恶，我将在这黑暗之中死去"。[1]

2. 余罪的折磨。有的罪犯余罪（或称漏罪）未清，无法承受夜夜因恐惧而无法入眠和噩梦的纠缠，无法忍受清晨醒来惊魂未定甚至伴随重听、幻听、幻觉、多疑，无法忍受有朝一日终将被清算所带来的心灵折磨，惶惶不可终日，遂以自杀解脱这无尽痛苦。有的罪犯入狱以后又犯罪，如盗窃、诈骗、行凶、性侵、脱逃未遂等，往往在狱内严厉打击违纪违规和再犯罪斗争中表现出极度紧张、高度恐惧等心理，怕被再次刑事追究而产生"一死了之、一了百了"的想法，最终选择畏罪自杀。这类罪犯除怕秋后算账外，有的还显示自己的"江湖义气"，用自己的死来"保护"别人，为他人脱罪。

（二）环境的刺激——对刑罚预期的恐惧和对判决不公的抗争

对刑罚的恐惧，主要是对刑罚的非理性预期，可以归结为罪犯自杀的判决因素。

1. 对刑罚预期的恐惧。"罪犯被监禁的最初阶段，似乎是自杀的高峰时间，对于初犯和中毒性犯人（intoxicated inmate）来说更是如此。"[2] 入监初期的新收犯，有的依然停留在看守所度日如年的惯常思维之中，对未来隔离与剥夺的恐惧日盛，遂以了结生命求得彻底的解脱。这种情况可能是源于个体自身对监狱机关的不理解、误解和偏见，也可能来自于同犯间放大刑罚报复与威慑功能的议论。这类罪犯往往无法抑制强烈的内心恐惧感。

2. 对判决不公的抗争。少数罪犯自以为判决不公甚至冤狱，有的认为定性不准，有的认为量刑畸重，有的认为自己无罪，遂产生不认罪不服判的心理。自感不公激怒了他们，往往表现出对法庭和法官的强烈不满、愤怒等情绪。愤怒阻止了他们理性思考、感觉和行动，持续的愤怒也使他们逐渐形成逃避现实的习惯，最后甚至产生对自己的攻击行为（自伤、自残、自杀）。这类罪犯往往存在认知偏差，严重的会形成偏执型人格障碍。多次申诉被驳回，因而彻底丧失对司法公正的期待，遂以死抗争。尤其是罪犯申诉失败后，监狱警察不能很好地予以法理阐释、法条解释、案情全方位分析和教育引导，轻易下"无理缠诉""不认罪服法""抗拒改造""妄图逃避惩罚"等结论，导致罪犯情绪极度低落，彻底失去监狱警察理解宽恕这根最后的救命稻草。

---

〔1〕 ［美］艾里希·弗洛姆：《健全的社会》，孙恺祥译，上海译文出版社2011年版，第175页。

〔2〕 吴宗宪编著：《国外罪犯心理矫治》，中国轻工业出版社2004年版，第100页。

当然，还有来自于同监犯人的取笑、讥讽乃至攻击，也有家庭的放弃、指责、怨恨。有的性犯罪罪犯，本身在狱中犯群里地位低下，抬不起头，加之监狱警察的负面态度和家庭的沉重压力，以及性犯罪本身申诉的极其艰难程度，最终选择自杀以洗耻辱。

（三）监禁的绝望

监禁的绝望代表自杀倾向罪犯综合服刑能力的低下、对监禁生活的极度不适应以及对严重意外事件的抗打击能力低下。这类罪犯综合表现为监狱适应指数低。国外通过对看守所犯人自杀研究后认为，"导致看守所犯人自杀的原因比较复杂。除了使用药物和饮酒之外，其他原因还包括对看守所经历的震惊或者受到看守所经历的严重创伤，担心和害怕看守所经历会毁灭自己的未来生活，被逮捕和监禁在看守所的抑郁、焦虑、尴尬体验，对失去自由和遭受严重剥夺的不适应等。也有的人提出了一种输入解释（importation explanation），认为在看守所关押的那些人本来就更有可能自杀。"[1]

吕成荣等人研究发现，罪犯自杀自伤的原因，多与监管改造方面的问题有关，如减刑、惩罚、劳动等，占32.43%。其次是人际关系方面占20.61%，如犯人间的矛盾冲突、摩擦。家庭方面的原因占19.59%，其中多为离婚、赡养老人、子女上学等家庭变故所致。情绪问题自杀（伤）占10.47%，其中多为情绪低落，一部分曾接受过心理咨询或正面疏导，曾有过精神医学门诊就诊记录且被诊断为精神障碍占15.20%。[2] 中央司法警官学院章恩友教授等认为，罪犯自杀现象的原因可以从以下几方面分析：首先，在矫正机构中，由于与正常社会产生了隔离，使罪犯失去了以前曾经拥有的、对他们而言又是非常需要的各种社会支持，体验到的是强烈的情绪不适和抑郁感。这种感受将影响罪犯建立比较稳定和比较舒适的人际关系。其次，在这种隔离状态中，虽然罪犯的敌对、攻击性情绪增强，但对外的攻击行为受到了环境的遏制。因此，这种敌对、攻击性情绪的发泄就会转向自己，对自己的攻击性就会增强。再次，由于环境的遏制，使罪犯内心被压抑的冲动性增强。最后，心理学研究发现，在隔离状态之下，抑郁、绝望等不良情绪会增强。所有这些不良情绪和心理危机如果不能得到及时恰当的干预，就会使罪犯从内心深

---

〔1〕 吴宗宪：《当代西方监狱学》，法律出版社2005年版，第99页。
〔2〕 吕成荣主编：《监狱精神病学》，东南大学出版社2018年版，第343页。

处体验到强烈的无助和绝望。在这种情况下，他们往往就会"借自杀行为作为最后一次呼吁以寻求周围的帮助。"[1] 我们可以将其归纳为隔离导致的社会支持系统受损、自我攻击性增强、冲动性增强、负性情绪增强四个因素。

罪犯自杀行为的监禁因素大致有如下几类：

1. 漫长刑期的煎熬。监狱学者杜利将罪犯自杀的动机分为四类，其中一类即是"与监狱情景（prison situation）有关的因素"，包括"监禁的难以忍受性，表现为不能面对监禁的残酷性或者长期监禁；不能适应监狱管理制度；害怕受到其他犯人的胁迫和侵害。"[2] 对判处 15 年以上有期徒刑、无期徒刑、死缓、死缓限减、终身监禁等长刑犯中，有的就是上述因素而导致自杀。这类自杀罪犯不仅对监禁生活存在认知缺陷，还往往表现为人际关系处理不善，不善于主动与人倾诉，不喜欢与人真诚交往，极其缺乏人际交流互动。这类罪犯的挫折耐受力也极低，难以应付甚至不能应对正常的监禁生活。心理学家艾里希·弗洛姆认为："生活的无聊与单调——这也是异化的生活方式引起的——是自杀的一个原因"。[3] 监禁生活自然异常无聊与单调。对于长期监禁者而言，日复一日的煎熬是漫长的，要么适应，要么厌倦，厌倦至极便可能会选择自杀。

2. 家庭纽带的断裂。"在监狱中，罪犯失去某种关系，例如婚姻关系等，可能会引起自杀。"[4] 这种关系是一种纽带，尤其是家庭关系的纽带在罪犯自杀中扮演着重要的角色，即罪犯自杀原因可能来自于家庭因素的影响——家庭纽带的断裂。罪犯面临着来自家庭的压力，许多罪犯入监后因犯罪而受到家庭的疏离、歧视、排斥和抛弃，有的被断绝父子（女）关系，有的配偶提出离婚，有的子女冷淡、亲戚疏远、朋友断绝，许多长刑犯长期无会见、邮包、汇款、书信。长期的监禁难免会疏远亲情，亲密关系遭受严重威胁，尤其是多次监禁更是导致家庭关系的破裂。家庭纽带的彻底断裂，导致这些罪犯向亲人倾诉的渠道被堵塞，期待亲情关怀的温暖被冰封，期望回归之路被封堵，心理包袱异常沉重，自感前途无望、幸福破灭，有的便以自杀解脱

---

〔1〕 章恩友、姜祖桢主编：《矫治心理学》，教育科学出版社 2008 年版，第 296 页。
〔2〕 吴宗宪：《当代西方监狱学》，法律出版社 2005 年版，第 375~376 页。
〔3〕 ［美］艾里希·弗洛姆：《健全的社会》，孙恺祥译，上海译文出版社 2011 年版，第 124 页。
〔4〕 吴宗宪编著：《国外罪犯心理矫治》，中国轻工业出版社 2004 年版，第 100 页。

或控诉、抗议甚至报复。在中国，"报复性自杀"较典型，罪犯自杀也有不少属此类型。阿根廷作家博尔赫斯就认为："在人们考虑自杀时，他想到的只是，人们一旦知道了会对他们怎么看，所以从某种意义上讲他们还活着。一般说来，他们是为图报复而自杀，很多人自杀是由于他们怒火中烧。这是发泄他们的愤怒，实行报复的办法。好让别人觉得自己有罪，要对你的死负责，这显然是错误的。""我想多数人自杀是企图诅咒某人，是想让某人为他们的死而感到罪孽深重。这是多数自杀者的动机"。[1]

3. 家庭变故的打击。家庭的突然变故，会给罪犯情绪带来极大的干扰与震动。这些家庭变故包括亲近人的离世、配偶提出的离婚、亲人的绝情信等坏消息。特别是有的罪犯面临家庭成员的死亡时，不能进行自我心理调节，不会合理的宣泄情绪，缺乏或不听心理疏导，遂选择以自杀方式寻求解脱，并希冀亲人宽恕、亡灵告慰。吕登明认为，"重要关联人（父母等亲人、朋友、邻居等）的离开或死亡对于有自杀倾向的人来说可能预示着重大的丧失，与所丧失个体有关的爱、活动、有意义的经历等可能引发丧失者内心的空虚感，如果再伴有挫折感或儿童时期的类似体验，则会使自杀的风险加剧。"[2]

4. 处理结果的不满。监内生活有许多严格的纪律约束、言行规范和制度规章，也难免会发生罪犯之间的摩擦、矛盾、冲突。有的罪犯对监狱警察的处理结果不满，在认知上出现严重偏差甚至偏执思维、极端思维。这类罪犯大多不能通过正常的诉冤渠道解决自己的改造难题与心理困境，对监狱警察正常的执法行为认为是有意偏向、刁难、不放过，是故意跟自己过不去、故意整人等，在认知误区里越陷越深、难以自拔。往往伴随强烈的不满、敌意、愤怒等消极情绪，这些隐藏的情绪随着时间的推移不但无法自解，情绪还会迅速朝着恶化的方向发展，有的便会自寻短路。此类自杀罪犯中有一些反社会人格倾向明显，心怀强烈的报复欲，意图通过自杀来报复同犯、报复管教民警。当然，还有极少数典型的"无事胆大，有事胆小"的罪犯，在自己严重违纪违规没被处理之前就因胆小惧怕、高度紧张而了却生命。也有的罪犯对奖励十分在乎，如果未达到自己的奖励预期时，心态失衡而走上绝路。这

---

〔1〕［美］威利斯·巴恩斯通编：《博尔赫斯谈话录》，西川译，广西师范大学出版社 2014 年版，第 76~77 页。

〔2〕吕登明：《罪犯自杀与防控研究》，载《犯罪与改造研究》2015 年第 9 期。

类罪犯的心理往往还伴随着其他因素如亲人的高期望值，认为自己无颜面对亲人也无脸再苟延残喘。此外，还有的是以自杀相要挟、相威胁，以自杀为"工具"妄图达到自己目的的"伪自杀"，最后反而假戏真做、自绝而亡。

从行为视角来探讨引起罪犯自杀的因素，是当下最重要也是成果最多的研究方法。杜利通过研究发现，91%的犯人自杀行为是由与监狱情景有关的因素、与外部压力有关的因素、对犯罪的罪恶感和存在精神疾病四类动机引起的。其中，40%的自杀是由于监狱压力引起的；15%是由外部压力引起的；12%是由罪恶感引起的；22%是由精神疾病引起的。[1]

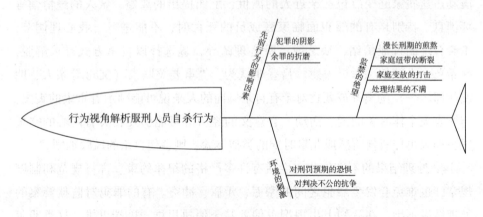

图 2-3　认识视角解析罪犯自杀行为鱼骨图

三、全人视角解析罪犯自杀行为

从全人视角的角度去解析罪犯自杀行为，首先需要确定其自杀行为的动机或其自杀心理的产生因素，[2] 其次要确定其自杀发展阶段，最后要确定其自杀行为的启动或者自杀行为的活动规律。

（一）自杀行为的动机

"自杀倾向可能与所有的心理障碍都有联系，包括与精神活性物质滥用也有联系。一些类型的心理障碍会增加罪犯自杀的可能性，但是无法根据特定

---

〔1〕　吴宗宪：《当代西方监狱学》，法律出版社 2005 年版，第 376 页。

〔2〕　［美］亚伯拉罕·马斯洛：《动机与人格》，李静文、朱兴媛译，文化发展出版社 2021 年版，第 102 页。

障碍的存在与否排除罪犯自杀的可能性。"[1] 罪犯自身的认知能力、改造成绩等因素引发内部冲突，由此导致的罪犯心理问题呈现出越来越复杂化的态势。尤其是入监新犯心理承受能力低下，适应环境能力差，刑期恐惧、家庭变故、思家恋亲等心理时刻困扰着罪犯，使他们极易产生轻生念头。服刑时间长的罪犯因奖惩、家庭、人际关系等原因，心情抑郁，也会产生自杀念头。[2] 罪犯自杀心理的产生，往往有异常的情绪、情感体验，往往与情绪不稳、偏执、冲动、暴力倾向、压抑、抑郁、厌烦、紧张、焦虑、躁动、悲伤、愤怒、敌对、兴趣丧失、恐惧、挫折感、自卑感、遭遗弃感、愧疚感、孤寂感、自我感的缺乏、无力无助感、悲观无望感、绝望感等心理状态密切相关，部分人会记忆力减退、注意力分散，有些人还会自感躯体不适，有幻听或错觉发生。自杀倾向者一般呈现出如下较为显著的心理特征。

1. 受挫与压力。身陷囹圄的痛苦不仅关涉肉体，更冲击心灵。强烈的受挫感来自于刑罚，付出的不仅仅是时间、金钱，更为紧要的是人身自由的束缚和诸多权利的丧失，美好的日子不再，幸福的时光远逝，光明的前景未卜。异常的受挫感再加上来自监内监外的有形无形的巨大压力，使得心理素质低、自我调节能力差的罪犯产生巨大的精神压力。重压之下自感身心俱疲，为自杀倾向者埋下一颗心理黑暗的种子。罪犯的身份、家庭的抛弃、爱人的离去、经济的拮据、同犯的鄙夷，往往使之产生自卑心理，使有自杀倾向的罪犯的自卑情结进一步发展为自怜、自毁。

2. 抑郁与厌倦。抑郁是指人感觉迟钝，虽然肉体还活着，却像死了一般。抑郁的人无法体验欢乐，也无法体验忧伤。[3] "抑郁"和"厌倦"之间并没有太大的区别，厌倦更多是指创造力瘫痪，活力匮乏的感觉。[4] 心理疾病最严重的形式之一便是厌烦——不知道如何对待自己和自己的生活。[5] 英国诗人威廉·库珀一生长期处于忧郁以及精神不稳定状态之中，曾多次企图用毒药、匕首或上吊绳自杀。在一次自杀未遂后写了几行"疯狂的时刻写成的诗

---

[1] 吴宗宪编著：《国外罪犯心理矫治》，中国轻工业出版社 2004 年版，第 100 页。

[2] 于海霞、王庭兰：《当前引发服刑人员自杀的心理因素及干预对策探讨》，载罗大华、胡一丁主编：《犯罪心理与矫治新论》，中国政法大学出版社 2003 年版，第 532 页。

[3] [美] 艾里希·弗洛姆：《健全的社会》，孙恺祥译，上海译文出版社 2011 年版，第 167 页。

[4] [美] 艾里希·弗洛姆：《健全的社会》，孙恺祥译，上海译文出版社 2011 年版，第 168 页。

[5] [美] 艾里希·弗洛姆：《健全的社会》，孙恺祥译，上海译文出版社 2011 年版，第 246 页。

句"："四周环绕着无数的危险，疲惫、晕眩，在恐惧中战栗不已……我……囚禁在肉身的坟墓里，宛如行尸走肉。"[1]

3. 空虚与焦虑。因为心理空虚导致兴趣丧失，感觉做任何事都是没有意义的。"在心理学领域，我们发现，对一切事情都失去兴趣的人是病入膏肓的人，他根本无法表现出人性的正常状态。"[2] 存在的无意义导致自我的缺乏与丧失，感觉"我"的存在也是多余的。而自我感的缺乏导致了深刻的焦虑。"这种因面临虚无的深渊所产生的焦虑比地狱的熬煎更可怕。在地狱里，我受到惩罚与熬煎；在虚无中，我却被逼得快要发疯了，因为我已经不再能说'我'了"。[3] 焦虑和抑郁往往相伴而生，也是罪犯自杀前的重要伴随情绪。有研究表明，通过抑郁自评量表（SDS）和焦虑自评量表（SAS）量表测试分析后得出如下结论：自杀未遂和自杀危险罪犯有抑郁情绪的占 96.15%，中度抑郁以上者占 53.85%；100% 都有焦虑情绪，30.77% 系重度焦虑者。[4]

4. 无助与无力。自杀倾向者心理往往呈现出极度的无助感，任何人都救助不了自己，甚至自己也拯救不了自己。强烈的无助感导致自身彻底的无力感，自感无力改变世界、改变别人，更无力拯救自己。无助与无力感的积累将导致进一步的无望与绝望感。"正常个体的心理一般都会维持与其环境相对平衡的状态。当个体遭遇到一个他自认为不能用个人的力量和资源加以解决的问题时，这种心理平衡就会被打乱，个体的心理反应就将变得越来越无目的性和无组织性，最后就会进入情绪紊乱的不平衡状态，也就产生了心理危机。"[5]

由于个体的差异性，并不是每一个自杀倾向者都会同时呈现出以上心理特征，每个个体心理问题的严重程度也各不相同。当然，个体的潜质各具形态，个体心理问题发生的起因也各有差异。一个心理问题的发生可能是某种因素所致，即一因一果，也可能是多因一果、多因多果。在具体实际中，我

---

〔1〕［美］K. R. 贾米森：《生命逝如斯：揭开自杀的谜题》，一熙译，重庆大学出版社 2011 年版，第 1 页。

〔2〕［美］艾里希·弗洛姆：《健全的社会》，孙恺祥译，上海译文出版社 2011 年版，第 246 页。

〔3〕［美］艾里希·弗洛姆：《健全的社会》，孙恺祥译，上海译文出版社 2011 年版，第 169 页。

〔4〕于海霞、王庭兰："当前引发服刑人员自杀的心理因素及干预对策探讨"，载罗大华、胡一丁主编《犯罪心理与矫治新论》，中国政法大学出版社 2003 年版，第 537 页。

〔5〕章恩友、姜祖桢主编：《矫治心理学》，教育科学出版社 2008 年版，第 307 页。

们须具体情况具体分析，特殊个体特别分析，各种情形综合分析，方能得出与个体心理基本相符的心理分析结论，也才能依据不同类型的心理问题采取相对应的心理辅导和教育疏导策略。

（二）自杀行为的心理发展阶段

"罪犯的自杀倾向虽然不是一种诊断类型，但是对于监狱的管理来说，具有十分重要的意义。"[1]并不是所有存在心理问题的罪犯都是自杀倾向者，也不是所有存在心理问题的罪犯都会即刻实施自杀行为。我们只能说有自杀倾向的罪犯一定存在一般心理问题，而只有一般心理问题发展到严重程度时，自杀倾向罪犯才会将自杀付诸行动。当然，我们可以得出这样的判断：自杀罪犯一定是严重心理问题者。一个人的健康水平包括身体健康和心理健康两部分，罪犯自杀可能身体上出了毛病，但心理一定是出了毛病的，而且很严重。

罪犯自杀倾向者其自杀心理的发展一般是一个渐进的过程。当然，我们并不排除还有激情自杀这种特殊类型的存在。再则，即使是激情自杀者，其潜质里依然存在着不能被我们所轻易能够察觉的心理问题。一般而言，从自杀倾向到自杀行动，有一个复杂和较长时间的心理发展过程。

世界卫生组织《预防自杀：心理辅导员参考资源》（2006）告诉我们："自杀看上去可能是一时冲动的结果，但也可能是经过一段时间的酝酿。许多自杀者会通过口头或行为传递他们意图伤害自己的信息。"一时冲动的激情自杀，恰好证明了表面现象背后隐藏的自杀潜质，没有自杀潜质的人不会实施自杀，这是不言而喻的。

罪犯自杀心理的发展不能忽视的一个问题就是它的矛盾期。"好死不如赖活着"，自杀罪犯也想活，他选择自杀恰恰说明了他想好好活着，但他不知道自己明天还能否好好活着。在活与不活之间权衡，在活与不活之间徘徊，就如一场斗争。即使是已经有严重心理问题的罪犯自杀倾向者，也不一定就立马选择行动。所以他才会向周边的人发送自杀信号、流露自杀意图，其实他是在向周边的人发出救助、求救的信号，只不过被很多他以为可以信任的人忽视了。

---

[1] 吴宗宪编著：《国外罪犯心理矫治》，中国轻工业出版社2004年版，第100页。

在"摧毁了一切"的压力下，面临的将是"彻底的崩溃"：当一切都无可挽回，一切都不存希望，一切都没有意义，选择死亡并付诸行动只能是唯一的选择。中央司法警官学院于海霞等人通过分析34例罪犯自杀事件和相关资料，认为当前引发罪犯自杀的心理因素有四个：重大负性生活事件、精神疾病因素、自杀者的个性特征和心理状态、改造中的特殊矛盾。[1] 值得注意的是，重大负性生活事件和改造中特殊矛盾，本身并不是一种心理因素，而是一种实在的事实，它往往扮演着导火索的角色，是诱发罪犯自杀的重要因素，也是那根"压死骆驼的最后稻草"。而且，有时看似一般性的负性生活事件也会促成罪犯付诸自杀的行动。因此，我们应当关注的是这种负性事件发生后，对具有自杀倾向的罪犯的心理可能导致的微妙或急剧的变化。

（三）自杀行为心理的活动规律

甘肃省平凉监狱课题组研究认为，罪犯自杀呈现三个阶段不同特征。罪犯自杀是一个反复的思想斗争过程，这个过程一般会经过情绪平静—激烈斗争—恢复平静三个阶段，每个阶段都具有不同的特点。第一阶段，罪犯几乎没有外在的行为表现，只是存在一些心理特征，例如认知上容易产生偏差、心胸狭窄、看待问题绝对化、以偏概全、经常自暴自弃、自怨自责，情感上存在抑郁情绪和不稳定性、人际关系失调、对负性情绪难以化解，但总体上表现还算稳定。第二阶段，情绪行为激烈斗争阶段。由于诱因出现，打破了情绪上原有的平静，在行为上出现反常，表现在对人对事的强烈对抗，甚至对监狱警察正常的管理教育都出现明显的抵触，无意中会流露出生无可恋的言论。在此阶段，罪犯潜意识中求生的本能和求死的心理处于严重的矛盾冲突之中。虽然在生与死之间彷徨，但内心还是或多或少在寻求关注和帮助，希望自己得到重视，更希望有人帮助自己解决内心的冲突，可以说是一个特殊的求助过程。第三阶段，一旦情绪恢复平静，罪犯已经从矛盾冲突中解脱出来，死意已决，只是在考虑自杀的方式、自杀的时间，做自杀的准备，如私藏危险工具、收集药物等，等待一有时机就结束自己的生命。[2]

---

〔1〕 于海霞、王庭兰：《当前引发服刑人员自杀的心理因素及干预对策探讨》，载罗大华、胡一丁主编《犯罪心理与矫治新论》，中国政法大学出版社2003年版，第532~539页。

〔2〕 甘肃省平凉监狱课题组：《罪犯自杀因素的探析及对策》，载《犯罪与改造研究》2019年第8期。

　　精神病学教授贾米森告诉我们："对有些人来说，自杀是一种突发的行为。对另一些人来说，自杀则是出于绝望的累积或身处悲惨的环境，然后经过长期考虑所做的决定。对大多数人来说，自杀则是两种情形交织的结果：经过一段时间的筹划和痛不欲生的绝望，然后在某一时刻轻率地付诸行动。对有家族自杀史或在大脑化学反应下有冲动自杀倾向的人来说，求死的念头永远在一旁伺机而动，他们就像干燥易燃的柴堆，对生活中不期而遇的火花猝不及防。"[1]

　　鉴于以上研究结果以及诸多监狱罪犯自杀的实践总结，我们提出如下罪犯自杀的心理活动规律：自杀念头一闪而过——不断的生死权衡——矛盾心理与彷徨徘徊——自杀念头不断被刺激和强化——激烈的内心挣扎——对死亡的恐惧并逐渐认同——坚定和强化自杀的决心——坦然面对死亡——不顾一切予以实施。除激情自杀外，一般都具有这种内在心理活动规律性，大多时候这种心理活动是异常复杂的，因而也是交叉重叠的。

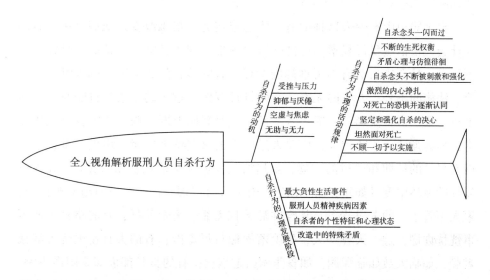

图 2-4　全人视角解析罪犯自杀行为鱼骨图

---

　　[1]　[美] K. R. 贾米森：《生命逝如斯：揭开自杀的谜题》，一熙译，重庆大学出版社 2011 年版，第 181~182 页。

四、发展视角解析罪犯自杀行为

个体发展的因素中，关于罪犯自杀行为最主要的成因是其世界观和方法论的形成。世界观是人们对于整个世界总的看法和根本观点。一名罪犯自杀，我们首先会想到这名罪犯的"三观不正"，也就是他的世界观、人生观和价值观出了问题。那么究竟出了什么问题呢？

一个人实施犯罪行为本身就可能是"三观"的扭曲所致，其中的许多犯罪人有着相对固定的犯罪思维模式。这种思维模式中有着诸如"丛林法则"类的适者生存理论，把人类之间的竞争视为动物世界的残酷血腥争斗，因此他们的思维总是"江湖思维"那一套，如"天下乌鸦一般黑""江湖险恶人心叵测""没有一个好人""江湖义气两肋插刀""人在江湖身不由己""人在屋檐下不得不低头""强龙压不过地头蛇""好汉不吃眼前亏""拳头说了算""人不为己天诛地灭""人为财死鸟为食亡""人生在世吃喝两事""今朝有酒今朝醉""出人头地""金钱至上"，等等。

自杀罪犯中不少人这种旧有思维已成定势，很难改变。他们之中，有的反社会人格依然我行我素，将自己的"落难"视为社会一手造成，是社会的不平等，社会应当负有不可推卸的责任；有的整日怨天尤人、感叹世界的不公、法律的不公、人生的无奈；有的日日沉迷于过去的生活，自叹花天酒地不再、荣华富贵流逝、衣锦还乡梦碎，面对高墙电网、铁门岗哨自叹人生无常，命运诡谲、如坠地狱，面对人生巨大的落差恍如隔世、南柯一梦；有的面对漫长的刑期和严厉的监规，虽追悔莫及但无所适从、无以安心，在无以复加的煎熬中度日如年、痛不欲生；有的日日以泪洗面、自感遭遗弃被抛弃，家人不管了、朋友逃光了，从今往后无依无靠、无牵无挂；有的整日无所事事恍恍惚惚、过一天算一天，失魂落魄像行尸走肉；有的整日杞人忧天战战兢兢，如临大敌如临深渊，如履薄冰如走钢丝；有的整日郁郁寡欢闷声不响，将自己封闭在阴暗的心灵之门里孤芳自赏、顾影自怜；有的心怀仇恨又自叹无以雪耻，心怀雄心壮志又自叹"心比天高命比纸薄"，心怀梦想又自叹现实的残酷无情，心怀美好与幸福又自叹与己无缘、无福享受……总之归结于自己的命不好、自己的运不佳，归结于是别人的错、是别人一手造成，归结于社会之恶、家庭之恶、刑罚之恶。原本惩罚与改造是相统一的，而在这些罪犯面前，刑罚不但黯然失色，失去了它的威慑、威严，改造也徒有虚名，失去了它的教育、感化与挽救功能，世界观、人生观、价值观的改造也付诸东流。

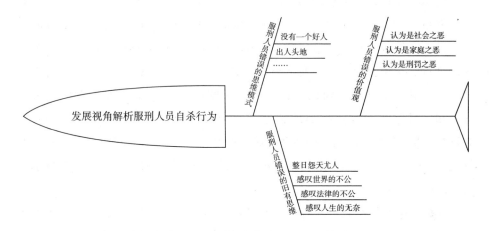

图2-5　发展视角解析罪犯自杀行为鱼骨图

学习任务三　社会学视角

社会学是面向社会关系的理论，因而任何一种理论都可以被演绎到社会的组成部分中分析。自杀作为一个社会问题被提出，同样可以成为这些理论分析的对象。19世纪末20世纪初，埃米尔·迪尔凯姆（又译涂尔干，1858-1917），给社会学下了一个定义：一门以比较的方法研究各种社会制度和社会过程的科学。迪尔凯姆的《自杀论》被认为是使用社会学实证方法的范本，并因其对自杀原因的解释和分类受到学者们的重视，并认为，自杀并不是一种简单的个人行为，而是对正在解体的社会的反映。由于社会的动乱和衰退造成了社会—文化的不稳定状态，破坏了对个体来说非常重要的社会支持和交往，因而削弱了人们的生存能力、信心和意志，这往往导致自杀率增高。迪尔凯姆是第一位在复杂问题研究中对社会生活运用严格实证研究的社会学大师，他挑战了关于自杀纯粹是个人因素作用的观点，并与此相对地提出自杀是一种社会事实，是在人们互动中衍生的意义产物、期望与制度。因此，自杀必须用社会因素来解释。

实际上罪犯自杀问题一直是困扰世界上许多国家和地区的一个严重问题。监狱学者尤金·孔泽曼（E. Eugene Kunzman）的调查发现，一般美国人的自杀率是 10/100000~12/100000，而美国看守所中犯人的自杀率是一般美国人自杀率的 10 倍左右，大约为 110/100000。[1] 监狱学者莫兰（T. Moran，1988）的一项研究表明，监狱中犯人的自杀率是 24/100000。英国 1996 年~1997 年间，监狱自杀犯人占犯人死亡总数的 46.6%。1997 年监狱犯人自杀率显示，比利时为 33/100000，芬兰为 30/100000，斯洛文尼亚为 29/100000，丹麦和法国为 23/100000，奥地利为 17/100000，加拿大联邦矫正系统中犯人的自杀率是 14.4/100000，德国为 13/100000。[2] 美国有人调查研究了看守所犯人自杀的特点，认为自杀犯人的平均年龄是 30 岁，94% 是男性；在自杀犯人中，52% 是单身者。[3]

反观我国监狱罪犯自杀者，一般呈现出如下的社会学因素：处于 25 岁至 45 岁这一自杀高危年龄段，学历为中等以上；经历过生死别离或恐惧场景，如幼年少年丧母（父）、青年恋人死亡、中年丧妻、老年丧子，曾经历过无法忘记的血腥场面；家庭成员或其他亲人近期突然有重大变故，如至亲的死亡、妻子离去、子女失踪或失学、亲人患绝症等；人生落差感极大，如位高权重者沦为囚犯、天之骄子沦为囚徒、社会知名人物沦为囚子等；债务连连而又无力偿还，且债主紧逼不放；临近刑释，但生活无着落或面临诸多烦忧事；缺乏社会支持系统，如"三无"罪犯、无牵无挂者；有过个人自杀史、家庭自杀史；有过个人精神病史、家庭精神病史。

一、社会转型因素

世界卫生组织在其编印的《预防自杀：心理辅导员参考资源》（2006）中指出，自杀行为在特定环境，如文化、遗传、心理以及环境因素影响下会更加普遍。自杀患者与同辈中的非自杀者相比，通常有着更重的环境负担，包括受虐待史、家庭问题、文化理念、人际关系处理困难以及面临无法抵御

---

〔1〕 吴宗宪：《当代西方监狱学》，法律出版社 2005 年版，第 99 页。
〔2〕 吴宗宪：《当代西方监狱学》，法律出版社 2005 年版，第 370~371 页。
〔3〕 吴宗宪：《当代西方监狱学》，法律出版社 2005 年版，第 99 页。

的或慢性的压力。再加上压抑的心情，这些负担增加了自杀的可能性。实际上，由于沉重的生活负担所造成的绝望比单纯的压抑更能预示自杀风险。

教育学家弗里德里希·包尔生曾言："在简单的生活条件下，自杀发生得最少；生活条件越复杂，自杀的发生率就越高；文明越发达，自杀越频繁。"[1] 社会经济制度的转轨，市场经济的发展，下岗、失业、求学等因素造成家庭收入减少，外部矛盾和冲突增多。[2] 生活环境的巨大变化，贫富差距的拉大，社会竞争的激烈，人际关系的复杂，社会结构、生活方式、价值观念、行为模式的变革，民族文化、国民性格的变迁，科技发展的日新月异，物性的过分扩张带来的是人性的匮乏、生存的危机、精神的失衡和生命意义的缺失，带来的是人们强烈的生活压迫感、精神压力感，各种心理问题纷至沓来，很多人也因此迷失了生活的方向，丧失了生活的勇气。"面对一个追求功利、注重竞争，物欲横流、心浮气躁的时代，人们失去了对生命意义的追问和思考。"[3] 这也使越来越多的人成为精神上的无家可归者。社会失调对自杀也起到了加速和催化作用。

入监虽是"不幸的事实"，但监狱乃"社会之缩影"，它无疑是当时社会的一个"病态物"。"世上很多人忘记所谓的加害者多半自身也是受害者。"[4] 新生代罪犯经历了时代的剧烈变迁，社会转型期使许多人无法跟上时代的步伐，无法平复心中的不公平感、失落感、被抛弃感，无法宣泄心中的压迫感、不安、烦恼、苦闷、焦虑、抑郁、怒气、怨气，无法解答生活中出现的诸多困惑。因而，有的人便在剧烈的社会变迁中迷失了前行的方向，成为了社会剧变的"牺牲品""买单人""受害者"。本身缺失生命教育的一些罪犯，对死亡、疾病、生命缺乏认识和体会，对生命既不尊重也不珍惜。一些罪犯身陷囹圄后，更加重了原先悲观厌世负面文化价值观对其的深刻影响。有的罪犯深感经济的快速发展与自己未来生存能力的缺乏之间的矛盾日

---

〔1〕 罗大华等主编：《有多少生命可以重来——青少年极端犯罪和非正常死亡案例剖析》，群众出版社 2005 年版，第 129 页。

〔2〕 十海霞、王廷兰：《当前引发服刑人员自杀的心理因素及干预对策探讨》，载罗大华、胡一丁主编：《犯罪心理与矫治新论》，中国政法大学出版社 2003 年版，第 532 页。

〔3〕 罗大华等主编：《有多少生命可以重来——青少年极端犯罪和非正常死亡案例剖析》，群众出版社 2005 年版，第 130 页。

〔4〕 ［美］贝兹·卓辛格著：《把他们关起来，然后呢？》，陈岳辰译，中信出版集团股份有限公司 2017 年版，第 53 页。

益加剧，信心逐渐丧失、意志逐步消沉，改造的勇气和毅力日愈锐减，加上在某种刺激因素的激发下就极易轻生，罪犯的自杀率也会随之增加。

二、社会结构因素

强调社会结构对自杀个体行为的影响，是一种有力的社会学分析工具。失范和社会整合度过低两种结构性条件导致了更高的自杀率。[1] 社会关系网络深厚的人自杀倾向低于对社会生活整合相对较弱的人。迪尔凯姆认为，在遇到个人麻烦的时候，较少联结的人获得更少的社会支持，因而导致更高的自杀率。迪尔凯姆指出，即便像自杀这样一般被认为是最个体化的行为，也有其社会根源。他分析了法国和其他地区的数据，发现不同的地域和人群呈现出不同的自杀率。迪尔凯姆对这种差异的解释聚焦于这些地域和人群的结构性特征，尤其是社会整合的程度。高整合度群体的成员，或者说与群体中其他成员有着较强纽带联结的人们，他们的自杀率就较低。[2]

"涂尔干（即埃米尔·迪尔凯姆）还力求证明社会纽带的破坏（如离婚）会带来负面的影响，在某些情况下甚至会增加自杀率。"[3] 未婚的人较已婚的人有更高的自杀率。未婚人群的较高自杀率要归结于他们缺少社会联结。[4] 国外研究表明，家庭有时是罪魁祸首同时又是牺牲品，大约50%的自杀是因为家庭破裂。[5] 许多罪犯之所以走上犯罪之路，其本身的一个社会结构性因素即是社会纽带的松动、疏离乃至断裂。监禁后，有的罪犯家庭关系进一步恶化，家庭纽带进一步破坏（如离婚、家人不来会见、无亲情电话、无信件往来等）甚至逐渐断裂。各种社会关系网络的逐步清冷，导致这类罪犯对生活逐渐丧失信心，精神支柱逐渐塌陷，最终心灰意冷而走上绝路。

---

〔1〕［美］斯蒂芬·E·巴坎：《犯罪学：社会学的理解》，秦晨等译，上海人民出版社2011年版，第7页。

〔2〕［美］斯蒂芬·E·巴坎：《犯罪学：社会学的理解》，秦晨等译，上海人民出版社2011年版，第6页至第7页。

〔3〕［美］迈克尔·休斯、卡罗琳·克雷勒：《社会学导论》，周扬等译，上海社会科学院出版社2011年版，第11页。

〔4〕［美］斯蒂芬·E·巴坎：《犯罪学：社会学的理解》，秦晨等译，上海人民出版社2011年版，第190页。

〔5〕罗大华等主编：《有多少生命可以重来——青少年极端犯罪和非正常死亡案例剖析》，群众出版社2005年版，第235页。

发达的、运转良好的社会支持系统在个体遭遇到某种严重的心理挫折或是进入心理应激状态时，如果能够及时提供积极的、有益的支持和帮助，往往能够对心理危机产生很大的缓冲作用，从而最大限度地减轻或化解个体的心理危机。

三、媒体负面因素

人们关于自杀的绝大部分知识来自报纸、杂志等纸质媒体、电视、电影作品及其他新媒体，它们展示的往往是被扭曲的自杀图景，还有最终收效甚微的解决方案。自杀之所以屡遭误读，一个重要的原因是为人们提供有关知识的那些信息源总是对自杀的社会根源避而不谈。

"我们相信，一旦发生自杀，其他人得知后，自杀的行为就会被不断重复和模仿。这一方面是因为自杀的理由和方法已经与心理和物理环境结合起来，另一方面则是因为人类和动物会通过模仿而学习。自杀有很强的传染性，也有致命的吸引力，脆弱的人很容易将自杀视为解决问题的最后手段。"[1] 大众传媒、文学作品的不当报道、过分渲染、对死亡的不敬畏，对人们的自杀心理行为的形成起到了相当的负作用。许多青少年自杀就是因媒体过分渲染明星自杀导致了模仿自杀，也有不少自杀者是受到自杀报道的传染而自杀。

媒体如果大量宣传与自杀有关的报道，极易在本身有自杀倾向的罪犯中产生心理暗示。吕登明认为，"社会媒体本身并不会直接导致自杀，但对于某些自杀情节的过度报道和渲染容易给具有类似处境的人一种心理暗示，特别是对那些缺乏足够识别能力和抵抗力的罪犯而言，容易导致感应性和模仿性自杀事件的增加。"[2]

---

〔1〕 ［美］K. R. 贾米森：《生命逝如斯：揭开自杀的谜题》，一熙译，重庆大学出版社 2011 年版，第 3 页。

〔2〕 吕登明：《罪犯自杀与防控研究》，载《犯罪与改造研究》2015 年第 9 期。

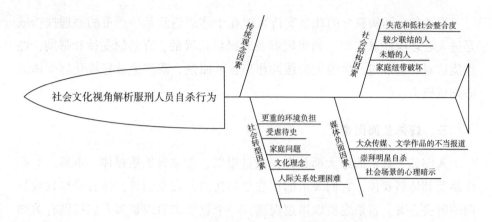

图 2-6　社会文化视角解析罪犯自杀行为鱼骨图

总结——模型构建

　　我们根据上述分析构建罪犯自杀行为的模型。生物学视角（如遗传、疾病等）是自杀行为形成的内部成因；心理学视角（如人生早期虐待被忽视、自我宽恕低下、依赖、自尊心低下）是自杀行为形成的核心因素，行为视角（如犯罪的阴影、刑罚的恐惧、监禁的绝望）是自杀行为形成的环境因素，全人视角（如受挫与压力、抑郁和厌倦、空虚与焦虑、无助与无力等）是自杀行为形成的启动、动力因素，发展视角（如错误的思维模式、旧有的思维、错误的世界观）是自杀行为形成的诱发因素；社会学视角（如传统观念、社会转型、社会结构、媒体负面信息）是自杀行为形成的信息来源因素。

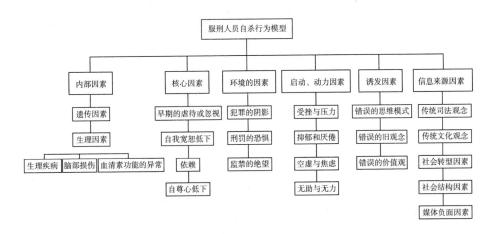

图 2-7 罪犯自杀行为模型思维图

★ 思考题:

1. 如何从生物学角度理解罪犯自杀现象?

2. 如何从心理学角度系统认识罪犯自杀现象?

3. 社会学对罪犯自杀现象的解读有何特征?

模块二

罪犯自杀评估

专题三　罪犯自杀风险评估基础

罪犯自杀风险评估是一项艰巨而复杂的任务，是对评估工作人员专业素养和心理韧性的双重考验。自杀是生理、心理、社会等多种因素共同作用的结果，存在较多的不确定性。恰如美国洛杉矶自杀防治中心精神科利特曼（Litman）所说："目前为止，还不太可能准确预测任何一个人的自杀，精确的数据模型……和有经验的临床判断同样不成功。当我被问及为什么一个抑郁而且有自杀想法的病人自杀了，而另外九个同样抑郁而且同样有自杀想法的病人却没有自杀，我回答说：'我不知道。'"

但是，开展罪犯自杀风险评估仍然是非常有价值的。准确的自杀风险评估是自杀预防的重要组成部分，并且从临床、伦理学以及法律角度来说，误以为来访者可能自杀（并进行完整的评估和制定治疗计划）总比误以为来访者不会自杀更好。[1] 监狱作为一个特殊的场所，自杀风险评估是预防监管安全事故的重要一环，而且国内外许多研究表明，罪犯的自杀风险要远高于社会平均水平。埃米尔·迪尔凯姆在他的《自杀论》中说："监禁本身引起了十分强烈的自杀倾向。"[2] 武汉警官职业学院皮菁燕研究指出，美国罪犯自杀率比普通人高50%。[3] 虽然，目前中国监狱自杀干预的效果非常突出，罪犯自杀成功的比例远低于社会平均水平，但是作为监狱工作者应该清醒地认识到，开展罪犯自杀风险评估是非常必要的。对于监狱警察而言，掌握自杀风险评估工作的基础知识与技能是必需的。本专题从评估方法、评估技巧、评估案例三方面，开展罪犯自杀风险评估基础的阐述。

---

〔1〕　〔美〕John Sommers-Flanagan、Rita Sommers-Flanagan：《心理咨询面谈技术》，陈祉妍、江兰、黄峥译，中国轻工业出版社2014年版，第350页。

〔2〕　郭晶英：《狱内罪犯自杀研究》，载《犯罪与改造研究》2018年第7期。

〔3〕　皮菁燕：《从精神分析的视角看罪犯自杀与犯罪类型的关系》，载《犯罪与改造研究》2018年第3期。

学习任务一 评估方法

从不同维度划分，自杀风险评估方法有许多分类，例如从评估主体维度划分，可以划分为自评法和他评法；从评估对象数量维度划分，可以划分为个体评估和团体评估；从鉴定标准维度划分可以划分为临床判断法和精算法；从信息采集维度划分，可以划分为人工法、智能评估等。事实上这些分类适用于所有心理测评的领域，对于实际操作而言没有太多意义，因此从基础理论出发，我们可以粗略地将评估方法分为传统和非传统两大类。

一、传统的自杀风险评估方法

传统的自杀风险评估方法，其核心就是围绕评估对象的自杀意念、自杀计划、自杀企图、自杀行为，以及对与自杀显著相关的危险因素进行探索和测量。这些方法高度依赖评估对象是否愿意报告与自杀相关的信息，因此取得评估对象的信任非常重要。常见的传统评估方法有面谈法、问卷量表法、行为观察法等几大类，也有一些综合的框架。

（一）概念介绍

在介绍传统自杀风险评估方法之前，我们需要理清几个与自杀风险评估密切相关的概念。关于自杀分类，目前使用较为广泛的是1970年美国国立精神卫生研究所提出的临床诊断分类标准。该标准是按照自杀行为（结果）的严重程度分类的：①自杀已遂或成功自杀（CS. Committedsuicide. Completedsuicide）；②自杀企图或自杀未遂（SA, Suicideattemp）；③自杀意念（SI, Suicideidea）。该分类是建立在广义自杀的基础上的，即对自杀相关行为进行的分类。这种分类方式被后文论述的诸多成因理论所采纳。[1] 自杀意念、自杀计划、自杀企图（自杀意图）、自杀行为，再加上一些与自杀显著相关的因素，则成为传统自杀风险评估的支柱。

1. 自杀意念。自杀意念指个体直接或间接地表达自己想要终止生命的意向。自杀意念的探索是自杀风险评估的关键。如果评估工作者能够敏锐地捕

---

〔1〕 张春妹、夏梦雅：《自杀成因的心理学理论研究》，载《理论月刊》2012年第12期。

捉到罪犯的自杀意念，就能够打开一道门，从而深入了解罪犯的内心。自杀意念的表达，有些比较直接，例如罪犯说"在看守所等待判决的时候我经常想到死""刑期那么长，我真不知道怎么撑下去"；有些比较含蓄，例如罪犯说"我有的时候觉得自己死了，家里人会轻松一些""在高速开车的时候，我好几次想到踩下油门直接撞上去好了"。

2. 自杀计划。自杀计划指个体想要采取的终止生命的时间、地点、手段、方法等规划性信息。当探查和评价来访者的自杀计划时，需要考虑到以下四个方面：计划的具体性、手段的致命性、方法的可行性、与社会及救援资源的接近性。具体性指的是来访者自杀计划的细节。致命性指的是一个自杀计划能多快导致来访者死亡。可行性指来访者在多大程度上做好了实施自杀计划的准备。接近性指社会支持的接近性，如果来访者实施了自杀，其他能够干涉和营救来访者的人是否可快速到达。[1]

3. 自杀企图。自杀企图指个体想要终止自己生命的决心。自杀企图可以被评估为未见、较低、中等和很高四个等级。然而，与前边提到的对心境和绝望感的主观评估不同，询问来访者的自杀企图水平通常没有多大帮助。如果他们的企图很强烈，很可能不会对你承认。[2] 事实上，对于罪犯自杀企图的评估是极为困难的。监狱对于防范罪犯自杀的重视程度极高，因此罪犯想要成功实施自杀的可能性极低，因此罪犯如果自杀企图很高，他们会试图极力掩饰。有些会长时间准备工具，有些会采取激烈而又迅速的方式，例如撞墙、割颈等让监狱警察防不胜防的方式。因此，对于自杀企图的评估，需要综合罪犯的个体心理、生理、刑期、成长史、家庭社会关系以及过去的自杀行为来判断。

4. 自杀行为。自杀行为指个体已经采取的试图终止自己生命的行为。既往的自杀史对于自杀风险的预示性是不言而喻的。有些罪犯能够比较坦然地讲述自己自杀的原因、手段和产生的后果，这一类罪犯往往会表示导致自己想自杀的动机已经消失，且近期没有自杀意念。但大部分罪犯还是不愿多谈。

---

〔1〕［美］John Sommers-Flanagan、Rita Sommers-Flanagan：《心理咨询面谈技术》，陈祉妍、江兰、黄峥译，中国轻工业出版社 2014 年版，第 377~380 页。

〔2〕［美］John Sommers-Flanagan、Rita Sommers-Flanagan：《心理咨询面谈技术》，陈祉妍、江兰、黄峥译，中国轻工业出版社 2014 年版，第 381 页。

这与正常社会中主动寻求帮助的来访者是不同的，尤其是一些未遂的自杀行为，例如，想吃安眠药，但是被家人发现而阻止，这些也应被认为是自杀行为，需要我们更细致深入的探索。有些罪犯实施了自杀行为，但是被抢救回来；有些可以从他们身上发现印记，例如"16岁的时候，因为被爸爸殴打，从楼上跳下来，造成骨折"。

与自杀行为相比，更难判断的是罪犯的自伤自残行为，例如吞食异物、烟头烫伤、自己砍的刀伤等。这类行为有一些是绝望情绪的表达，还有一些是为了对抗公安的拘捕，例如笔者就多次碰到一些罪犯表示在被公安抓捕或被羁押的时候，采取种种自伤自残的手段让公安警察送医，从而对抗执法行为。按照自杀的动机分类，国外学者贝奇勒（1979）将其分为逃避型自杀（为摆脱悲伤或惩罚）、攻击型自杀（报复或勒索）、献身式自杀（牺牲）和开玩笑的自杀（证明自己）。[1] 国内学者则将其分为心理解脱型、寻求关注型、抗争惩罚型和要挟型。[2] 这种自伤自残行为具备逃避性、抗争惩罚性或要挟性的特点，但是其目的并不想终止自己的生命，或者说没有到需要自杀来进行逃避或者抗争的程度。有些学者把这类行为列入"类自杀或自杀姿势"，他们本身不是以结束生命为目的，而是为了引起他人的注意，以达到威胁、警告、使人妥协或者求助的目的。他们也有自我伤害，但会有意采取不足以致死的手段，只做出一种自杀态势。但是我们应该认识到，这种类型的罪犯自控能力较弱，而且往往具备较多的显著自杀危险因素，因此建议将自伤自残行为纳入自杀行为进行评估。

5. 与自杀显著相关的危险因素。除了以上四点与自杀直接相关的因素，还有许多临床研究确定的与自杀显著相关的危险因素，例如抑郁、性别、年龄、信仰和季节变量，以及社会孤立、躯体健康、个人丧失、物质滥用、精神疾病、性取向、5-羟色胺再摄取抑制剂（SSRI）、创伤与虐待史、危险信号等。[3] 有些危险因素是比较公认的，例如抑郁与自杀；有些是有争议的，例如一些文献报告提及，给予非自杀倾向成人患者以某种特定的5-羟色胺再摄

---

〔1〕 肖水源、周亮、徐慧兰：《危机干预与自杀预防（二）自杀行为的概念与分类》，载《临床精神医学杂志》2005年第5期。

〔2〕 马剑侠：《自杀心理与危机干预》，载《许昌师专学报》2001年第1期。

〔3〕 ［美］John Sommers-Flanagan、Rita Sommers-Flanagan：《心理咨询面谈技术》，陈祉妍、江兰、黄峥译，中国轻工业出版社2014年版，第351~361页。

取抑制剂（如百优解、左洛复）进行药物治疗，可能引起去抑制化和激越，导致自杀风险的增加。[1] 这些需要引起警惕，因为百优解、左洛复是抑郁症的常用药，因此对于相关方面的研究，需要评估工作者跟进学习。

（二）可参考的框架

表 3-1　自杀风险评估危险因素一般检查表[2]

自杀风险评估危险因素一般检查表
1. 从年龄/性别来看，来访者属于易感群体。
2. 来访者曾经自杀未遂。
3. 来访者过度使用或滥用酒精/药物。
4. 来访者符合 DSM-IV 的某种精神障碍（抑郁症、双相障碍、精神分裂症、物质滥用或依赖、物质诱发障碍、边缘型人格障碍、反社会型人格障碍或厌食症）的诊断标准。
5. 来访者处于失业状态。
6. 来访者未婚、独居或孤立。
7. 来访者有躯体健康问题。
8. 来访者最近经历了重要的个人丧失（丧失能力、物品或人）。
9. 来访者是青少年并且在与性取向的问题做斗争。
10. 来访者在童年期是性虐待的受害者，或在当下是躯体虐待或性虐待的受害者。
11. 来访者抑郁，同时还有一个或几个下列症状：
●惊恐发作
●一般性精神焦虑
●对于通常令其感到快乐的活动缺乏兴趣和快感
●在抑郁的时候增加酒精滥用
●注意力下降

---

〔1〕［美］John Sommers-Flanagan、Rita Sommers-Flanagan：《心理咨询面谈技术》，陈祉妍、江兰、黄峥译，中国轻工业出版社 2014 年版，第 351 页。

〔2〕［美］John Sommers-Flanagan、Rita Sommers-Flanagan：《心理咨询面谈技术》，陈祉妍、江兰、黄峥译，中国轻工业出版社 2014 年版，第 362~363 页。

●全面性失眠
12. 来访者报告有明显的绝望、无助感或过度的罪恶感。
13. 来访者报告存在自杀想法。
在你的评估中记录：
●自杀想法的出现频率（这些想法出现得有多么频繁）
●自杀想法的持续时间（这些想法一旦出现，会持续多长时间）
●自杀想法的强度（在 1 至 10 点量表上评定这些念头的强迫性如何）
14. 来访者报告存在自杀计划。
15. 来访者报告有特定的自杀计划。
16. 来访者报告了一个致命的或高度致命的计划。
17. 来访者报告了实施自杀计划的可行性手段。
18. 来访者附近没有社会支持。
19. 来访者报告自我控制能力很低。
20. 来访者曾有强迫行为。
21. 来访者报告自杀意念和计划，并有过度控制行为的历史，或者存在情绪上的阻碍，或显示出精神运动性激越。
22. 来访者报告了中度到高度的自杀意图（或曾经进行过致命的尝试）。
23. 来访者近期在有明显的改善之后从精神病院出院。
24. 来访者近期被予以 SSRI 药物处方，并且与去抑制化或激越有关。
25. 来访者可获得枪支。

应该说，自杀风险评估危险因素一般检查表涉及的二十五项内容非常齐全，结构完整，可以作为我们开展面谈、问卷调查和行为观察的依据。当然其中有一些是具有西方社会特点的，例如来访者可获得枪支，在国内出现的概率非常低。

（三）面谈法

面谈法是最基础也是最常见的自杀风险评估方法。根据是否有既定的面谈提纲或者面谈要素，可以将其分为结构性面谈和非结构性面谈。并不能说结构性面谈一定优于非结构性面谈，但是对于初学者而言，结构性面谈能够帮助评估工作者较为全面完整地了解需要掌握的信息，而且比较方便进行培训推广，因此实用性更强。但是如果评估工作者不能熟练掌握面谈技巧，可能使得交流过程变得机械生硬，从而削弱信任，让罪犯不愿吐露真实的想法。而非结构面谈的缺点也比较明显，就是容易偏离中心或者产生疏漏，对于专家型的面谈者而言，长期的经验积累能够让其抓住细节，从而较为自然地调整谈话内容。当然，从操作角度出发，还是建议以结构性面谈为主，可以参考前面的《自杀风险评估危险因素一般检查表》。但是也有其他的清单可以参考，例如临床心理专家毕玉在"简单心理"平台介绍的三大类因素框架，也非常具有实操价值。

表 3-2　自杀风险评估框架表

三大类因素框架
长期危险因素
第一类包括自杀意念和行为相关的病史。
第二类长期危险因素叫做心理创伤。
第三类长期危险因素叫做长期的心理疾患。
最后一类长期危险因素叫做长期的自根式心态。
近期危险因素
来访者自杀的想法、计划和意向。
能够取得的自杀资源。
社会隔绝。
最近是否经历了巨大的压力？
近期内的冲动行为。
保护因素
来访者的求助动机。

前瞻性思维。
对于死亡和自杀有恐惧。
对家人或者对朋友会不会有歉疚感、责任感？
来访者的社会支持。

（四）问卷量表法

问卷量表法，这是问卷法和量表法的统称。两者的操作方式是类似的，一般由标准的指导语、题干、选项等构成，通过组织罪犯书面或者电脑答题的方式填写完成。两者的区别主要在于是否有标准的计分模式。问卷一般只是了解情况，较为宽泛，掌握的只是调查对象的数据。而量表一般都有数据常模以及相应的计分和结论标准。由于量表的编制需要进行科学的信度效度检验，量表可以视为结构化、标准化更好的问卷。但是量表的应用也有非常多的限制，例如量表常模数据的采集因为国家、语言等难以达到完全匹配，同时由于知识产权保护等影响，没有软件集成的情况下，专利使用成本较高。常用的量表有《贝克自杀意念量表》（Beck Scale for Suicide Ideation，SSI）、《抑郁、绝望、自杀量表》（The Depression, Hopelessness and Suicide Form，DHS）、《哥伦比亚—自杀严重程度量表》（Columbia-Suicide Severity Rating Scale，C-SSRS）、护士用自杀风险评估量表（NGASR）、肖水源等从自杀态度的角度编制的"自杀态度问卷（QSA）"、夏朝云等编制的"自杀意念自评量表（SIOSS）"等，还有浙江省监狱系统、上海市监狱系统研发的《罪犯自杀风险评估量表》。有关自杀评估量表的内容在专题四中将详细介绍，这里不再累述。

（五）行为观察法

行为观察法，对于社会上的来访者而言，除了面谈时观察来访者的非语言信息，有时可以向亲朋好友同事等了解情况，以起到旁证和收集线索的作用。但是对于罪犯自杀风险评估而言，行为观察法是非常重要的评估手段，因为罪犯在监狱里服刑，应该说可以进行全时空观察，这是我国监狱罪犯自杀既遂的案例远低于社会水平的原因。下面介绍行为观察能够为我们提供的信息。

1. 罪犯报告。由于我国监狱罪犯一般都是集体生活，同组罪犯、联号罪犯、罪犯信息员等都可以提供丰富的信息。例如，评估对象平时有没有谈论自杀，有没有出现赠送个人物品等有明显自杀迹象的行为，饮食代谢有没有出现大的变化，有没有出现独自哭泣等情绪显著变化，有没有出现私藏工具的行为，有没有出现激烈的矛盾等。当评估者认为当事罪犯有较高的自杀风险时，监狱可以安排 24 小时包夹，专人专档记录评估对象的生理心理变化。

2. 体检报告。罪犯的体检情况是一个值得引起注意的信息渠道。罪犯身上是否有腕部割伤、颈脖割伤、手臂腿部烟头烫伤、腿部骨折、精神疾病门诊就诊记录、自杀后抢救史、难以治愈的疾病或者绝症等，这些信息都可以通过罪犯入监体检获得。评估工作者应该与医院保持密切联系，让体检医生注意收集这方面的信息。当然有外伤不一定与自杀行为有关，但是有些明显的自伤自残及自杀带来的痕迹，是深入了解罪犯的一个窗口。

3. 监狱警察报告。罪犯的主管警察由于长期与罪犯相处，又是监狱管理方，能够提供一些重要的相对可靠的评估线索。例如，通过检查罪犯的书信，监听罪犯的电话、会见，监狱警察可以掌握罪犯的家庭支持等个人资源情况，当出现罪犯重要家人过世，经济支持不够，夫妻关系紧张或者其他可能导致罪犯出现绝望或者内疚感加深的情况，监狱警察可以第一时间与评估工作者联系开展自杀风险评估。同时，除了监控设施以外，部分监狱还配置了物联网定位系统，可以了解评估对象的行动轨迹和生理指标变化。

（六）自杀风险的协作评估与管理

一些学者和实践者提倡要对传统的自杀评估和干预作出大幅度的改变，特别是国外学者乔布斯（Jobes，2006）发展了一个模型，即"自杀风险的协作评估与管理"（collaborative assessment and management of suicidality，CAMS）。该模型强调发展信任和治疗联盟，将其作为有效的自杀评估和干预的基础。这一方法获得了经验和理论两方面的支持，是对自杀评估面谈与干预的重新阐述。在历史上，自杀想法和行为一度被视为离经叛道的心理状态，主要通过医学或精神病学的干预来治疗。在某些情况下，这导致专家取向的医学-精神病学评估和随后的药物干预。特别是乔布斯（2006）等人批评了在没有共情和治疗同盟建立的人际情境下，将病人从中抽离出来，使用"强制性"的自杀协议的做法。显然，当这种医学模式方法的极端形式被用于有自杀倾向的来访者时，其重点完全在于保证病人的生命以及对医疗责任的管理，缺少对病人真正的关心，未能与病人结成同盟。CAMS方法被乔布斯指述为一个更顺畅和人道的相遇，强调来访者是其情绪状态和自杀意念的专家。[1] 笔者以为这种方法，事实上就是从同盟关系角度出发，对传统自杀风险评估方法的改良，但其原理还是与传统方法一致的。

二、非传统的自杀风险评估方法

通过面谈、量表、问卷等以自我报告为主的传统方法来评估自杀风险，在实际工作中可能会因不信任感、病耻感等多种原因，接受评估的罪犯会故意隐瞒或歪曲当前的自杀风险。此外，自杀风险存在不稳定性和波动性，这些局限性使得以自我报告为主的传统评估法的检验效度降低。为了克服传统评估法的局限性，国内外学者研制和开发了多种非传统评估方法，包括内隐联想测验、情感错误归因程序、生态瞬时评估、机器学习技术等。[2]

（一）内隐联想测验

内隐联想测验（implicit association test，IAT）是由心理学家格林沃尔德（Greenwald）等人于1998年提出的一种新的内隐社会认知研究方法，采用计算机进行辨别分类任务，以反应时为指标，通过对目标词和属性词之间自动化联系程度的评估来对个体的内隐态度等进行间接测量。[3]

（二）情感错误归因程序

情感错误归因程序（Affect Misattribution Proce-dure，AMP）[4] 是一种新近发展的以投射为基本原理的另一种内隐社会认知研究方法。其操作过程是以自杀的图片作为启动对象，通过呈现自杀的图片（如一具用枪支自杀的尸体）、阴性图片（如昆虫吃腐烂的食物）、中性图片（如凳子或伞）和积极的

〔1〕〔美〕John Sommers-Flanagan、Rita Sommers-Flanagan：《心理咨询面谈技术》，陈祉妍、江兰、黄峥译，中国轻工业出版社2014年版，第364~365页。

〔2〕喻婷、胡德英、许珂等：《自杀风险非传统评估法的研究进展》，载《护理研究》2020年第1期。

〔3〕蔡华俭：《Greenwald提出的内隐联想测验介绍》，载《心理科学进展》2003年第3期。

〔4〕B. K. Payne, C. M. Cheng, O. Govorun, et al：Aninkblot for：affect misattribution as implicit measurement，J Pers Soc Psychol，2005，89（3）：277~293.

图片（如儿童开心的笑），引发被试不同的情绪体验，通过统计对比被试对不同图片所引发的愉快或不愉快反应比例，来判断他们对这个启动对象的态度是相对积极的还是消极的。与 IAT 相比，AMP 不依赖于反应时作为风险度量的标准，[1] 更容易对结果进行解释，并且操作流程简单，用时更少，具备较好的信效度。[2]

（三）生态瞬时评估

生态瞬时评估（Ecological Momentary Assessment，EMA）[3] 是一种依赖于智能手机的应用程序，该程序可在评估工作者设定的时间内提醒被评估对象完成相应的评估问题，再将评估结果发送给评估工作者。[4] EMA 可以根据需求随时评估并及时得到反馈，同时可最大限度地减少传统评估法中回顾性记忆偏差的问题。EMA 基于动态反复自我报告的简短电子访谈，可用于实时和自然环境中的变量评估。[5] 有学者通过对 4 个不同自杀风险样本的研究，证明了 EMA 在自杀风险评估领域的可行性和有效性。[6]

（四）机器学习技术

随着人工智能的发展，机器学习技术随之兴起，国外学者将其应用到自杀研究领域，综合多种自杀危险因素建立模型，并取得了显著成效。相对于传统评估方法，机器学习技术提供了更为客观、精确的结局指标。[7] 约翰·

---

〔1〕 C. L. Davidson, M. D. Anestis, P. M. Gutierrez. Ecological momentary assessment is a neglected methodology in suicidology. *Arch Suicide Res*, 2016, 21（1）：1~11.

〔2〕 K. Payne, K. Lundberg. The Affect misattribution procedure：ten years of evidence on reliability, validity, and mechanisms, *Social & Personality Psychology Compass*, 2015, 8（12）：672~686.

〔3〕 S. Shiffman. Ecological momentary assessment. *Annu Rev Clin Psychol*, 2008, 4（1）：1~32.

〔4〕 D. Mckay, A. Przeworski, S. O'Neill. Chapter 14-emerging echnologies for clinical practice, [s. l.]：*Computer-Assisted and Web-based Innovations in Psychology, Special Education, and Health*, 2016：365~378.

〔5〕 J. R. S. Swendsen. Mobile technologies in psychiatry：providing new perspectives from biology to culture. *World Psychiatry*, 2012, 11（3）：196~198.

〔6〕 M. Husky, E. OLIÉ, S. Guillaume, et al. Feasibility and validity of ecological momentary assessment in the investigation of suicide risk, *Psychiatry Research*, 2014, 220（1/2）：564~570.

〔7〕 J. Torous, M. E. Larsen, C. Depp, et al. Smartphones, sensors, and machine learning to advance real-time prediction and interventions for suicide prevention：a review of current progress and next steps, *Current Psychiatry Reports*, 2018, 20（7）：51.

佩斯汀等[1]采用机器学习技术对急诊科自杀的青少年病人进行了前瞻性研究，指出通过机器学习对病人的谈话进行记录和分析，可区分自杀风险和非自杀风险的病人。除此之外，学者琼斯等[2]利用机器学习技术表征人脑中自杀和死亡的相关概念，向病人展示死亡和生命相关词语，同时使用功能性磁共振成像对大脑中的神经活动进行扫描呈现，结果表明此方法可以十分精确地识别病人是否有自杀意念，并且可以进一步区分病人是否有过自杀尝试。机器学习技术不仅可以用于医院等特定的场所，还可广泛地在微博、脸书等公共社交软件上对个体发表的自然语言进行分析，以识别有自杀风险的个体，并可通过后台发送相关的支持信息资源。

（五）差异激活理论

差异激活理论认为，当先前有过抑郁和自杀念头的人体验到负性情绪时，他们有可能再次激活负性信息加工偏见。这一理论认为，在个人学习历史中，特别在抑郁的时期，低心境会与负性信息加工模式（在记忆、解释和态度方面的偏见）相联系。任何重新回到这种心境的情况都会重新激活这一模式。如果被激活的内容是整体的、负性的且自我指向的（例如"我是失败者，没有价值也不讨人喜欢"），那么抑郁就非常可能复发和重现。（Lau et al.，2004；Segal，&Williams，2004）。这一理论支持性的实证研究表明，在临床面谈过程中，特定的提问程序可能将一个此前抑郁过的来访者带向一种更加负性的情绪状态，相伴随的是负面情绪加工以及自杀意念的增加。

事实上，很多研究显示，有抑郁的来访者以及非来访者都会受到情绪诱导刺激迅速且强劲的影响（Lau et al, 2004；Mosak, 2000 Teasdale Dent, 1987）。例如，在一项近期的研究中，被试被分成三组：一是此前抑郁过并且有自杀意念的人，二是此前抑郁过但没有自杀意念的人，三是没有抑郁历史的人（Lau et al.，2004）。被试用八分钟时间听一段压抑的、1/2拍的俄罗斯歌剧，同时阅读40句消极陈述，例如"我有些自己并不喜欢的地方"，在经历这种情绪挑战之后，被试通常体验到更糟糕的情绪，并在认知问题解决测

〔1〕 K. Payne, K. Lundberg. The Affect misattribution procedure: ten years of evidence on reliability, validity, and mechanisms. *Social & Personality Psychology Compass*, 2015, 8 (12): 672~686.

〔2〕 M. A. Just, L. Pan, V. L. Cherkassky, et al. Machine learning of neural representations of suicide and emotion concepts identifies suicidal youth. *Nature Human Behaviour*, 2017, 1 (12): 911.

验中表现得比接受情绪挑战之前差。

此外，有抑郁史和自杀意念的被试相比于对照组来说，在问题解决方面还显示出显著的更大的损害。研究者得出结论："当心境回归正常时，认知变量可能也回到正常，但是那些曾经患抑郁症、有过自杀意念的人对于心境方面的变化的差异反应更为易感，在问题解决能力方面更为恶化。"这种在问题解决能力方面的恶化与心理学家埃德温·施奈德曼（Edwin Shneidman）的心理收缩的概念相一致。[1] 事实上，这种理论与上文提到的情感错误归因程序（AMP）的理论基础相似。但是笔者以为，从实验结果来看，如果仅仅为了评估自杀风险，通过激活负性信息加工偏见来检验罪犯的抑郁或自杀意念是得不偿失的。不过，如果将其作为精神分析或者认知治疗中寻找童年创伤或者认知偏差的工具，或许还有一定的应用价值。

（六）非传统自杀风险评估方法在监狱应用的前景展望

非传统的自杀风险评估方法在罪犯评估领域的应用还比较有限，从操作流程上来看，内隐联想测验、情感错误归因程序、生态瞬时评估、差异激活等参照了认知心理学实验的范式，需要专业的设备和严格的测试程序。而机器学习技术需要大量的数据和设备支撑，尤其是需要具有检验效度的真实案例，而这种案例稀少且分散在不同时期不同区域，因此现阶段大范围推广的难度较大。事实上，监狱系统经常采用的房树人测试（HTP）等投射类测试，在原理上与内隐联想测验有相同之处，我们可以通过枯树、断树、爪形等代表抑郁、创伤、攻击性的典型图形来探索罪犯没有表达出来的自杀意念。而在机器学习方面，已有监狱结合物联网定位技术，采集海量的罪犯轨迹信息和生理指标信息，后续通过大数据挖掘和对比分析，或许能够为罪犯自杀风险评估找出一条可行的路径。

学习任务二 评估技巧

法国作家、哲学家加缪曾言，真正严肃的哲学问题只有一个——自杀。作为评估工作者，遇到社会来访者开展自杀风险评估就已经比较困难，除了

---

〔1〕〔美〕John Sommers-Flanagan、Rita Sommers-Flanagan：《心理咨询面谈技术》，陈祉妍、江兰、黄峥译，中国轻工业出版社 2014 年版，第 366~367 页。

专业技能，还需要面对法律、道德、人性的考验。而罪犯自杀风险评估，由于罪犯群体本身的特点，会让评估过程变得更加复杂。下面我们从若干维度，一起探讨罪犯自杀风险评估的技巧。

一、评估前的注意事项

（一）认识自我，你或许并不适合从事自杀风险评估工作

虽然任何一名监狱的评估工作者都可能会遇到具有自杀风险的罪犯，但是必须清楚地意识到，并不是所有评估工作者都适合开展罪犯自杀风险评估。这并不是专业能力的问题，更多地与评估工作者的个人经历、人格特质等有关，有时也与评估工作者的状态有关。如果评估工作者自身处于情绪压抑、极度疲惫的状态，或者评估对象诉述的内容激活了评估工作者的创伤性体验并引发强烈的情绪反应，容易导致评估工作难以进行，甚至增加了评估工作者的安全风险。尤其是评估工作者身边的亲朋好友曾经试图自杀或者自杀身亡，或者本人曾经在某个节点产生过自杀意念，那就更需要注意自己的反应，判断自己是否适合从事自杀风险评估工作。

对于社会心理咨询师而言，没能成功挽救来访者自杀，对其工作的影响是压倒性的。这类事件能引起负责自杀危机干预的心理咨询师出现"同情疲劳"（Figley，1995）、"创伤"或"事件"反移情（Dahlenberg，2000）、"替代性创伤"（McCann，1990）等症状。如果不能得到及时缓解，它们甚至会给咨询师的心理造成永久性的创伤，因而也成为咨询师最棘手的职业风险之一（Saakvitne & Pearlman，1996）。对于监狱评估工作者而言，由于当前没有督导机制，因此更需要注重对自己的保护，需要明确自己当前的身心状态是否良好，是否能够保持专业的态度，是否能够认识到罪犯本人需要对他的人生选择负责而不是对评估工作者负责。如果发现过度卷入，或者出现心理症状，要及时寻求督导师的指导帮助。

（二）正视对象，罪犯自杀风险评估与一般自杀风险评估的区别

罪犯自杀风险评估最大的困难在于双方并不天然处于咨询关系之中。罪犯大多不是主动的求助者，而监狱评估工作者开展自杀风险评估，也有出于维护监管安全的出发点，因此双方的交流需要更多的细致和耐心。

1. 掩饰性。监狱是一个特殊的场所，出于对被管控、被区别对待的担

忧，除了那些以自杀威胁对抗监狱警察的情况，一般罪犯不太愿意吐露自杀意念，以隐藏一些对自己不利的线索。部分诈骗类罪犯也会采取扭曲、编造事实的做法误导监狱警察，这与面向社会来访者进行自杀风险评估是截然不同的。因此，在与罪犯面谈前，我们需要利用掌握罪犯档案资料的优势，了解罪犯的基础信息、家庭情况、成长史、犯罪史等概况，熟悉评估对象，并通过比对已经掌握的信息，检验罪犯讲述情况的真实性。例如，当问及是否曾经吸食毒品，如果罪犯否认但是其前科劣迹中有涉及毒品的犯罪时，我们需要予以再度确认。当罪犯对自己学业、工作情况的讲述与监狱管教狱政系统里的信息不符时，也需要确认是登记错误还是记忆差错，或者是编造，这种情况在诈骗类罪犯身上较为常见。

2. 对抗性。监狱警察和罪犯是两个群体，是管理者和被管理者的关系，天然带有一定的对抗性。对罪犯进行自杀风险评估，除了常规的例行评估以外，许多时候是应急处置中的一个环节，因此双方可能并不处于一个相对合作的场景。例如，罪犯在隔离审查或者罪犯因自伤自残行为而接受高戒备管理的情况下，罪犯的情绪比较激动，对于监狱警察的敌意比较强，在这种情况下进行自杀风险评估，首先需要缓和对立矛盾，然后再开展面谈，此时监狱警察需要保持较大的耐心，当第一次面谈不顺利时，需要多次面谈来核实补充信息，从而较为准确地把握罪犯的意图。

3. 波动性。个体的自杀意念容易因时因地发现变化。在罪犯自杀风险评估过程中，有研究表明，自杀倾向者数量在入监初期和入监后期明显增加，而在服刑中期则相对较少。在全部调查者中，入监一年以下者占比21.6%；而严重心理问题者中，入监一年以下者占比上升到28.9%，有较强自杀倾向者占比也上升到24%；实施过自杀行为者占比则达31.2%。在入监中期即入监1年~5年者中占比52.6%，而有严重心理问题者占比则下降到45%；有较强自杀倾向者占比进一步下降到40%，而实施过自杀行为者占比46.9%。而在入监时间5年~10年时间段中占比19.3%；而有严重心理问题者则上升到22.2%，有较强自杀倾向者占比则进一步上升到28%；实施过自杀行为者15人占比21.9%。由此可见，入监后个体的自杀意念整体呈现出"两头高中间低"的特征。[1]

有研究认为，女性罪犯的自杀易发阶段：一是入监初期或出监前的 3 个月。在这个阶段，伴随着社会角色和所处环境变化，女犯对狱内生活极不适应或对即将步入社会的无助及恐惧感，都可能造成女犯的适应不良，缺乏人生目标，从而产生自杀念头。二是病理季节性。每年春夏两季，既是狱内间歇性精神病发作高峰期，也是犯群情绪波动最活跃期。据统计，春夏两季，女犯自杀行为占全年的 85%。三是生理周期性。女犯在经期前后一周左右或患更年期综合征后，往往容易产生自杀念头，甚至付诸行动。[2] 我们在实际工作中也经常发现，罪犯自杀意念集中爆发期其实是在看守所羁押期间，而在刑释前因就业、家庭、社会歧视等压力因素产生的逃避厌世想法更容易出现。当然，从以上数据中我们可以发现，这种波动性是相对的，服刑中期有较强自杀倾向的比率只是略低而已。

（三）澄清迷思，消除可能对评估产生负面影响的阻碍

对于谈及自杀这类敏感而严肃的问题，任何人都容易心有畏惧，作为监狱评估工作者尤其如此，担心对罪犯的改造产生负面影响，担心被领导批评甚至追责，担心自己的能力达不到专业要求。为此，我们有必要澄清一些误区，提升评估工作者的信心，避免管理者的误解，从而为罪犯自杀风险评估消除阻碍。

迷思 1：无差别询问来访者是否想自杀，会把自杀的念头植入对方的脑海。

反思：我们无法植入一个对方已经知道的经历，自杀这件事在小孩 5 岁~7 岁的时候就已经有概念了，比如小时候常说的"拉钩上吊，一百年不许变"。

迷思 2：询问自杀想法会加重当事人的自杀风险。

反思：心理学家达兹（Dazzi）等人的一项研究显示，密集询问被试是否想自杀，大多数被试自杀的想法反而降低，极少数短暂增强后恢复正常。自

---

〔1〕 长沙监狱预防服刑人员自杀心理干预课题组："湖南省监狱系统有自杀倾向服刑人员研究报告"，载《犯罪与改造研究》2016 年第 2 期。

〔2〕 樊向慧、鲁雅琴："浙江省第二女子监狱女性罪犯自杀情况调查与应对"，载《犯罪与改造研究》2021 年第 4 期。

杀想法的加重，并不是停止评估的理由。抽血、胃镜等医疗检测也会疼，但相较于所获取的信息，潜在的、短暂的负面影响是值得的。此外，当咨询师询问的时候，可能对来访者而言也是一种释放和允许。自杀的话题是社会中的禁忌，而咨询师的询问就会变成一种允许，也可能会令危机中的个体松了一口气：我终于可以谈一谈一直困扰着我的议题。有意识地看到咨询中的禁忌就有机会在咨询中为来访者打开空间。

迷思3：询问自杀的想法可能会激怒来访者。

反思：在咨询中，愤怒需要被探索、见证，而不是像毒药一样被回避。一段安全的关系是可以承受愤怒的。可以被探索的地方包括你和来访者的愤怒是什么关系，你所做的工作都是为了不激怒来访者还是说你可以接受工作中的不舒适、承受一些张力，并提供一个可以给来访者成长的可能性。

迷思4：询问关于自杀的想法是没有意义的。如果有人要这么做，他们是不会告诉你的。

反思：自杀是社会语境中的禁忌，咨询师不主动问，很少有人愿意主动提，咨询师的询问是在明确表达对于这个话题的接纳和允许。

以上四点来自心理学家芒廷（Maty）的归纳，笔者查阅了多种资料也表达了类似的观点。因此，我们应该在入监评估阶段，坦然地对所有罪犯开展自杀风险评估，不必担忧。事实上，还有统计学上分析，例如不同人群的自杀率的问题，罪犯个体是否属于某一类型的自杀敏感人群，我们不能轻易下结论。由于文化差异等原因，许多西方的统计规律我们无法引用，例如美国统计男性自杀的比率高于女性，而中国的统计是女性高于男性，至于年龄分段的统计更是复杂，青少年是自杀比例较高的一个年龄段，中老年是不是也是敏感年龄段？对于刑期上的区别，死缓、限制减刑的是不是更高一些？哪些犯罪类型的自杀比率高？这些问题可以事后通过科学研究来发现，但是在评估过程中，建议还是根据个案情况——具体分析，对可能的敏感人群要保持警醒，但不要受到误导。

二、评估过程中的技巧

评估过程中，要注意评估环境的设置，保护罪犯的隐私，营造安全、温暖的氛围。下面介绍的评估过程中的技巧，主要是面谈中的注意事项。

（一）共情

评估工作者必须以共情、不评价的态度，真正倾听罪犯关于自杀的故事。辩证行为疗法（DBT）的创始人、美国心理学家玛莎·莱恩汉曾说，整个心理健康体系对自杀倾向的患者普遍有一种羞辱和责怪的态度，认为他们都要自我放弃了，不是真正意义上有需要的患者。这一点在罪犯自杀风险评估中尤其重要，作为曾经犯下严重错误的个体，强烈的内疚感可能促使自杀意念格外强烈。例如，那些杀害自己妻子、女朋友或者其他亲朋的罪犯，案发当时就可能会采取自杀行为，被抢救回来后等待判决和服刑期间也容易产生强烈的自杀冲动。对此，作为监狱评估工作者，可能出现"这个罪犯罪有应得，自杀也是一种解脱"的想法，容易在心理上对罪犯产生抵触，从而难以深入了解罪犯可能存在的自杀方案的细节，对风险等级产生误判。

对于与罪犯的共情，也要避免走向另一个误区，就是去赞同罪犯的行为，在采用面向社会来访者常用的"淡化耻感"等技术时要极为谨慎。例如，"许多人在遇到你这样的状况时都会撑不住，都会这么做"等。这种赞同对于改造罪犯是不利的，对于评估工作者的价值观也会产生冲击。我们必须牢记，任何犯罪行为都不应得到赞同，共情的重点应该围绕罪犯当时的状态进行。例如，"当时你感到非常愤怒""那个时候，你感到非常绝望""那种情况下，你觉得他人对不起你"。更多地用重复、澄清等技术，限定当时的情景较为稳妥。

（二）正常化

正常化可以说是探索罪犯自杀意念的入口，可以降低罪犯讲述自己涉及自杀经历的羞耻感、内疚感。有许多常用的问题可以参考，例如：

"作为监狱评估工作者，我与许多刚入监的罪犯谈过，发现许多人有过自杀的经历或者自杀的想法，你是否有过类似的想法？"

"当一个人感到沮丧、抑郁、痛苦时，可能会把自杀作为解决问题的方法。你是否曾有过任何关于自杀的想法？"

"我经常听入监的新犯讲，在等待判决的过程中会感到非常无助，会有自杀的想法，你是不是也曾有过？"

以上是一些通用的问题，当遇到罪犯谈及亲人过世、重病、判决过重、经济负担、离婚等可能引发自杀的重大事件，我们可以补充提问"有些人遇到离婚这样的事情，可能会一时接受不了，从而产生自杀的想法，你有过么"等类似问题。

（三）聚焦提问

罪犯自杀风险评估，除了危机干预或者特定情况，很多时候是作为入监评估的一个组成部分而开展的。因此，在开展摄入性谈话时，一旦发现罪犯有自杀意念，我们就需要紧抓不放，聚焦提问，了解具体情况，评估自杀意念的强烈程度，询问自杀计划，评估自杀计划的具体性、致命性、可行性和社会援救资源的接近性。具体问题可以参考上文提及的"可参考的框架"等。我们必须清楚地认识到，评估与心理咨询是有区别的，评估需要获得足够的信息，不能因为罪犯抗拒而中止。事实上许多有自杀想法的罪犯，当你坚持追问之后，他会感受到一种关心，能够削弱他的孤独感。例如：

"你刚才讲到，当时不想活了，绝大多数考虑过自杀的人都会想到过他们将如何自杀，你有具体的想法么？"

"你觉得自杀也是解决问题的一种方式，你想过怎么实施自杀么？"

当然，我们不能将自杀评估和干预割裂开来，可以穿插一些干预类的问题，帮助罪犯挖掘内在的资源。例如，"你运用了哪些方法，让自己成功地对抗这些自杀想法？""是什么力量改变了你曾经出现的自杀想法？"

如果罪犯已经实施自杀行为，我们还需要进一步了解，自杀发生的时间、地点、情景，是否自己停止还是被人救助，之后有什么变化，事后是否还产生过自杀想法。例如，"你刚告诉我 15 岁的时候，因为举办葬礼的事情感到绝望，喝了农药，你能告诉我之后发生了什么？""当你被抢救回来，你的想法有什么变化？"

（四）夸大

对于有些提及自杀意念，但是之后不愿意提供更具体信息的罪犯，我们可以采用夸大的面谈技巧，从而消除罪犯的抗拒，找到一个突破口。例如，"有些新犯跟我说，他每天都会想到自杀，甚至一天想到好几次，你是不是也有类似的情况？""有的人都尝试过几十次自杀，你尝试过几次？"

罪犯在回应这些问题时可能会讲到"我并没有，我自杀过 2 次""我有的时候会想，但是不是经常想"。这个时候评估工作者就可以围绕罪犯提到的情况追问下去。比如，围绕"那么，这 2 次自杀是什么情况？""你什么时候会想到自杀?"等问题来进行深入。这其实是审讯过程中常用的技巧,在罪犯自杀风险评估过程中也可以适当采用。

(五)刻度化提问

刻度化提问是焦点心理咨询常用的提问技巧,在罪犯自杀风险评估中,也可以用来具象化地衡量风险程度。例如,"如果我们面前有一个 1 到 10 的评分表,1 分意味着你的生活中完全没有改善的希望,而 10 分意味着你完全相信你的生活将变得更好,你会打多少分?""如果我们面前有一个 1 到 10 的评分表,1 分是你当时尝试自杀时候的状态,而 10 分是你觉得生活充满希望感到美好的状态,你觉得现在多少分?"

刻度化提问,也可以根据不同的阶段进行不同的打分,以了解分数升高和降低的原因,从而发现那些增加风险的因素,以及让罪犯稳定下来的保护性因素。

三、评估后的注意事项

(一)评估结论

一般而言,监狱系统将罪犯的自杀风险评估结论分为较低、中度、高度、极高风险四个等级,因为监狱是对风险极度敏感的系统,因此存在将风险高估从而提高安全水平的倾向。而量表的结论会根据得分进行区分。

如何进行等级区分,心理学家萨默斯·弗拉纳根归纳一个标准,可供学习。

1. "有(低)""有(高)"的界定。

评估自杀、自伤计划:

有(低)——偶尔有过自杀的想法计划,且计划较模糊的,计 1 分;

有(高)——常常有自杀的想法计划,或者偶尔有计划但计划详细可操作性高,计 2 分。

评估既往自杀经历:

有(低)——曾经有过低风险的自杀经历,计 1 分;

有(高)——曾经有过多次自杀经历或是有过高风险的自杀经历,计 2 分。

现实压力:现实压力的高低应以来访者的主观体验来定。

评估目前支持资源：

无 —— 没有也不能利用任何社会支持资源，计 2 分；

有（低）——有一定的社会支持，但难以被利用，计 1 分；

有（高）——有良好的社会支持，且能被利用，计 0 分；

临床症状：

有（低）——存在一般或严重心理问题，计 1 分；

有（高）——疑似神经症或重性精神病，计 2 分。

2. 总分说明。

2~4 分：轻度危险；5~7 分：中度危险；8~10 分：高度危险。

（二）后续措施

对于社会来访者而言，根据不同的风险等级，会采取不同的措施。例如，轻度风险，病人可以回家，但应跟踪了解；中度风险，密切随访观察，考虑住院治疗；高度风险，强烈建议住院治疗；现实风险，立即住院治疗或看管。

对于监狱系统而言，由于罪犯集体生活的情景和监狱 24 小时监控的举措，自杀预防的基础条件较好。当然，对于那些坚定的自杀者，预防的难度是极大的。当发现罪犯的自杀风险，我们必须做好以下几件事：

1. 评估报告。及时将评估了解的情况形成评估报告，将相关情况告知罪犯所在的监区和分管监狱警察，提示风险的存在，为下一步管控提供依据。

2. 落实包夹。根据风险等级的不同，可以采取加强包夹、专人包夹、24 小时三班轮流包夹等举措。同时，在岗位安排上避免具有自杀风险的罪犯接触危险工具。为了防止包夹措施引起罪犯的错误反应，可以对其本人和包夹罪犯讲明为什么这么做，强调这是一种帮助，是对罪犯的生命负责，而不是限制或者惩罚。

3. 医疗救助。安排监狱心理咨询师或者社会心理咨询师定期开展咨询；对于患有精神疾病的罪犯，应安排精神鉴定或精神科门诊，及时为其开展治疗，同时做好病情告知和证据保全等工作。

4. 亲情支持。对于具有自杀风险的罪犯，尽量争取罪犯家属的支持，通过亲情会见、电话等帮教措施稳定罪犯情绪，增强家庭和社会的支持保护因素。

（三）保持警惕

作为监狱评估工作者，一定要避免过度自信，许多有过自杀行为的罪犯，可能最近几年都不曾有过类似的想法，似乎他已经完全康复，不会再有自杀行为。事实是当一个人看起来开始恢复的时候，当严重抑郁的病人变得情绪活跃起来的时候，或者当自杀后出现"欣快"的时候，切记这往往是最危险的时候。当监狱警察无法核实罪犯的自杀经历，不要轻易下判断"他就是骗警察，试图想换取宽松的环境"。对于自述有自杀行为的罪犯，我们宁可信其有，不可信其无。任何有自杀意念、自杀计划或者曾有自杀行为的罪犯，都应列入监狱的重点管控。

<h1 style="text-align:center">学习任务三　评估案例</h1>

基于入监、高戒备、住院和家属电话四种场景，分别介绍罪犯自杀评估的案例。需要说明的是，案例中的姓名均为化名，个别基础信息有调整，部分谈话内容进行了缩减。

一、入监收押新犯自杀评估

（一）基本信息

罪犯陈某，1970 年出生，丧偶，汉族，文盲，贵州人，因盗窃罪、诬告陷害罪被判有期徒刑 1 年 4 个月，余刑 7 个月。有 7 次前科，分别为：1987 年、2003 年、2007 年、2013 年、2015 年均因盗窃分别被判刑 1 年、3 年、1 年 6 个月、10 个月、8 个月，1991 年因奸淫幼女罪被判刑 8 年，2009 年因非法侵入住宅罪被判刑 7 个月。

（二）评估内容

1. 中国罪犯个性测验 COPA 测试显示：因文盲未测。房树人测试显示：画画当时沉浸在过去之中，自我中心，自我感觉良好，存在疑似夸大妄想。情绪不稳定，攻击性较强，智力偏低，成长过程中存在心理创伤。

2. 观察交流显示：该犯交流困难，冲动性较强。疑似双相情感障碍，而且转换频率较快。情绪低落时有一定的攻击性。

3. 家庭情况：父亲健在，幼年时母亲因精神病发作溺水身亡。有一个健康、正常的妹妹，对其较好。老婆生女儿时去世，有一个女儿（6 岁）。

4. 身体情况：从小患有癫痫，发作频繁。癫痫发作与情绪有关，心情不好时易发，且有预兆。左手食指和中指因小时候癫痫发作被刀割伤，导致食指缺 3 节，中指不能弯曲。

5. 成长经历：15 岁时被父亲责骂而心情低落，用刀具自伤自残，割腕 1 次，18 岁因感情问题刺肚子 1 次，送医后抢救回复，身体留下伤疤。

6. 日常表现：纪律意识、训练表现、内务卫生、人际关系、学习能力一般，行为上比较懒散。

（三）初步结论

有癫痫频发史，房树人测试显示存在疑似夸大妄想，疑似情感障碍症状；情绪不稳定，冲动性、攻击性较强；智力偏低；有自伤自残史，存在因癫痫导致的意外伤害。改造存在较大困难，存在高度的自杀风险。

（四）管教建议

强化联号管控和工具管理，关注癫痫病情、情绪变化和行为表现。邀请精神科专家对其精神病性症状进行进一步鉴定。加强对其人身保护，防止意外伤害发生。及时给予心理辅导，落实专人包夹。

二、隔离审查罪犯自杀评估

（一）背景资料

罪犯李某，1982 年出生，因故意伤害罪被判有期徒刑 3 年，余刑 1 年。因殴打其他罪犯涉嫌狱内再犯罪，可能加刑被隔离审查，评估工作者按要求到高戒备监区评估李某的自杀风险。

（二）评估过程

当评估工作者进入李某所在的隔离房间时，发现李某呆坐在地上，没有起身，没有反应。

评估工作者：李某，您好，我是×××，还认识我么？入监的时候我们聊过。

李某：有点印象。

评估工作者：听说了你的情况，我想找你谈谈，看看你需要什么帮助。我们先坐下？（此时，给自己和罪犯放好了塑料凳，要求同行的监狱警察在隔壁监控室保持观察，注意保护）

李某：你们能帮我什么？不要陷害我就好。（表现出对抗性，李某坐下，

没有抬头)

评估工作者：入监的时候，你的表现一直不错，所以发生这件事，我也感到很意外，所以过来看看你。这两天还好么？

李某：好什么好，都要加刑了。

评估工作者：加刑需要等法院的判决，你现在对此有什么想法？

李某：加刑我就完了。我老婆说就等我三年，现在要加刑了，我出去老婆小孩都没有了。

评估工作者：我明白了，你非常重视家里人，想跟老婆小孩团聚。

李某：你去跟监狱长说，不要加刑。加刑我老婆肯定要离婚，我真的活不下去！

评估工作者：你觉得加刑就活不下去？活不下去你想怎么办？

李某：这你别管。我怎么会想到一拳下去，赖某就会这样。他这么不经打，我也没想到的。

评估工作者：遇到这种情况，大家都不想的。

李某：我老婆不会等我的。(类似的表述重复了许多次)

评估工作者：明白了，你非常担心你老婆跟你离婚。

李某：老婆没了，我不如死了好了。

……

(三) 评估结论

评估结束后评估工作者向狱政等部门和高戒备监区反馈，李某目前存在极高度的自杀风险，主要危险因素有：行为观察发现李某情绪激动、谈话过程中全程拳头紧绷没有松开；面临可能加刑的重大事件，不能忍受的心理痛苦，感到绝望无助；多次暴力史，个性比较冲动；认知出现狭隘的现象，爱钻牛角尖，反复念叨"加刑了妻子就要离婚"；流露自己"活不下去了"等自杀意念，认为自杀是解决问题的方法。事后检查发现，李某藏匿了坚硬物体并采取了割腕的自杀行为，但是因发现及时没有明显伤情。

三、癌症晚期罪犯自杀评估

(一) 背景资料

罪犯秦某，1985年出生，因非法吸收公共存款罪被判有期徒刑5年，余刑4年。因睾丸疼痛送监管医院检查，发现患有睾丸癌，送社会医院准备手术。在术前检查中发现癌症有转移情况，无法手术，需要进行化疗。由于还需要在社会医院住院过夜，故对秦某进行自杀风险评估，以判断是否需要加强监管。

(二) 评估过程

评估工作者：秦某，刚刚医生告诉你检查结果了，你怎么想啊？

秦某：我心里有准备的，来的时候，我同病区的病犯跟我谈过。

评估工作者：同病区的病犯，他怎么跟你说的啊？

秦某：监管医院，我那个病区里都是癌症的，还有几个罪犯以前是医生，我请教过。

评估工作者：那么巧啊，看来你也在积极想办法，挺棒的，家里人知道你的情况么？

秦某：家里人知道我得了睾丸癌。这次能来这里手术，他们还是很放心的，现在情况有变化，他们应该还不知道。

评估工作者：我听说了你爸妈对你一直都挺关心的。对了，他们在哪里上班啊，家里情况还好么？（了解保护性因素）

秦某：我爸妈退休不上班了。家里以前拆迁，现在因为做公司业务员，牵涉到案子里，我自己的房子都已经被拍卖了，但我爸妈的房子还在，过日子肯定没问题。

评估工作者：嗯，你对未来生活充满期待，那你老婆在哪里上班啊？

秦某：在×××上班，还挺稳定的。

评估工作者：有孩子了么？

秦某：快3岁了，我坐牢的时候刚出生。

评估工作者：刚好是非常可爱的年纪啊。

秦某：是啊，他还不知道我在坐牢。

评估工作者：嗯，许多人在遇到这种情况，容易感到绝望，会觉得活不下去，这段时间你有没有类似的想法？

秦某：那我不会的，我这个病康复率还是挺高的。

评估工作者：是的，刚才肿瘤科的主任也跟你说了，睾丸癌目前治疗效果还不错的。

秦某：我知道的，到时候我再问问。

（三）评估结论

刚刚得知阳性结果，尤其是确诊为恶性肿瘤时，大部分患者都会经历一段时间的诊断休克期。患者会对这一坏消息感到震惊和麻木。[1] 虽然面对癌症转移等危重疾病，且涉及金融犯罪经济压力大，但是秦某家庭整体环境较好，生活有保障，家中有幼子，家人对其非常关注。同时秦某对于治疗持有积极的期待，而且目前秦某没有医疗费用的负担。经过综合评估，认为秦某的自杀风险为中等，保持跟进观察。当前住院情况下，没有自杀的现实性风险。当然，如果治疗效果不佳，或者化疗引发巨大的痛苦，自杀风险会上升。

四、罪犯家属来电（远程自杀评估）

（一）背景资料

2020 年 4 月某日 23 时 40 分左右，监狱指挥中心接到一名罪犯家属来电，自称是某监区罪犯唐某的妻子徐某，要求与唐某通话。接警监狱警察感觉徐某情绪极其激动，疑似醉酒状态，询问其家中有什么事情，发现徐某言语中流露出轻生的念头。考虑到情况特殊，立即汇报监狱领导（总指挥）进行处置。经过初步研判，指挥部认为若让唐某直接与徐某通话，可能进一步刺激徐某，引发不可预计的后果，罪犯唐某也可能因此产生不稳定情绪，影响监管安全。因此，立即安排封闭备战区的心理咨询师进行远程干预，要求稳定徐某的情绪，积极妥善处理，降低自杀风险。

（二）处置过程

23 时 55 分，监狱心理咨询师接到指挥中心分派的任务，但当时掌握的信息极为有限，只有徐某的手机号码和唐某的基本情况。为尽力保障徐某的生命安全，咨询师振作精神，要求指挥中心的同事马上联系所在监区的监狱警察了解罪犯唐某及其家庭情况。为避免干扰与徐某的通话，要求指挥中心通过工作机警务通发送信息。咨询师将工作机设为静音后，随即拨打了徐某的手机，两声响铃后徐某接通了手机。

徐某：谁啊？（声音有点沙哑、茫然，疑似醉酒）

---

[1] 唐丽丽、庞英、汪艳：《恶性肿瘤筛查阳性结果带来的心理负担的预防及应对》，载《医学与哲学》2021 年第 11 期。

咨询师：你好！是徐某么？我是监狱的心理咨询师，听说你给我们单位打电话，想跟你聊聊，希望能够为你提供一点帮助。（说明来电原因，表明身份和帮助的意愿）

徐某：我感觉没有一点点希望了。（表露自杀意念）

咨询师：听起来你现在遇到了困难，能不能跟我说得更具体点？（倾听，不评判，将她的困难限定时间状态为"现在"，暗示困难是一时的）

徐某：唐某他一直骗我，我活不下去了。（有情绪反应）

咨询师：这样啊，你说你活不下去了，能跟我说说有什么想法么？（评估自杀意念）

徐某：没什么想法，我对他这么好，他外面还有女人。（情绪激动，暂时没有发现明显的自杀计划）

咨询师：他在外面有女人？那他做得的确不对，到底怎么回事啊？（共情，让徐某叙述，宣泄情绪）

徐某：他来杭州的时候一穷二白，离过婚带一个儿子，我爸爸就我一个独生女儿。大儿子壮壮，他亲妈一点都不管，四岁就跟着我，现在五年级了。我还想着帮壮壮把户口从安徽迁到杭州，好在这里上初中。可迁户口要房子，我现在没房子，我也没钱，家里亲戚的钱我都借过了，就连奶奶都借了几万……（情绪激动，时间持续了7分钟~8分钟，咨询师保持倾听，中间听到有小孩子的哭声，咨询师此刻已经收到唐某即将刑释、家里有两个儿子等基本信息）

咨询师：你的确为唐某、为小孩子做了很多，作为一个女孩子非常不容易。（对徐某予以肯定）

徐某：我不是一个女孩子，我是一个女人，是一个妈妈！（咨询师称徐某为女孩子，引发了她强烈的情绪反应）

咨询师：对，作为一个女人、一个妈妈，你非常辛苦，付出了很多。（共情，对之前的称呼问题予以调整）

徐某：唐某外面还欠了160多万的债务，债主天天上门追债。你说说看，让我一个女人，我也没工作，我怎么还？（有经济压力方面的危险因素，现实性问题）

咨询师：嗯，是挺难的。但是，我希望你明白，这个世界上欠债的人也

不少，总归有办法的。徐某也快出来了，你们可以一起想想办法。（正常化，没有正面给出债务解决方案）

徐某：我撑得这么辛苦，他还外面找情人。我小儿子天天满岁的时候，他的情人×××还来闹，天天受伤了，拍了 CT。（讲述了一个创伤经历）

咨询师：嗯，那他的确很不应该。天天现在还好吧，我听到旁边有小孩子的哭声，是天天么？（从咨询师掌握的信息看，小儿子已经 5 岁，这件事不是近期发生的，应该不是今天的导火索）

徐某：是的，天天一直跟着我睡。我对两个孩子都很公平，我想壮壮那么小就跟着我，总有感情的，没想到我今天说了他两句，他说我不是他亲妈，叫我不要管他，还打了我三拳，我对他这么好，他这么对我！（情绪非常激动，有哭声）

咨询师：这样啊，真的是难为你了！这个年纪的男孩子有的时候是很难管，作为一个妈妈，你做得很多，真不容易啊。（共情，初步判断与大儿子之间的冲突是今天徐某情绪激动的主要诱因）

徐某：我跟他说，等你 18 岁了，让我管你我也不管你。

（电话突然断线，咨询师感到非常紧张，担心有意外发生，马上重新拨打过去，显示对方正在通话中，梳理了手头的信息，等了一分钟，再次拨打过去，电话通了）

咨询师：不好意思，不知道怎么，刚才电话断了，我刚拨过来没打通，你还好么？（确认一下现状，表示关切）

徐某：不小心碰到了，我没事，我拨给你的时候，显示忙音。（确认安全，不是主动挂断）

咨询师：那就好，你现在在哪里？（评估自杀风险，确认周边环境）

徐某：我在租的房子里。（信息模糊，小孩子在哭闹，听到有人在哄小孩子）

咨询师：是天天在哭么？身边有其他人么？（评估自杀风险，确认保护性因素）

徐某：有个亲戚住在隔壁，天天要睡觉了。（情绪有所平复，传来亲戚的声音，"天天要睡觉了，有事明天再说吧"）

咨询师：那的确，对 5 岁的小孩子来说，是很晚了，应该睡了，我能跟

你亲戚说两句么？（确认有人照顾）

　　徐某：你接电话。（对亲戚说）

　　咨询师：你好，是徐某的亲戚么？她现在还好么？（评估风险）

　　亲戚：她喝多了，小孩子这么小，要睡觉的，谢谢你们哦。

　　咨询师：是的，这么晚了，你也很辛苦。徐某刚刚情绪有点激动，想得比较多，麻烦你晚上帮忙多照顾照顾。徐某今天的情况这几天可能有所反复，跟她爸妈说一声，注意她的安全，不要让她做傻事。（强调安全注意事项）

　　亲戚：好的。（电话给徐某）

　　咨询师：今天那么晚了，你也累了，小孩子也要睡觉，希望你能够照顾好自己，有事情随时可以联系我。（确认有人照顾）

　　徐某：好的，谢谢，我要带小孩了。

　　（部分通话内容没有记录，远程干预结束，持续时间40多分钟）

　　（三）评估结论

　　罪犯家属徐某处于醉酒状态，同时因罪犯有外遇、继子顶撞等事件而情绪激动，但是考虑到已经有亲戚在附近进行照顾，徐某实施自杀的风险可能性较低。

　　（四）后续处置

　　次日，监区告知罪犯唐某，昨晚他的妻子给监狱拨打了电话。为避免激化矛盾，没有完全转述徐某提及的家庭情况，没有说明徐某有自杀意念，要求其多承担责任，好好安慰妻子。从拨打亲情电话的情况看，徐某当天情绪平稳，自诉昨天是喝多了，没有提及感情纠纷、经济压力、儿女教育等问题，让唐某安心改造、早日回家。

　　唐某刑释前，咨询师找他谈话，要求唐某积极承担家庭责任，体谅妻子徐某的难处，耐心教育引导两个儿子，踏踏实实挣钱养家。唐某表示感谢监狱的关心，回去后会与妻子好好相处，不再违法犯罪。

★思考题：

1. 传统与非传统罪犯自杀评估方法有何区别？

2. 罪犯自杀评估中要注意哪些问题？

3. 如何开展罪犯自杀案例评估？

专题四　罪犯自杀评估量表

学习任务一　罪犯自杀评估量表介绍

评估罪犯自杀的方法整体上可分为罪犯自评问卷法、罪犯他评问卷法、行为观察法、实验设计测试法等。本专题主要阐述问卷调查法，同时简要介绍行为观察和实验设计测试罪犯自杀的方法，以期指导开展罪犯自杀风险评估工作，筛查出有自杀风险的罪犯并及时进行干预，保障监管场所的持续安全稳定。

一、国内罪犯自杀评估量表简介

1. 浙江警官职业学院教授孔一以浙江省监狱罪犯为样本，对浙江省罪犯自杀事件进行了实证分析研究。[1] 该研究发现罪犯自杀可分为目的型、手段型和手段失控型三种类型。目的型自杀多与自杀既遂相联，手段型自杀多与自杀未遂相联。影响罪犯既遂自杀率的因素有文化程度、年龄、犯罪类型、已服刑期。影响罪犯未遂自杀率的因素有受刑经历、入狱前职业、文化程度、刑期。而自杀既遂与自杀未遂罪犯在入狱前职业、与被害人的社会关系、年龄、自杀方式、自杀目的等五个方面存在显著差异。该研究认为罪犯自杀的根本原因在于社会整合程度的减弱。

2. 北京市监狱管理局柳原编制的罪犯自杀风险评估问卷。北京市监狱管理局清河分局自 1990 年来，共记录了 35 起罪犯自杀行为（其中 1 人实施两次），发现 3 起罪犯预谋自杀的事件。近 5 年排摸出 244 名有自杀危险的重点

---

[1] 孔一：《罪犯自杀研究——对浙江省罪犯自杀案件的实证分析》，载《中国人民公安大学学报（社会科学版）》2005 年第 1 期。

罪犯。据此进行了综合分析，探究出其中的共性规律：服刑前期与后期易发；罪犯自杀方式以自缢为主；自杀工具就地取材；罪犯自杀时机见缝插针。这将较好地指导监狱防范罪犯自杀工作实践。

3. 上海市南江监狱课题组编制的罪犯自杀风险评估量表。该量表编制借鉴班杜拉的"三元交互作用的人类动因"理论，提出了预测罪犯自杀行为的三大类风险因素指标，即稳定性因素、情景性因素和现实性因素，并以此为理论基础编制罪犯自杀风险评估量表。[1]

4. 浙江警官职业学院教授郭晶英等人运用文献综述、结构式访谈、回归分析等方法编制了罪犯自杀危险性评估工具。该量表编制的最大创新点是使用精算方法辅助决策和判断来进行罪犯自杀危险性评估，推动精算方法引进和运用到刑事司法领域。[2]

5. 广西大学教育学院冯志远编写的监狱罪犯自杀意念他评问卷。该研究通过文献分析、专家评定等方式，编制出包含 21 个题目的初始问卷，利用项目分析、探索性因素分析、验证性因素分析和信效度检验等方法来考察问卷的心理测量学特征，形成了包含 4 个维度 17 个题目的罪犯自杀意念他评问卷。4 个维度可以解释总方差的 60.312%，项目载荷在 0.50~0.83 之间；问卷总体的内部一致性系数为 0.864，各维度得分与问卷总分相关密切（r = 0.626~0.902），表明问卷的信效度较好。

6. 西北师范大学心理学院王海鹏运用内隐实验方法测试罪犯的自杀倾向。为了规避问卷调查法测试罪犯自杀风险主观作伪的可能性，对自杀的评估除了量表问卷调查之外，还可以采取实验的办法。为此，王海鹏设计了两个实验。具体如下：

实验研究（1）：利用 Beck 自杀意念量表筛查被试，然后进行自我伤害想法和行为访谈，将被试分为自杀态度积极组和正常组，进行死亡/自杀内隐联想测验。结果发现自杀态度积极组被试对死亡/自杀属性词与自我的关系更敏感。

---

〔1〕 王毅、高涛（上海市南江监狱课题组）：《罪犯自杀风险评估量表第二版的研制》，载《犯罪与改造研究》2018 年第 6 期。

〔2〕 郭晶英：《狱内罪犯自杀危险性评估工具的研制及应用》，载《河南警察学院学报》2019 年第 2 期。

实验研究（2）：针对实验研究（1）中的自杀态度积极组被试采用12周的结构化认知行为干预之后，进行死亡/自杀内隐联想测验，结果显示与小组干预之前的效应 D 值差异显著。

基于罪犯自杀的预防在中国监狱有着重要作用，上述研究通过实验的方法有效测量了罪犯自杀的内隐态度。此外，可以采取结构化认知行为干预的方法，实现降低罪犯自杀风险的目的。

二、国内罪犯自杀评估量表使用情况介绍

（一）冯志远编制的罪犯自杀意念他评问卷

1. 量表内容（见表4-1）。该问卷由2个条目构成。问卷采用 Likert5 级评分法，由"从未这样"到"一直这样"进行评分。得分越高，表明罪犯的自杀意念越强烈。

表4-1　罪犯自杀意念他评问卷（冯志远编制）

序号	题目	分值（分）				
		从未这样	很少这样	有时这样	常常这样	一直这样
1	他/她和人讨论过自杀	1	2	3	4	5
2	他/她最近焦虑严重	1	2	3	4	5
3	他/她最近与狱友发生了矛盾冲突	1	2	3	4	5
4	他/她喜欢积极乐观地面对生活	1	2	3	4	5
5	他/她向他人吐露自己不想活下去的想法	1	2	3	4	5
6	他/她最近狂喜或是大悲	1	2	3	4	5
7	他/她最近饭量减少，不想吃饭	1	2	3	4	5
8	他/她经常早醒发呆	1	2	3	4	5
9	他/她的睡眠质量不好，很容易被别人吵醒	1	2	3	4	5
10	他/她觉得人生是有价值的	1	2	3	4	5
11	他/她感到痛苦绝望，无法自拔	1	2	3	4	5

续表

序号	题目	分值（分）				
		从未这样	很少这样	有时这样	常常这样	一直这样
12	他/她最近遭到别人的排斥孤立	1	2	3	4	5
13	他/她最近喜欢一个人呆在某个角落，很少与别人交流	1	2	3	4	5
14	他/她最近情感脆弱，容易哭泣	1	2	3	4	5
15	他/她会因为焦虑痛苦而彻夜难眠	1	2	3	4	5
16	他/她对将来抱有希望	1	2	3	4	5
17	他/她最近责怪自己，负罪感强烈	1	2	3	4	5
18	他/她喜欢抱怨活着没意思，还不如死了好	1	2	3	4	5
19	他/她尝试过自杀	1	2	3	4	5
20	他/她对狱警或狱友敌意明显	1	2	3	4	5
21	他/她最近受到批评或处分	1	2	3	4	5

2. 编制背景。国内关于罪犯自杀的测量多采用症状自评量表（SCL-90）、自杀态度问卷（QSA）与抑郁自评量表（SDS）、自杀意念自评量表、罪犯自杀意念问卷等。这些量表在编制时针对的对象多为抑郁症患者、大学生、军人等群体，而对罪犯这个特殊群体可能存在适用性的问题。另外，采用自评量表的方式，由于受社会期望的影响，可能无法准确反映罪犯内心的真实想法。因此使用他评量表可以充分弥补自评量表的不足。

3. 理论基础。有学者提出了评估罪犯自杀意念的 18 条迹象和线索，如罪犯曾有过自杀未遂的经历；与其他罪犯讨论自杀、死亡等话题；处于抑郁状态且经常哭泣；感觉活着没意思等。依据这些线索有助于提前评估与提前预防。[1] 监狱警察平时与罪犯接触较多，可以通过观察罪犯的外在行为表现来评估其内在心理。编制专门针对罪犯群体的罪犯自杀意念他评问卷，有助于

---

〔1〕　陈立成：《罪犯的自杀与防范》，载《河南司法警官职业学院学报》2004 年第 4 期。

监狱管理人员提高对有自杀意念罪犯的甄别能力，从而加强风险管理，提前预防，减少自杀行为的发生。

4. 方法与步骤。

（1）问卷的形成过程。首先是形成初始问卷。为了更好地了解罪犯自杀意念的理论结构，本研究先对国内外测量罪犯自杀意念应用较多的问卷进行分析。在分析的基础上结合罪犯自杀意念研究的相关理论，同时与心理学专家学者反复讨论，利用国内外关于罪犯自杀意念测量的相关研究成果，最终选出 24 个条目组成罪犯自杀意念他评问卷初稿。其次，问卷初稿形成后，请两名心理学专家对初始问卷项目是否符合他评罪犯自杀意念行为、问卷的项目意义是否明确以及问卷的维度定义和语句表述是否恰当来进行评定。最终的问卷由 24 个条目构成，采用 Likert5 级评分法，由"从未这样"到"一直这样"进行评分。最后，形成正式问卷。采用统计软件对初始问卷进行项目分析、相关分析和探索性因素分析，以及信度和效度检验及验证性因素分析，最终确定正式问卷。

（2）项目分析。对正式问卷进行项目分析，主要采用相关法和极端组划分法。一是计算各个题目与问卷总分的相关；二是将问卷总分按高低排序，前 27% 和后 27% 的被试分别划分为高分组与低分组，以独立样本 t 检验来考察两组被试在各个题目上得分的差异。结果显示，各个题目与问卷总分的相关均大于 0.3，且在 0.001 水平上显著；高分组与低分组在各题目上差异均在 0.001 水平上显著。

（3）探索性因素分析。通过主成分分析法与斜交旋转法进行探索性分析，结果 Bartlett 球形检验显著（$\chi^2 = 1318.167$，df = 351，P < 0.001），KMO = 0.825，说明适合做因素分析。得到初始特征值大于 1 的因素有 7 个，解释总方差 66.79%。结合碎石图则发现四因素模型比较理想。按照共同度大于 0.3、因子载荷大于 0.4 和跨负载之差大于 0.2 的标准删除不符合的题目，最后保留了 17 个题目。对这 17 个题目重新进行探索性因素分析，四个因素累积解释总方差 60.312%，各个题目的载荷在 0.50~0.83 之间。

（4）信度分析。通过内部一致性系数（Cronbacha 系数）和分半信度来考察各因子与问卷总分的信度。其中，各因子及总量表的内部一致性信度在 0.619~0.869 之间，各因子及总量表的分半信度在 0.620~0.843 之间，总量表的内部一致性信度为 0.869，分半信度为 0.843。

（5）效度分析。第一，内容效度。通过文献分析，将监狱警察观测到的罪犯表现分为情绪、行为和生活事件三大类，从躯体行为、自杀、乐观和负性事件四个方面进行他评测量来了解罪犯的自杀意念。邀请心理学专家对问卷题目进行审查，保证问卷可以从他评角度来测量罪犯的自杀意念，以保证具有较好的内容效度。

第二，构念效度。构念效度常用的是因素分析法。探索性因素分析得出罪犯自杀意念他评可以从躯体行为、自杀、乐观和负性事件进行测量，初步显示问卷的结构效度良好。采用皮尔逊相关分析来测量罪犯自杀意念他评问卷各因子与总分之间的相关。各因子之间的相关系数 r 值在 0.196~0.526 之间，呈低度或中度相关；各因子与问卷总分之间的相关系数 r 值在 0.626~0.902 之间，呈高度相关，并在 0.001 水平上达到显著水平。

第三，结构效度。采用统计软件进行验证性因素分析，结果表明四因子即包含 17 个题目的问卷模型拟合指数良好。

第四，效标效度。由于问卷从他评角度来了解罪犯的自杀意念，因而选取 Beck 的绝望量表他评版（BHS）作为校标进行检验，结果发现问卷各因子及问卷总体与 BHS 的相关系数分别为躯体行为因子 0.902（P<0.001），自杀因子 0.629（P<0.001），乐观因子 0.434（P<0.001），负性事件因子 0.364（P<0.001），问卷总分 0.860（P<0.001）。

5. 编制效果。问卷的内部一致性信度系数是 0.864，各维度的内部一致性系数在 0.609~0.832 之间，α 系数大于 0.6，说明该问卷可接受。

探索性因素分析发现罪犯自杀意念他评问卷主要包括四维 17 道题目，共解释了总方差的 60.312%，各个题目的载荷在 0.50~0.83 之间。

进一步通过验证性因素分析验证了问卷的结构拟合度，发现各个指标较为理想，说明模型拟合良好。

（二）柳原编制的罪犯自杀风险评估工具

1. 量表内容（见表 4-2、4-3）。罪犯自杀风险评估工具包含两个表格：

评估表 4-2 是罪犯自杀风险评估表（见表 4-2），共 10 个题目，4 点评分：0 代表无自杀风险，1 代表低自杀风险，2 代表中度自杀风险，3 代表高度自杀风险。

表 4-2 罪犯自杀风险评估表（柳原编制）

项目		程度			
		无	低	中	高
1. 当前抑郁状态程度		0	1	2	3
2. 自杀、自伤经历		0	1	2	3
3. 表露出悲观、绝望的程度		0	1	2	3
4. 应激事件/心理危机影响程度		0	1	2	3
5. 人格缺陷对服刑生活影响程度		0	1	2	3
6. 现实压力影响程度		0	1	2	3
7. 躯体疾病严重程度		0	1	2	3
8. 近期行事风格变化明显程度		0	1	2	3
9. 社会支持程度		3	2	1	0
10. 对未来生活的信心		3	2	1	0
总分	自杀危险程度	绿	黄	橙	红

评估表 2 是罪犯自杀可实施程度评估表（见表 4-3），共两个题目，其一是"为什么"，即评估罪犯自杀的动机是什么，有 6 个提示性回答；其二是"怎么做"，即依据现有条件，罪犯可能如何实施自杀，共有 9 个提示性的问题。

表 4-3 罪犯自杀可实施程度评估表（柳原编制）

为什么	评估罪犯的动机	提示： 可能为引起更多注意或关注 可能因负罪感 可能为逃避当前环境 可能为试图报复干警 可能为对抗监狱管理 可能为逃避病痛折磨

续表

怎么做	依据现有条件，评估罪犯可能如何实施。 若有三项以上选择"是"或者"大"，即说明有便于罪犯自杀的条件	提示： 罪犯言论中是否透露线索（包括发现遗书）（是/否） 罪犯是否方便接触工具（是/否） 罪犯是否已经准备了工具（是/否） 罪犯是否方便独处（是/否） 罪犯是否便于登高（是/否） 罪犯是否便于接触其他危险品（是/否） 罪犯选择的自杀方式杀伤力（大/小） 用这种方式自杀的可行性（大/小） 罪犯自杀的决心（大/小）

2. 使用方法。此评估表主要面向一线监狱警察，可有两种用法：一是用于大范围筛查时，《罪犯自杀风险评估表》中所列 10 个现象，风险性从高向低排列，出现 2 种以上即可纳入防范视线；评估表的前 3 项指标中出现任何 1 项，均可直接判定为长期高风险人群。二是用于进一步快速评估罪犯当前的自杀风险。

3. 评估方式。监狱警察根据罪犯的行为表现进行评估。

4. 计分方法。《罪犯自杀风险评估表》总分最高为 30 分，分数越高，表明当前自杀风险性越高。

总分可区分为四个评分等级：得分在 0~7 分之间的罪犯要加以密切关注，对应绿色等级；得分在 8~15 分之间的罪犯需及时掌握心理动态，实施严密包夹措施，适时开展心理咨询和危机干预工作，对应黄色等级；得分在 16~23 分之间的罪犯需重点监控，随时掌握心理变化，密切观察言行举止，控制突发事件，及时疏导罪犯情绪，对应橙色等级；得分在 24~30 分之间的则为高自杀危险罪犯，需安排包夹，严防获得自杀工具，杜绝独处环境，及时开展心理干预，对应红色等级。

（三）上海市南汇监狱编制的罪犯自杀风险评估量表

1. 编制背景。2014 年，上海市南汇监狱罪犯自杀风险评估量表项目组完成了量表第一版的编制工作，但仍存在样本单一、题目结构不合理、评估信息化程度较低等问题。为使罪犯自杀风险评估量表具有全国推广价值，项目组在第一版基础上研究编制了第二版量表。

2. 理论基础。精神分析理论创始人弗洛伊德认为，人的生存和死亡由本能控制，两者不断斗争，死的本能占优势便发生自杀行为；社会学习理论认为，自杀是通过社会学习过程后天获得的；人本主义代表人物马斯洛认为，人是有发展倾向的，当生命失去意义时，就会选择自杀；社会学家迪尔凯姆认为，自杀是因为个人在社会上感到外界环境失意导致的。这些理论都从不同角度对自杀的成因进行了解释。社会学习理论学者 Chiles 等也认为，自杀作为一种问题解决方式，常被内部和外部原因所强化。其中内部原因强化指发生自杀行为后躯体、心境或精神状况的改变。综合上述理论，课题组提出评估罪犯自杀行为的三大类风险因素指标，即高危人格特质、心理生理异常状态、异常行为。

3. 测试对象。样本一：在上海市某监狱两个监区随机抽取 50 名罪犯，其中男性罪犯 35 人，占 70%，女性罪犯 15 人，占 30%。实施第二版量表试测，量表共包含 35 个题目，由 3 名监狱评估员进行实测操作。

样本二：在上海市内监狱、上海域外监狱、四川省邛崃监狱和江苏省南通女子监狱抽取样本实施测验，共选取 2527 个罪犯样本接受测试，并完成信效度检验，结果符合预期。

4. 量表编制过程。主要包括试测、样本结构、评估员结构、项目分析、信度分析（内部一致性系数与重测信度）、效度分析（采用探索性因子分析）。

5. 编制效果。该量表包含 31 个题目，5 点评分，分数越高，自杀风险越大。内部一致性系数 0.896，重测信度 0.914，KMO 值为 0.918，表明信效度较高。

（四）郭晶英编制的狱内自杀危险性评估表

1. 编制背景。监狱和看守所中的自杀事件比一般人群高出 3 到 9 倍。[1]

---

〔1〕 B. Hall and P. Gabor. Peer suicide prevention in a prison. *Journal of Crisis Intervention and Suicide Prevention*, 2004 (25)：19~26；C. Tartaro and D. Lester. An application of Durkheim's theory of suicide to prison suicide rates in the United States. *Death Studies*, 2005 (29)：413~422.

监狱罪犯的自杀排查与预防有两层含义：一是要有把自杀高风险罪犯从其他罪犯中筛查出来的一套方法或者原则。目前这套方法的主要来源是监狱警察的工作经验和基于统计数据的分析。[1] 二是能够根据自杀预测方法或原则指导监狱警察对罪犯进行日常管理。

目前与我国监狱自杀预测相关的无论是原则制定还是具体方法，都主要依赖于个体的主观选择。为了纠正、避免因个体产生的主观偏见，精算方法的引进或许会是未来刑事司法工作不可阻挡的趋势。

2. 理论基础。为了提高自杀风险评估的准确率和有效性，越来越多的学者开始关注哪些因子与自杀有关以及有多大关系。这类研究主要分为三类：第一类是诸如罪犯年龄、性别、社会经济地位等人口因子与自杀关系的研究；第二类是临床因子与自杀关系的研究；第三类是机构因子与自杀关系的研究。

3. 方法和步骤。

第一步：课题组查阅了有关罪犯自杀案件的档案材料，召开了数次监狱警察座谈会，探讨导致罪犯自杀的相关因素，分析典型案例，对有狱内自杀行为的罪犯进行开放式访谈，以了解其狱内自杀行为的过程和想法。

第二步：在此基础上，制定狱内自杀结构化访谈表。结构化访谈表中的每一个问题都是一个假设，如询问"是否曾经遭受过严重家庭暴力"，背后的假设为曾经遭受过严重家庭暴力与之后的狱内自杀行为相关。也即曾经遭受过严重家庭暴力可以作为预测今后狱内自杀行为的因子。

第三步：访谈工作人员依据狱内自杀结构化访谈表对研究对象进行深度访谈。访谈在征得罪犯同意后全程录音，并转录成文字。访谈工作人员根据访谈内容对罪犯的情况是否符合访谈表预设进行判断和记录。研究者对所获数据统一编码并录入计算机。

第四步：利用统计软件进行频数统计、卡方检验和二元 logic 回归分析，并做了信度、效度检测，建立自杀危险性评估的回归预测模型。

第五步：在上述工作基础上完成狱内罪犯自杀危险性评估表。

4. 效果。该量表整体 Cronbach's 系数达到 0.834，表明调查表整体的一致性较高，而且各因子的 Cronbach's 系数均在 0.814 以上，表明该量表具有良好

---

〔1〕　孔一：《罪犯自杀研究——对浙江省罪犯自杀案件的实证分析》，载《中国人民公安大学学报（社会科学版）》2005 年第 1 期。

的信效度，可以作为评估罪犯自杀风险的有效工具。

三、国外罪犯自杀评估量表介绍

国外对于罪犯自杀的研究有较长的历史，在自杀理论建设以及自杀的评估和干预上都有较为丰富的研究发现。国外学者研制了多个罪犯自杀评估和测量工具。

自杀行为的测量经历了一个从单一因素评估到多因素综合评估的过程。评估内容也从仅评估自杀的危险因素到自杀危险因素和保护性因素相结合的评估过程。早期对自杀的评估多采用单维量表，针对一个特定的自杀风险进行测量，如自杀意念量表（SSI）和多重态度自杀倾向量表（MAST）等。[1] 还有将自杀作为一个大框架下的一部分进行测量评估的，如测量情绪状态的贝克无望感问卷（BHS）、贝克抑郁问卷（BDI）等。这些量表确实为自杀评估提供了一些有效信息并且便于操作，但是由于未能充分考虑影响自杀的多种危险因素，并且由于缺乏临床访谈和观察，容易出现因受试者刻意隐瞒而造成的假阴性的结果。近年来国外不少学者发展起更加全面、系统的自杀评估理论。乔布斯等编制了自杀状况表格（CSSF），表格有自评和他评两种施测方式。其中心理痛苦、内部压力、情绪低落、绝望、低自我评价由测试者自我报告，自杀史、药物滥用、自杀计划、手段的致命性等由临床医生直接评估。[2] 尼尔森（Nelson）等编制了包含人口学资料、心理、同患多病性、家族史、生理状况、保护性因素、临床观察、社会或环境因素的 8 维度自杀风险评估表（CSIS-MAP），以此全面评估自杀风险。[3]

---

〔1〕 G. K. Brown. A review of suicide assessment measures for intervention research with adults and older adults. *GK Brown*, 2001.

〔2〕 D. A. Jobes, A. M. Jacoby, P. Cimbolic, et al. Assessment and treatment of suicidal clients in a university counseling center. *Journal of counseling psychology*, 1997, 44（4）：368.

〔3〕 C. Nelson, M. Johnston, A. Shrivastava. Improving risk assessment with suicidal patients：A preliminary evaluation of the clinical utility of the Scale for Impact of Suicidality—Management, Assessment and Planning of Care（SIS-MAP）. *Crisis：The Journal of Crisis Intervention and Suicide Prevention*, 2010, 31（5）：231.

（一）自杀意念量表

1. 自杀意念量表。

（1）内容。自杀意念量表（Scale for Suicide Ideation，简称 SSI）由 19 个项目构成。[1]

（2）计分方法。每个项目以 3 级记分（0 中等强度、1 弱、2 没有），因此其理论总分为 0~38 分，较高总分意味着有较严重的自杀意念。

（3）信效度。SSI 的内部一致性系数较高，其效度是通过与贝克抑郁问卷的自我伤害项目的相关系数而建立，结果比较满意。

同时，SSI 可以将住院自杀病人和非自杀门诊病人区分出来，表明具有较好的区分效度，但其预测效度较低。

凯塔琳娜（Katarina）等研究认为，SSI 量表高分是女性而非男性的一个风险因素，说明 SSI 量表鉴别女性的自杀风险较为理想。[2]

2. Beck 自杀意念量表。

（1）背景。Beck 等在 SSI 的基础上编制了自我报告的自杀意念量表，即 Beck 自杀意念量表（BSI）。[3]

（2）测试要求。BSI 由受试者独立完成，评估其最近 1 周（包括当天在内）的自杀意念。

（3）内容。BSI 在条目顺序、条目数目和评分等级上均和 SSI 相同。BSI 包含三个维度，分别是死亡意愿、自杀准备和主动自杀意愿。其中死亡意愿包含 5 个条目，自杀准备包含 7 个条目，主动自杀意愿包含 7 个条目。

（4）测试方法。BSI 的前 5 个条目为识别是否存在自杀意念的筛选条目，如果受试者不存在自杀意念则答题结束；否则，受试者需要继续完成余下的 14 个条目。

（5）信效度。BSI 信效度较好。

---

〔1〕 A.T. Beck, M. Kovacs, A. Weissmann. Assessment of suicidal intention: the Scale for Suicide Ideation. *J Consult Clin Psychology*, 1979, 46: 343~352.

〔2〕 Katarina Skogman, Margot Als6n, Agneta ojehagen. Sex differences in risk factors for suicide after attempted suicide. *Soc Psychiatry Psychiatr Epidemiol*, 2004, 39: 113~120.

〔3〕 R. A. Steer, D. J. Rissmiller, W. F. Ranieri, et al. Dimensions of suicidal ideation in psychiatric inpatients. *Behaviour research and therapy*, 1993, 31 (2): 229~236.

3. Beck 自杀意念量表中文版。

（1）背景。Beck 自杀意念量表中文版（BSI-CV）是由北京回龙观医院、北京心理危机研究与干预中心主持修订的，用以评估个体对生命和死亡的想法以及自杀意念的严重程度。[1] BSI-CV 在程序上经过了翻译、回译、专家讨论和预测验等基本步骤，在内容上根据中文的表达习惯本土化了每个条目的提问方式和答案选项。BSI-CV 是在 SSI-C、SSI-W 和 BSI 基础上修订而来。修订后的 BSI-CV 既可自评，也可他评；既可评估受测者当前的自杀意念，又可评估最严重时的自杀意念。BSI-CV 包含两个维度，分别是自杀意念和自杀倾向。

（2）内容。自杀意念包含 5 个条目，自杀倾向（也即有自杀意念的被试真正实施自杀的可能性的大小）包含 14 个条目。

与英文原版量表不同的是，BSI-CV 在修订时为了方便受测者作答，对条目 6、条目 7、条目 11、条目 13 和条目 19 都增加了"近 1 周无自杀想法"的选项（赋值为 0）。

（3）评分方法。其中自杀意念包含 5 个条目，分数越高，自杀意念的强度越大；自杀倾向包含 14 个条目，分数越高，自杀倾向越明显。[2] BSI-CV 采用 3 级计分，分别为"没有""弱""中等程度到强烈"，对应得分为 0、1、2，总分在 0~38 分之间。

BSI-CV 的每个条目都评估两个时间段的自杀意念，即当前的（最近一周）以及既往最消沉、最忧郁或自杀倾向最严重时，分别计算当前的和最严重时自杀意念的相应得分。BSI-CV 的前 5 个条目为评估自杀意念的筛选项，自杀意念的操作性定义为有主动或被动自杀意念。如果受测者在条目 4（主动自杀念头）或条目 5（被动自杀念头）以及在两个评估时间段上的答案为"弱"或"中等程度到强烈"，那么受测者需要继续回答剩余的题目；如果受测者的答案均为"没有"，那么答题结束。

（4）效果。北京回龙观医院、北京心理危机研究与干预中心李献云等应用 BSI-CV 在我国社区成年人群和大学生群体中分别进行试测，结果发现

---

〔1〕 王声涌、林汉生主编：《伤害流行病学现场研究方法》，人民卫生出版社 2007 年版。

〔2〕 张杰、宋振韶："自杀意向量表在中国高中学生中的评估——信度和效度研究"，载《临床精神医学杂志》2007 年第 6 期。

BSI-CV 在社区成年人群中信效度较好；特别是最消沉、最忧郁或自杀倾向最严重时这一评估时段。[1] BSI-CV 在大学生中应用的信效度良好；匿名调查时 BSI-CV 的重测信度高于署名调查时。[2]

（二）生存理由量表（中文版）

1. 背景。

生存理由量表（RFL）曾由南方医科大学吴宁等人在《中国行为医学科学》上进行过简单的介绍。[3] 而学者高之梅参照莱恩汉（Linehan）等人的研究程序，以我国台湾地区 665 名大学生为样本，发展出一个本土化的生存理由量表。2012 年，中南大学湘雅三医院邓云龙等人在征得原作者授权后，正式将生存理由量表引进中国大陆，在大学生群体中进行了修订。

2. 内容。

生存理由量表中文版（RFL-C）共 48 个条目，包含 6 个维度。[4] 这 6 个维度分别是：

测量个人在遭遇应激和心理危机时的应对信念，即"生存和应对信念"维度。

测量家庭对个人的需要，指家庭责任在个体选择继续生存时对个体的影响，即"对家人和朋友的责任"维度。

测量个体对子女的牵挂程度和责任感，即"对子女的考虑"维度。

测量个体对自杀各个具体环节的恐惧的原因和程度，即"对自杀的恐惧"维度。

测量个体感受社会排斥的压力的程度，即"对社会排斥的恐惧"维度。

测量道德对个体选择生存的影响，即"道德反对"维度。

3. 修订过程。

RFL-C 的维度与条目从属关系以及计分标准与原英文版量表具有一致性。

---

〔1〕 李献云、费立鹏、童永胜等：《Beck 自杀意念量表中文版在社区成年人群中应用的信效度》，载《中国心理卫生杂志》2010 年第 4 期。

〔2〕 李献云、费立鹏、童永胜等：《Beck 自杀意念量表中文版在社区成年人群中应用的信效度》，载《中国心理卫生杂志》2010 年第 4 期。

〔3〕 吴宁、张小远：《生存理由量表简介》，载《中国行为医学科学》2007 年第 8 期。

〔4〕 邓云龙、熊燕、林云芳：《生存理由量表在中国大学生群体中的应用》，载《中国临床心理学杂志》2012 年第 3 期。

生存理由量表在翻译的过程中，根据我国文化背景和语言习惯对内容进行了本土化修改，使其表述符合我国文化特征。例如，考虑到"自杀"是一个敏感词语，在量表中大量出现可能会引起受测者的反感，生存理由量表中文版将"自杀"改为"那样做""那种行为"，降低了词语的敏感度，使得受测者更易于接受；同时，考虑了同伴是大学生生活、学习中非常重要的社会支持系统。

4. 效果。

修订后的 RFL-C 在大学生群体中有良好的信效度。

（三）成人自杀意念问卷

1. 内容。成人自杀意念问卷（ASIQ）是由 25 个条目组成的自评问卷。

2. 测试要求。要求被试对过去一个月里关于自杀和自我伤害的想法进行判断。

3. 信效度。研究表明，ASIQ 是测量大学生自杀意念的一种可靠的量表，其 Cronbach 系数为 0.60~0.80。雷诺兹（Reynolds）研究报道 ASIQ 与常用的抑郁量表、绝望量表和焦虑量表之间的相关性在 0.30~0.60 之间。这说明 ASIQ 具有良好的效度。[1]

（四）多维态度自杀倾向量表

1. 内容。多维态度自杀倾向量表（MAST）由 30 个项目组成。此量表包括四个维度：对生命的热爱、对生命的拒绝、对死亡的热爱、对死亡的拒绝。

2. 信效度。各分量表的内部一致性较好，其信度和效度也被很多研究所证实。[2] 奥斯曼（Osman）等使用 MAST 量表对美国青少年自杀行为进行了研究，结果表明 MAST 量表能够将临床自杀青少年与正常控制组青少年区分出来，说明该量表具有良好的区分效度等。[3]

（五）自杀可能性量表

1. 内容。自杀可能性量表（SPS）是由 36 项条目组成的自评量表，用于

〔1〕 P. M. Gutierrez, P. J. Rodriguez, Garcia P-Suicide risk factors for young adults: testing a model across ethnicities. *Death Studies*, 2001, 25 (4): 319~340.

〔2〕 P. M. Gutierrez, P. J. Rodriguez, Garcia P-Suicide risk factors for young adults: testing a model across ethnicities. *Death Studies*, 2001, 25 (4): 319~340.

〔3〕 A. Osman, F. X. Barrio, W. F. Panak, J. R. Osman, et al. Validation of the Multi-Attitude Suicide Tendency Scale in adolescent samples. *Journal of Clinical Psychology*, 1994, 50 (6): 847~855.

检测 14 岁以上青少年的自杀危险性。[1] 它主要由四个维度构成：绝望感、自杀意念、消极自我评价、敌对。

2. 对象。检测 14 岁以上青少年。

3. 信效度。SPS 总量表和各分量表的一致性程度较高，重测信度和分半信度也比较理想。在效度方面，SPS 能很好地区分有自杀企图的青少年、精神病青少年和正常青少年。梅赫梅特（Mehmet）等将 SPS 用于对土耳其青少年的自杀风险评估，结果表明 SPS 同样具有良好的信效度。[2] SPS 也被应用于成人和大学生群体，但其因素结构还有待于进一步的研究。

（六）自我伤害行为量表

1. 内容。自我伤害行为量表是由古铁雷兹尔（Gutierrezl）编制的自由回答式问卷，包含 5 个综合性的问题。[3]

2. 测试方法。5 个综合性的问题主要针对被试从"无自杀意念"到"严重自杀企图"的自杀行为史进行评估。如果被试认同其中的任何一条，便需对以下几个问题仔细寻问：从事自杀行为的次数、自我伤害发生时的年龄、自杀行为曾告诉过谁、他人对此的反应（如医学检查、公开关心等）。

3. 应用。此量表综合考虑了开放性临床会谈所收集的资料和自我报告式问卷的效度，对青少年的自杀意念、执行自杀的危险性、自杀的想法和自杀的一些特异性行为进行评估，结果表明自杀行为史是预测自杀的最好因素。

（七）自杀能力量表

1. 背景。乔伊纳（Joiner）及其团队成员在自杀人际理论的基础上编制了自杀能力量表（ACSS），用以测量受测者的自杀能力。[4]

2. 内容。ACSS 的原始版本包含三个维度：死亡无畏、疼痛耐受、伤痛和刺激性事件，共 20 个条目。其中 7 个条目测量死亡无畏，1 个条目测量疼痛

---

〔1〕　［英］Claudine Fox、Keith Hawton：《防止青少年自我伤害》，高翔、王晓辰译，世界图书出版公司 2006 年版，第 37 页、第 53 页。

〔2〕　Mehmet, Eskin. Reliability of The Turkish Version of The Perceived Social Support From Friends and Family Scales, Scale for Interpersonal Behavior, and Suicide Probability Scale. *Journal of Clinical Psychology*, 1993, 49（4）：515~522.

〔3〕　P. M. Gutierrez, A. Osman, F. X. Barrios, et al. Development and initial validation of the self-harm behavior questionnaire. *J Pers Assess*, 2001, 77（3）：475~490.

〔4〕　T. W. Bender, K. H. Gordon, K. Bresin, et al. Impulsivity and suicidality：The mediating role of painful and provocative experiences, *Journal of affective disorders*, 2011, 129（1）：301~307.

耐受，另外 12 个条目测量伤痛和刺激性事件。

3. 修订过程。根据范奥登（Van Orden）等人对自杀人际理论的综述，虽然死亡无畏、疼痛耐受、伤痛和刺激性事件均与自杀能力相关，但是只有死亡无畏和疼痛耐受是自杀能力的核心因子，伤痛和刺激性事件只是获得自杀能力的途径。为了明确量表结构，使量表的编制与自杀人际理论的假设相一致，ACSS 原量表的作者们又对量表进行了一次修订，删去了 ACSS 中测量伤痛和刺激性事件因子的 12 个条目，同时也删掉了因条目过少（仅 1 题）而表现不佳的疼痛耐受因子。修订后的 ACSS 仅保留了测量死亡无畏的 7 个条目，并更名为自杀能力量表-死亡无畏（ACSS-FAD）。

4. 计分方法。ACSS-FAD 采用 5 级计分（0~4 分），0 分代表"非常不符合"，4 分代表"非常符合"，总分在 0~28 分之间。[1]

（八）人际需要问卷

1. 背景。乔伊纳及其团队成员在自杀人际理论的基础上编制了人际需要问卷（INQ），用以测量受测者当前感觉自己与他人联结的程度（即归属感）和感觉自己是身边人负担的程度（即累赘感）。[2]

2. 内容。INQ 包含两个维度：归属感受挫和累赘感知，共 25 个条目，其中归属感受挫包含 10 个条目，累赘感知包含 15 个条目。

3. 修订过程。团队成员为了提高测量的精确性，将 INQ-25 缩减为 INQ-12，5 个条目测量归属感受挫，7 个条目测量累赘感知。

4. 计分方法。INQ-12 采用 7 级计分（1-7），1 代表"非常不符合"，7 代表"非常符合"。归属感受挫维度和累赘感知维度分别计算总分，分数越高反应受测者的归属感受挫和累赘感知的程度越严重。

5. 信效度。乔伊纳（Joiner）等人在自杀人际理论的著作中发表了 18 个

---

〔1〕 J. D. Ribeiro, T. K. Witte, K. A. Van Orden, et al. Fearlessness about death: The psychometric properties and construct validity of the revision to the Acquired Capability for Suicide Scale, *Psychological assessment*, 2014, 26（1）: 115.

〔2〕 K. A. Van Orden, T. K. Witte, K. H. Gordon, et al. Suicidal desire and the capability for suicide: tests of the interpersonal-psychological theory of suicidal behavior among adults, *Journal of consulting and clinical psychology*, 2008, 76（1）: 72.

条目的 INQ-18。[1] 但是书中并未报告 INQ-18 的心理测量学指标。[2]

（九）生存理由量表

1. 背景。莱恩汉（Linehan）等人于 1983 年编制了生存理由量表（RFL）用以评估受测者潜在不自杀的原因，即不自杀的信念和期望。[3]

2. 内容。RFL 量表共 48 个条目，包含 6 个维度：生存和应对信念，包含 24 个条目；家庭责任，包含 7 个条目；对子女的考虑，包含 3 个条目；对自杀的恐惧，包含 7 个条目；对社会排斥的恐惧，包含 3 个条目；道德反对，包含 4 个条目。

3. 计分方法。RFL 采用 6 级计分，由被试根据条目所描述的情况与自己进行比较，并选择最符合自己的一个描述等级，1 代表"一点也不重要"（如"它不是我放弃自杀的理由"），6 代表"极其重要"（如"作为没有采取自杀行动的理由，我非常相信它，它非常重要"）。

4. 应用。RFL 自编制并出版以来，被广泛应用于青少年、大学生、成人、老人等多个群体，并针对不同群体发展出多个版本：生存理由简式量表，青少年生存理由量表，大学生生存理由量表，青年生存理由量表，老年人生存理由量表。近十几年来，RFL 量表作为自杀意念、自杀行为的保护性信念的调查工具，在不同的国家和地区得到了广泛应用。

（十）在押成年罪犯自杀风险评估访谈量表

1. 背景。在押成年罪犯自杀风险评估访谈量表（JSAT）由美国联邦监狱局精神健康专家开发，是针对在押成年罪犯设计的结构性自杀风险评估访谈量表。

2. 内容。JSAT 的 24 个组成部分可以分为五大类：心理健康、身体问题、人格和情绪状态、社会支持和其他情境。该量表收集了与罪犯自杀风险普遍

---

〔1〕 T. E. Joiner Jr, K. A. Van Orden, T. K. Witte, et al. Main predictions of the interpersonal-psychological theory of suicidal behavior: Empirical tests in two samples of young adults, *Journal of abnormal psychology*, 2009, 118 (3): 634.

〔2〕 M. A. Marty, D. L. Segal, F. L. Coolidge, et al. Analysis of the Psychometric Properties of the Interpersonal Needs Questionnaire (INQ) Among Community-Dwelling Older Adults, *Journal of clinical psychology*, 2012, 68 (9): 1008~1018.

〔3〕 M. M. Linehan, J. L. Goodstein, S. L. Nielsen, et al. Reasons for staying alive when you are thinking of killing yourself: the reasons for living inventory, *Journal of consulting and clinical psychology*, 1983, 51 (2): 276~286.

相关的数据。

学习任务二　罪犯自杀评估量表操作训练

训练一：自杀态度量表的评估测试

一、背景

众所周知，一个国家或地区的自杀率高低与其居民对自杀的态度具有密切的关系，有效的自杀预防项目必须以对公众自杀态度的深入了解为基础。[1] 国外资料中的自杀态度调查问卷因文化差异，诸多条目并不适用于我国。国内曾有学者自编了对自杀行为性质的态度调查问卷，并对医务人员的自杀态度结构进行了分析。本文介绍我们自编的"自杀态度问卷（Suicide Attitude Questionnaire，QSA）"。

二、原理

有关社会态度与行为之间关系的研究几乎和对态度的研究一样久远。对两者之间的具体关系，目前学者们比较一致的看法是，态度测量越具体，与行为的关系越大。因此，作为以预防自杀为目的的自杀态度研究，所测量的态度应该更加全面与具体。这样才能为自杀预防工作提供更加详实与具体的资料。事实上，社会态度对自杀行为的影响并不仅仅局限于对自杀行为性质的态度上，其他方面比如对自杀者（包括自杀死亡者与自杀未遂者）的态度以及对自杀者家属的态度，都有可能在一定程度上对一个企图自杀者是否决定采取自杀行动，或一个自杀未遂者是否会再次自杀产生影响。

除了了解人们对自杀行为性质的态度外，研究和了解公众对自杀者（包括自杀死亡者与自杀未遂者）、自杀者家属的态度，都会对预防自杀工作起到有益的帮助作用。常用的态度测量方法是在完全赞同到不赞同之间进行分级评分，以 5 级评分最为常用。同样，人们对自杀的态度也在完全肯定与完全

---

〔1〕 王大江："许昌市城乡居民自杀态度及相关因素研究"，郑州大学 2010 年硕士学位论文。

否定这两个极端之间。[1]

众所周知，对于某些问题，不同提问方式可能产生完全不同的回答。例如，一个对自杀未遂者持歧视态度的人，对"自杀未遂者不值得同情"和"不应给自杀未遂者以更多的同情与帮助"可能会作出意义相反的选择，对前者表示赞同对后者则表示不赞同。所以，对同一事物选择正向与反向两种问题方式进行提问，不但可以避免被调查者的应答性偏差，而且可以更全面地反映所要调查的内容。

表 4-4[2] （注：本量表译自外文，供读者参考）

指导语：在下列每个问题的后面都标有 1，2，3，4，5 五个数字供您选择，数字 1-5 分别代表您对问题从完全赞同到完全不赞同的态度，请根据您的选择圈出相应的数字。谢谢合作！ 1. 自杀是一种疯狂的行为。1，2，3，4，5 2. 自杀死亡者应与自然死亡者享受同样的待遇。1，2，3，4，5 3. 一般情况下，我不愿意和有过自杀行为的人深交。1，2，3，4，5 4. 在整个自杀事件中，最痛苦的是自杀者的家属。1，2，3，4，5 5. 对于身患绝症又极度痛苦的病人，可由医务人员在法律的支持下帮助病人结束生命（主动安乐死）。1，2，3，4，5 6. 在处理自杀事件过程中，应该对自杀者的家属表示同情和关心并尽可能为他们提供帮助。1，2，3，4，5 7. 自杀是对人生命尊严的践踏。1，2，3，4，5 8. 不应为自杀死亡者开追悼会。1，2，3，4，5 9. 如果我朋友自杀未遂，我会比以前更关心他。1，2，3，4，5 10. 如果我的邻居家里有人自杀，我会逐渐疏远他们。1，2，3，4，5 11. 安乐死是对人生命尊严的践踏。1，2，3，4，5 12. 自杀是对家庭和社会一种不负责任的行为。1，2，3，4，5

[1] 夏云：《高校教师与大学生对自杀的态度及其相关因素的研究》，浙江大学 2006 年硕士学位论文。

[2] K. Mehdi, M. Arij, S. B. Selim, et al: Translation and validation of Arabic version of the "Suicide Behavioral Attitude Questionnaire". La Tunisiemedicale, 2022, 100 (10).

13. 人们不应该对自杀死亡者评头论足。1，2，3，4，5

14. 我对那些反复自杀者很反感，因为他们常常将自杀作为一种控制别人的手段。1，2，3，4，5

15. 对于自杀，自杀者的家属在不同程度上都应负有一定的责任。1，2，3，4，5

16. 假如我自己身患绝症又处于极度痛苦之中，我希望医务人能帮助我结束自己的生命。1，2，3，4，5

17. 个体为某种伟大的、超过人生命价值的目的而自杀是值得赞许的。1，2，3，4，5

18. 一般情况下，我不愿去看望自杀未遂者，即使是亲人或好朋友也不例外。1，2，3，4，5

19. 自杀只是一种生命现象，无所谓道德上的好和坏。1，2，3，4，5

20. 自杀未遂者不值得同情。1，2，3，4，5

21. 对于身患绝症又极度痛苦的病人，可不再为其进行维持生命的治疗（被动安乐死）。1，2，3，4，5

22. 自杀是对亲人、朋友的背叛。1，2，3，4，5

23. 人有时为了尊严和荣誉而不得不自杀。1，2，3，4，5

24. 在交友时，我不太介意对方是否有过自杀行为。1，2，3，4，5

25. 对自杀未遂者应给予更多的关心与帮助。1，2，3，4，5

26. 当生命已无欢乐可言时，自杀是可以理解的。1，2，3，4，5

27. 假如我自己身患绝症又处于极度痛苦之中，我不愿再接受维持生命的治疗。1，2，3，4，5

28. 一般情况下，我不会和对方家中有过自杀者的人结婚。1，2，3，4，5

29. 人应该有选择自杀的权力。1，2，3，4，5

三、测试对象

测试对象包括：监狱服刑罪犯；刚入监罪犯；家庭遇到突发变故的罪犯；有主动测试需求的罪犯；心理咨询专业民警觉得有必要进行测试的罪犯。

四、测试时间

一般安排在工作时间。

五、测试场地

心理测试室或标准化教室。

六、施测人员

具备心理学专业背景的监狱警察。

七、量表结构

QSA 共 29 个条目，都是关于自杀态度的陈述，分为如下 4 个维度：

1. 对自杀行为性质的认识（F1）：共 9 项，即问卷的第 1、7、12、17、19、22、23、26、29 项。

2. 对自杀者的态度（F2）：共 10 项，即问卷的第 2、3、8、9、13、14、18、20、24、25 项。

3. 对自杀者家属的态度（F3）：共 5 项，即问卷的第 4、6、10、15、28 项。

4. 对安乐死的态度（F4）：共 5 项，即问卷的第 5、11、16、21、27 项。

八、测试步骤

第一，填写个人信息；第二，完成计算机化或者纸质化测试；第三，打印测试报告。

九、计分方式

对所有的问题，都要求受测者在完全赞同、赞同、中立、不赞同、完全不赞同中作出一个选择。

在分析时，1、3、7、8、10、11、12、14、15、18、20、22、28 为反向计分，即回答"1""2""3""4"和"5"分别记 5、4、3、2、1 分。其余条目均为正向计分，即回答"1""2""3""4"和"5"分别记 1、2、3、4、5 分。

在此基础上，再计算每个维度的条目均分，最后的分值在 1~5 分之间。

十、量表的信效度

（一）信度

1. 重测信度。对 32 名被试在初次测试后 1 个月进行重测，4 个维度的重测相关系数分别为 F1：0.624、F2：0.651、F3：0.535、F4：0.890，P 值均小于 0.05。表明问卷具有良好的重测信度，稳定性较好。

2. 测定条目的一致性。各维度的条目与总分的相关系数以及 Cronback 系数分别为：F1（对自杀行为性质的认识）0.342～0.695，Cronback 系数 0.709；F2（对自杀者的态度）0.369～0.524，Cronback 系数 0.639；F3（对自杀者家属的态度）0.379～0.527，Cronback 系数 0.537；F4（对安乐死的态度）0.675～0.822，Cronback 系数 0.835。基本达到了问卷测量的要求，说明条目内部具有一定的同质性。

（二）效度

1. 表面效度与内容效度。本问卷条目的选编与筛选首先经过了大量的文献检索，并在项目组内反复讨论并作出初选。再根据专家评审意见以及预测试的结果，对条目进行了增删和修改。删除了内容含糊、相关性差的条目，对某些可能引起歧义或误解的用词进行了修改，对某些维度的条目进行了增补。最后确定所有条目都能准确表达所要求的内容，以此保证问卷具有一定的表面效度及内容效度。

2. 结构效度。本问卷用因子分析方法来检验其结构效度。对 29 个条目进行因子分析，以特征根值>1.5 提取 6 个主成分，6 个因子可解释方差总变异的 58.4%，基本上代表了问卷的整体结构。进行最大方差正交旋转后，根据各条目最大负荷值归因，归因条目最小负荷值>0.3。6 个因子的解释分别为：因子 1——否定自杀行为，解释 14.3%的方差；因子 2——安乐死，解释 12.6%的方差；因子 3——肯定自杀行为，解释 10.1%的方差；因子 4——同情、理解自杀者及其家属，解释 9.4%的方差；因子 5——歧视自杀者，解释 6.3%的方差；因子 6——歧视自杀者家属，解释 5.7%的方差。由此可看出，因子 1、2、3、5、6 以各维度和条目的正反向问题进行归因，与问卷设计的理论构想完全一致。虽然因子 4 未能将自杀者与自杀者家属分开，但仍以正性条目进行归因，与理论构想并不矛盾。说明本问卷具有较好的结构效度。

十一、量表的解释

总分分值在 1~5 分之间。在分析结果时，可以 2.5 和 3.5 分为两个分界值。将对自杀的态度划分为三种情况：

第一，≤2.5 分为对自杀持肯定、认可、理解和宽容的态度；

第二，>2.5 且<3.5 为矛盾或中立态度；

第三，≥3.5 认为对自杀持反对、否定、排斥和歧视态度。

本问卷的总分或总均分无特殊意义，各维度可单独使用。

训练二：罪犯自杀倾向评估量表的评估测试

一、测试背景

国内关于罪犯自杀倾向量表暂时还没有开发和研制出来，目前只有大学生自杀倾向量表被国内学者编制出来，所以罪犯自杀倾向量表的编制和信效度验证显得尤为必要。

二、测试原理

"自杀倾向"是指尚未实施自杀而只是处于自杀心理过程中的某个阶段，包括因各种应激因素而导致的自杀意念、自杀计划和自杀行为等一系列连续过程中所呈现的自杀可能性的表现特征。由于自杀倾向涉及众多因素，如何进行测量是一个十分复杂的问题。量表是应用多个问题从不同的角度对某一现象进行测量的工具，具有多维性，广泛用于测定复杂现象或特性。卡普兰（Kaplan）认为在对自杀进行筛查时，自我报告式量表测验比临床面对面交谈具有更多优势。这种测量具有间接性，不直接指向自杀问题，因而更容易得到被试的合作。从近年来国外的有关研究来看，借鉴心理学中行为测量的方法，采用量表工具对自杀倾向进行测量是合理和有效的一种方法。

表 4-5

注意：以下表格中列出您在 1-2 周内可能会有的想法或行为，以及对您的影响程度，请仔细阅读每一条，然后根据真实情况在相应的"□"中打勾"√"。请对每个语句都这样做，答案没有对错之分。

测试日期：　　　　　　　　　　　　　　　　　　　　　　编号：

项目	没有 0	有过，对你的影响程度			
		轻度 1	中度 2	重度 3	极重 4
1、遇到难以处理的家庭问题（如家人患病、离异、去世等）。					
2、容易与人建立亲密关系。★					
3、因各种原因，担心无法顺利度过服刑生活。					
4、经常会控制不住地想哭。					
5、我认为自杀可解脱个人的痛苦和折磨。					
6、非常依赖与别人的关系，来获得对自己的认同。					
7、没有什么可留恋的，决定放弃一切。					
8、从未直接或间接的表达过轻生的想法。★					
9、情绪低落，对什么都不感兴趣。					
10、感觉活得很轻松，对未来充满了希望。					
11、就业问题屡遭挫败，感到前途渺茫。					
12、特别留意或搜集有关轻生的信息和资料。					
13、感到心神不定或忐忑不安。					
14、从来没有考虑过遗书的内容。★					
15、情感不稳定，难以控制自己的冲动。					
16、与人相处，会感到很愉快。★					

续表

17. 曾想过何时何地结束自己的生命。					
18. 遭遇到挫折时，会积极寻找解决问题的办法。					
19. 倒霉的事，总会发生在我身上。					
20. 莫名其妙地感到恐惧。					
★21. 从未有过轻生的举动。					
22. 有绝望感。					
23. 真想一死了之，但又顾虑重重。					
总分：_____					

注：标"★"的题目需反向计分。

三、测试对象

服刑罪犯，有家庭突发变故的罪犯，自身有需求的罪犯，心理咨询专业民警觉得有必要测试的罪犯。

四、测试时间

监狱正常工作时间。

五、测试场地

监狱心理健康中心心理测量室或标准化教室。

六、测试实施

心理学专业背景的监狱警察或者经过专业心理测量训练的监狱警察。

七、测试设备

纸质版量表或计算机版的测试软件。

八、测试步骤

第一，填基本信息；第二，填写量表；第三，分析量表，出具评估报告。

九、数据分析

分析数据，对比常模，评估被测罪犯的自杀倾向。

十、计分方法

各维度分数相加/23=（分值在0~4分之间），0分代表没有自杀倾向，1分代表轻度，2分代表中度，3分代表重度，4分代表极重的自杀倾向。分数越高，罪犯自杀倾向越高。

十一、正式量表

正式量表具体见4-5。

★ 思考题：

1. 罪犯自杀评估量表有哪些？具体内容怎样？
2. 使用量表评估罪犯自杀需要注意什么？
3. 如何对若干名监狱罪犯开展自杀风险评估工作？

模块三

罪犯自杀干预

专题五　罪犯自杀预防

学习任务一　自杀保护因素

一、什么是自杀保护因素

大多数人在理解自杀现象的时候，首先想到的是哪些因素会导致一个人自杀，即自杀的危险因素。然而，在自杀预防的实践领域，除自杀危险因素外还有一个重要的概念，就是自杀保护因素。自杀保护因素是指一个人身上虽然存在一些自杀风险因素，但是同时也存在一些防止其自杀行为的特性因素。这些因素可以帮助一个自杀风险因素高的人看到生活的希望，从而降低其自杀风险。这些特性因素主要表现为其应对困境的策略以及工作生活环境特点和人格特点等。在监狱里，自杀保护因素是指可以降低罪犯自杀行为发生的可能性并改善罪犯应对压力情形的因素。

自杀保护因素能对个体自杀发挥"免疫"作用。一方面，保护因素能促进和维持个体与环境的动态平衡。一个人的生活是不断与周围环境相互作用、相互影响的，从而达到动态平衡。如果这一平衡被破坏，常常会引发身心疾病乃至导致自杀。保护性因素通过构建安全的、支持的环境和文化，通过增强个人信念、提高行为技能等方式，增加个体心理抗压能力，促进个体和环境适应和协调，从而使个体和环境恢复到动态平衡状态，防止自杀行为的发生。另一方面，通过培养保护因素，可以有效预防个体自杀行为。通过保护性因素的培养，对自杀高危人员进行积极干预，能有效抵抗自杀意念、自杀冲动，从而消除自杀危险。比如，有自杀想法的人常常处于消极悲观的情绪中，疏导情绪、消除应激源等方式只是对其的初步危机干预，通过培养其积极的认知模式和心理品质，从根本上改变自杀想法，才是消除自杀的根本策略。

二、罪犯自杀保护因素构成

罪犯的自杀保护性因素有很多，既有普遍性的保护性因素，也有自杀个案独有的保护性因素。仅从普遍性的保护性因素来说，包括以下几个方面：积极的应对方式、心理韧性、社会支持、对未来抱有希望、心理健康辅导。

（一）罪犯普遍性自杀保护因素

1. 积极的应对方式。一个人对待心理压力不外乎两种应对方式，一种是消极的应对方式，包括发脾气、出现攻击行为与回避行为、抽烟酗酒、滥用药物甚至吸毒、暴饮暴食、自伤自残等。另一种是积极的应对方式，它是一个人应对困难和挫折时表现出的乐观、积极思考、善于看到事物光明的一面和采取相应行为的一种应对方式。这种应对方式善于调动个人的能力和资源，以更好地应对所遇到的困难。相关的实验研究已证实，积极的应对方式能够减轻风险因素和自杀行为之间的因果关系，降低自身风险。例如，同样是遇到感情受挫，有的人一蹶不振，多次自伤自残，自杀风险高；而有的人则通过转移注意力，通过旅游或者学习新知识的方式，缓解感情受挫的巨大压力，自杀风险大大降低。

2. 心理韧性。心理韧性是指个体面对逆境、创伤、悲剧、威胁或者其他重大压力的良好适应过程，也就是对困难经历的反弹能力。[1] 心理韧性的核心部分是积极的自我评估。积极自我评估即是对自己能解决困难的自信，对个人认知水平、情绪状态、自尊感、价值感、解决问题的能力等积极的自我认知。如果一个人心理韧性水平较高时，抑郁和自杀行为的关联最弱。例如，面临失业困境，具有良好心理韧性的人认为凭借自己的工作经验、能力和努力，一定能再找到一份工作，因此对失业具有良好的适应能力；而相同情况下，心理韧性弱的人则认为自己年龄大、精力不足等原因，面对失业产生了抑郁情绪和睡眠障碍，久而久之，自杀风险大大提高。

3. 社会支持。社会支持是指个体在与他人接触过程中，获得的情感支持以及物质援助，具有减轻心理压力、缓解紧张状态、提高社会适应性的作用。

---

〔1〕 A. S. Masten, J. D. Coatsworth, The development of competence in favorable and unfavorable environments; Lessons from research on successful children, *Am Psychol*, 1998, 53（2）: 205~220.

一个人所拥有的社会支持网络越强大，就能更好地应对各种来自环境的挑战。

具体的社会支持包括直接物质援助、家庭和朋友的支持、学校和社会组织的支持、邻里关系支持、社会服务和卫生保健等保障，以及被理解、被尊重、满意感等情感支持。例如，面对灾难性事件，如地震、台风、泥石流等，同样是房子被毁坏、亲人去世，有的人受到了来自亲属和好友的关心和物质救助，顺利渡过了灾后应激障碍期；而有的人则因为缺少社会支持，灾后应激障碍症状迟迟不能缓解，导致抑郁等消极情绪暴发，自杀风险提高。

狱内的社会支持，表现在罪犯即便改造表现很糟糕，经常情绪低落，但是如果经常有家人和朋友的关心，如会见、亲情电话、来信、汇款等，我们可以认为其自杀的可能性就没那么高。因为这种来自家人和朋友关心的温暖，会消除或减轻罪犯的自杀想法，即便是他偶尔出现自杀意念，但他会顾忌家人和朋友的想法和感受，从而与自杀意念产生一种对抗，帮助他从自杀意念中摆脱出来。

4. 对未来抱有希望。对未来充满希望的感觉，可以帮助一个人承受生命中不可避免的艰难险阻，从而降低自杀风险。有研究显示，有自杀倾向的大学生和没有自杀倾向的大学生的认知内容有明显区别，两类人在"计划和目标"以及"对未来的希望感"两个问题上的自我报告表明，无自杀倾向的大学生其积极心理特征数量是有自杀倾向大学生的 2 倍以上。[1]

在狱内罪犯对生活抱有希望、有牵挂，想要做点事，认为通过自己的双手能养活自己，表示其具有积极的生活愿景，能降低自杀风险。

5. 心理健康辅导。心理健康导师通过情感支持、激励、心理评估和辅导等，帮助其正确认识自己、接纳自己，从而顺利克服生活和工作中的困境。心理健康辅导分专业的心理咨询与非专业的朋辈辅导。专业的心理咨询是通过心理咨询师运用心理学及相关知识，遵循心理学原则，运用心理学的技术与方法，帮助罪犯解除心理问题的过程。非专业的朋辈辅导，是未接受过专业的培训，向罪犯分享自己认为重要的经历来提供心理学与心理健康知识，包括罪犯的同犯、监狱警察、朋友等。有研究表明，朋辈辅导者在其他的自

---

〔1〕 ［美］David A . Jobes：《自杀风险的评估与管理》，李凌等译，中国轻工业出版社 2020 年版。

杀幸存者心理愈合过程中扮演着重要的角色。[1]

在狱内如果一个罪犯与监狱警察及同犯有良好的沟通，这将成为该罪犯的保护性因素。通过相互沟通，罪犯能宣泄不良的情绪或者缓解困扰已久的问题，相对于平时不与同犯沟通、在与监狱警察谈话时也无话可说的罪犯，其自杀风险要低得多。

（二）罪犯特殊性自杀保护因素

一般的自杀保护因素大多数属于心理学范畴，这些因素很难直观掌握和评估，但是我们可以从某些外部特点来印证这些保护因素。就监狱环境的特殊性而言，根据笔者多年的工作经验，认为以下因素属于罪犯特殊的自杀保护因素，若在危险性评估和教育矫治工作中加以应用，对预防罪犯自杀具有更高的指导性。

1. 罪犯本人或家属无自伤自残、自杀史。当某个罪犯当前改造生活压力很大或者生活中遇到重大负性事件，存在潜在的自杀可能，这时候我们一般还需要进一步了解罪犯本人或其家属有没有自伤自残、自杀史。如果存在这种情况，那么这名罪犯的自杀风险将大大提高，因为自杀将会成为他解决当前问题的一个方式；如果没有，那么该罪犯的自杀风险就可能没有表面看起来那么高。一方面，这些罪犯具有一定的应对压力的能力；另一方面，从以往的经历看，他们具有除自杀之外的解决困境的资源和途径。

2. 罪犯本人或家属无精神疾病史。如果罪犯或其家庭有精神疾病史，那么一个具有自杀危险因素的罪犯，其自杀风险将大为增加。因为具有精神疾病的人，什么时候出现自杀意念或行为，往往出乎我们的意料，可能因为一件小事就引起了自杀行为，甚至有时候平白无故就发生自杀行为。但是，如果罪犯一直以来精神状态良好、无精神疾病史，那么其精神状态常常是相对可控的，出现意料之外的过激行为的可能性相对较低。

3. 对改造环境比较适应。有些罪犯即便存在一些自杀风险因素，但是如果其平时能按照监狱的监管纪律要求规范自己的行为，教育改造和劳动改造考核情况正常，无明显情绪起伏，适应监狱生活，睡眠质量良好，相对于平

---

[1] R. T. Aguirre, H. Slater, Suicide postvention as suicide prevention: impronvement and expandsion in the United States, *Death Study*, 2010, 34 (6): 529~540.

时改造表现不稳定的罪犯来说，其对抗自杀风险的能力较强。

4. 有良好的身体素质。没有慢性疾病、重大身体疾病，身体健康的罪犯，相对于有身体疾患的罪犯来说，其自杀风险较低。

三、罪犯自杀保护因素建立与强化

（一）定期开展心理体检，排除罪犯自杀内在"基因"

罪犯的内在精神状态及对环境的适应、对生活的愿景等情况并不能简单地从外在的观察中获得，因此可以通过心理体检去检测。从性质上来说，负性情绪与自杀有关，特别是抑郁症状与自杀密切相关。其他如焦虑、失眠等情况也可以作为心理体检内容。有时候罪犯因为不能忍受躯体疾病的痛苦，也容易产生自杀想法，如躯体障碍的检查也可以作为心理体检内容。罪犯存在异常人格，如偏执、强迫症状、变态人格等也容易导致产生自杀想法，因此必要的人格测评和生活事件测评也可以作为心理体检的内容。从服刑阶段上来说，新入监的罪犯面临服刑适应性问题，心理落差大，需要对新入监罪犯开展常规性的心理体检。服刑中期每隔 3 个月~6 个月可以开展一次心理体检。在临近刑满释放，少数罪犯对未来可能极度迷茫、对出狱之后的生活失去信心等，因此在出监前开展一次心理体检也是有必要的。对检测出来的异常情况，需要对接社会安置帮教部门进行及时的心理干预和帮助。

（二）强化生命教育，让罪犯提高生存信念

预防自杀首先需要培养罪犯珍爱生命的意识，因此要对罪犯加强热爱生活、珍爱生命的生命意识教育，帮助罪犯认识生命、珍惜生命、尊重生命、热爱生命；同时培养其一技之长，提高生活质量。通过生命教育，让罪犯明白生命的意义，树立正确的生命价值观。

监狱可以采取多种形式强化生命教育。一是开始生命教育健康课程，了解生命的起源、诞生的过程，结合每个人的生活经历，领悟生命的不易，珍惜生命。二是通过珍爱生命作品的赏析，提高罪犯珍爱生命的感官认识。通过观看心理影片、鉴赏文学作品和音乐作品、分发宣传册、撰写珍爱生命主题心得体会等活动，让罪犯深入理解生命的意义和价值。三是通过教育专网、狱内小报、广播、黑板报等载体，开展生命教育宣传。四是通过专业的正念减压心理辅导，训练罪犯的生命意识。正念减压疗法（MBSR）的创立者——

美国麻省理工学院乔·卡巴金教授认为正念是有意识地、此时此刻地、不评判地集中注意。监狱可以应用正念减压疗法，通过团体正念辅导、睡前正念10分钟练习等方式，引导罪犯放松，感受此时此刻的呼吸、心跳，感受此时此刻的声音、触觉、味觉等，在单调枯燥甚至痛苦压抑的改造生活中，寻找到平静和放松的感觉，提高生存信念。

（三）传授积极应对方式

积极应对方式是在遇到压力和困难时采取解决问题、求助或者合理化的方式。通过各种心理健康活动，如心理健康教育、团体心理辅导、个别心理咨询等形式，引导罪犯多与他人交谈、倾诉内心烦恼、学会看事物积极的一面，探寻不同的解决问题的方式，避免沉浸在消极思想中，导致极端行为发生。积极的应对方式主要有：

1. 正确应对压力。罪犯在改造过程中遇到矛盾和挫折时，要善于转移注意力，放松心情，做自己擅长做的事，等平静下来之后，思考如何解决矛盾和困扰，而不是马上就激化矛盾。

2. 学会宣泄消极情绪。每个人都会遇到情绪压抑、烦躁的时候，可以多参加分监区组织的体育、娱乐活动，也可找同犯和监狱警察倾诉，以宣泄各种消极情绪。

3. 用积极的心态与同犯沟通。罪犯服刑改造期间，最容易出现的就是囚囚矛盾，因此监狱方面要引导罪犯经常反省自身，改变对他人的态度，对同犯不要期望值过高，用积极的心态沟通解决矛盾。

（四）培养希望特质和心理韧性

罪犯教育矫治在预防自杀框架下，需要重点培养罪犯的希望特质和心理韧性。希望特质是一种积极的心理品质，拥有高水平希望特质的罪犯能够找到替代性途径来实现所期望的目标，缓解危险因素对自杀心理的影响。没有希望特质的典型表现是罪犯对前途比较迷茫或者对事件的结果报无所谓态度，认为通过努力也没有好的结果，对事件的发展抱消极态度，因此培养希望特质需要针对罪犯这些典型的消极心态进行矫治。

心理韧性是罪犯面对生活逆境、创伤、悲剧、威胁或重大生活压力时的良好适应能力，是面对生活压力或挫折的忍耐能力。心理韧性差的罪犯更容易表现出抑郁、焦虑、烦躁等负面情绪，从而导致其消极改造，与同犯矛盾多，对此要通过针对性的心理健康教育、团体心理辅导和个别心理咨询等方式，提高罪犯心理韧性。

（五）加强社会支持，让罪犯感受到社会温暖

在各种社会支持中让罪犯感到自己被尊重、被理解、被关心，切实感受到来自家庭、朋友、监狱警察和同犯的支持力量。而社会支持比较弱的罪犯，通常独来独往，很少和家人朋友联系，在狱内也比较孤僻，旁人基本无法获知其真实想法。因此，通过开展各种活动使罪犯切身体会到社会支持的温暖，如亲情帮教活动、会见活动、亲情电话、通信、家庭关系团体心理辅导等，在与他人的良好互动中，让罪犯重新树立起战胜挫折的信心，并重塑解决问题的方式，让罪犯在内心感受到社会的温暖，重新燃起生活的希望。

（六）丰富监内活动，注重体育锻炼和疾病康复

以监区文化为载体，开展文化娱乐和身体康复练习等活动，如配备卡拉OK室、情绪宣泄室、康复训练室等，组织棋类比赛、趣味心理运动会、文化艺术节，开设监内书画社团、各类兴趣小组等，让罪犯的各种消极情绪以及因生理问题或心理问题滋生的痛苦等得到及时的疏导。

学习任务二　三级预防模式

罪犯自杀有其特定的规律，有不同的风险因素、保护性因素。预防罪犯自杀，需要根据罪犯自杀的规律性和特异性，针对性地进行科学防控，提高防控效果。不少学者提出预防自杀的"三级预防模式"，结合监狱工作实际，可以从不同角度来推进罪犯自杀的三级预防模式。

一、基于自杀规律的三级预防

（一）一级预防

针对无自杀隐患或者经过评估有潜在自杀可能性的罪犯，需要采取如下一系列的自杀预防措施，实现一级预防。

1. 开展自杀预防教育。通过集体教育、网络视频教育等形式，围绕生命教育、挫折教育、心理韧性培养、环境适应、情绪与压力调节、培养积极乐观心态、自我心理调节等方面的内容来开展心理健康教育，使罪犯提高生命

安全意识，初步了解心理调节方法，对全体在押罪犯做好自杀的早期预防工作。

2. 开展自杀预防宣传。通过黑板报、宣传栏、监内电视广播、宣传册等形式，围绕自杀预防的心理健康教育主题，通过浅显易懂的文字、漫画、视音频载体，进一步在全体在押罪犯中做好自杀的早期预防宣传工作。

3. 开展自杀预防团体心理辅导。通过团体心理辅导技术，设定预防自杀团体辅导主题，如珍爱生命、阳光心态等，对有潜在自杀可能性的罪犯，如心理测评提示有中度以上抑郁的罪犯，开展团体心理辅导，利用团体的积极心理动力，实现自杀的早期预防。

4. 开展自杀预防个体心理辅导。通过个体心理咨询技术，如认知行为疗法、精神分析疗法、焦点解决技术等，对有潜在自杀可能的罪犯开展一对一的心理辅导，深入了解潜在自杀风险罪犯的风险因子、保护性因子，提出和落实"一人一策"的自杀预防教育矫治方案。

（二）二级预防

经过评估，对自杀可能性比较高的罪犯，应当采取如下一系列的自杀预防措施，实现二级预防。

1. 成立自杀预防工作小组。建立由包教监狱警察、分管领导、心理咨询师组成的自杀预防工作小组，对自杀可能性较高的罪犯开展针对性攻坚转化，制定和实施攻坚转化方案，化解罪犯自杀风险因素。

2. 加强自杀预防个体心理辅导。对评估出来的自杀风险较高的罪犯即时开展心理干预，随后每月至少开展一次心理辅导。应用多种个体心理咨询技术，分析其自杀风险因素，探究其自杀症结，开展针对性教育矫治工作。

3. 开展专题心理辅导。运用短中期团体心理辅导技术，如正念冥想、焦点解决等技术，开展6次~8次专题团体心理辅导，有计划、有步骤地缓解罪犯心理压力，降低罪犯自杀风险。

4. 组织亲情帮教。加强与罪犯家属的联系，督促和帮助罪犯积极联系亲人，通过亲情电话、会见、通信、亲情帮教现场会等方式，使罪犯感受到亲情温暖，降低其自杀风险。

5. 加强自杀预防管控。通过狱侦手段，对有较高自杀风险的罪犯加强包夹管控，加强劳动岗位监控、劳动工具监控、点名及夜间视频监控等自杀预防管理工作。

（三）三级预防

针对入狱前曾经有过自杀经历，或者在服刑期间有自伤自残或自杀企图，包括自杀未遂的罪犯，采取如下一系列的自杀预防措施，实现三级预防。

1. 成立自杀预防工作团队与专家团队。由包教监狱警察、分监区主要领导、心理咨询师组成自杀预防工作团队，由监狱领导、监狱以及省监狱管理局的心理专家、社会心理专家组成自杀预防专家团队，对自杀高风险罪犯开展针对性教育矫治工作。

2. 开展"一人一策"教育矫治干预工作。综合应用个别教育、个体心理危机干预等教育矫治手段，定期召开专家会诊，开展跟踪评估、定期评估等工作，制定"一人一策"的教育矫治干预方案。对有人格障碍、精神障碍的自杀危险罪犯，安排精神门诊就诊与治疗。

3. 深化亲情帮教。与二级预防措施中有所区别的是，三级预防措施中专家团队成员要介入到亲情帮教的亲人关系重建过程中。通过和家属及罪犯本人双方的沟通及心理辅导，进一步提高亲情帮教的效果。

4. 提高自杀预防管控级别。对于自杀高风险的罪犯，除了二级预防的那些管控措施外，经过相关部门评估，对某些罪犯必要时安排其进入中度戒备、高度戒备监区集中关押管理，以切实减低自杀风险。

二、基于监狱管理的三级预防

（一）监狱层面

监狱层面的工作职责包括：规范预防自杀监管硬件条件，制定罪犯自杀预防规章制度，组织开展自杀预防宣传活动，督促指导各监区开展罪犯自杀预防工作。成立监狱级的自杀预防专家库，对重点罪犯介入自杀预防和干预，评估自杀预防效果。

1. 规范预防自杀监管硬件条件。对监管设施中可能导致自杀的硬件条件进行规范，比如设定高度戒备、中度戒备管理分监区，配置监控报警装置、防攀爬设施、蛇形刀刺网、电插座保护装置、小组内安装长明灯等。

2. 制定罪犯自杀预防规章制度。对有自杀隐患的管理环节，制定相关制度以预防罪犯自杀，如罪犯信息员汇报制度、危险物品管理制度、清监搜身制度、联号包夹管理规定、自杀风险罪犯排查评估制度、夜间管理制度等。

3. 组织开展自杀预防相关教育宣传活动。定期组织开展以"生命教育"等为主题的自杀预防宣传教育活动，培养罪犯珍爱生命意识。

4. 督促指导监区开展罪犯自杀预防工作。定期检查监区硬件设施配备情况、预防自杀相关制度落实情况，及时排查和整改自杀预防管理中的隐患和漏洞。

5. 成立监狱级自杀预防专家库。挑选有丰富管教经验，具备心理学、教育学等专长的监狱警察建立自杀预防专家库，定期开展自杀防范教育宣传、评估干预、谈判等实务培训，提高监狱级自杀预防专家的实战能力。

6. 对重点罪犯介入教育矫治。对自杀高危罪犯指派监狱级专家进行定期教育和心理辅导，定期召开有关重点罪犯的犯情分析会，组织专家团队分析自杀高危罪犯情况，研究和制定干预措施，评估干预效果。

（二）监区层面

监区层面的工作职责包括：落实罪犯自杀预防相关制度和计划，指导分监区开展罪犯自杀预防工作，成立监区级自杀预防专家组，组织开展自杀预防心理健康教育、团体心理辅导及个案干预，定期上报自杀高危罪犯情况。

1. 落实罪犯自杀预防相关制度。根据监狱制定的自杀预防相关制度，结合监区实际，制定相应实施细则，落实自杀预防工作要求。

2. 指导分监区开展罪犯自杀预防工作。对分监区开展的自杀预防工作及时进行检查和督促，组织专人对分监区警察掌握自杀危险罪犯的基本情况进行定期检查，对自杀隐患进行排查和督促整改。

3. 成立监区级自杀预防专家组。在监区警察中挑选自杀防范专家，定期组织培训和实战演练，提高监区自杀预防应急处突能力。

4. 组织开展自杀预防心理健康教育、团体心理辅导及个案干预。定期组织专家开设自杀预防心理健康课程，开展自杀预防宣传活动和团体心理辅导活动，对自杀高危罪犯进行个别教育矫治。

5. 按期上报自杀高危罪犯相关情况。按规定收集自杀高危罪犯的心理动态和现实改造表现，经监区专家组评估后，上报监狱做好犯情研判。

（三）分监区层面

分监区层面的工作职责包括：具体开展自杀预防相关工作，落实自杀预防心理健康教育、团体心理辅导及罪犯自杀高危个案心理干预，收集和上报自杀预防效果评估信息。

1. 具体开展自杀预防相关工作。根据分监区警察一日工作流程，明确每天工作任务和责任人，落实清监搜身、点名等相关监管制度。

2. 具体组织落实自杀预防心理健康教育、团体心理辅导。根据心理健康教育和团体辅导计划，落实场地、时间并组织人员开展教育和辅导活动，维护现场秩序。

3. 落实自杀高危罪犯心理干预措施，收集和上报自杀预防效果评估信息。根据防范罪犯自杀干预矫治方案，落实干预地点、时间，做好后期的观察和评估，及时上报相关信息，供上级专家组研判。

学习任务三 罪犯自杀预防案例

案例一：一例应用正念疗法预防罪犯自杀的案例

一、罪犯基本情况

罪犯陈某，男，35岁，初中文化，未婚，因犯侵犯公民个人信息罪、盗窃罪被判处有期徒刑4年8个月。

二、罪犯矫治方案的制定和实施

（一）个人成长经历

陈某出生在农民家庭，父母对其学习要求不高，陈某读书成绩一般，与同学关系一般，无特别调皮捣蛋的行为。初中毕业后曾服兵役两年，退伍后无业在家。

（二）家庭关系

父母健在，职业均为农民。与家人关系尚可。

（三）犯罪事实

某年某月，陈某伙同他人操作远程控制软件，从淘宝店卖家电脑里窃取交易信息，至案发共窃取50余万条交易信息。某年某月，陈某通过远程控制软件操作，窃取被害人张某某支付宝账户内 9000 余元。

（四）入监改造表现

在入监教育期间，陈某能正常参加入监教育，按规定完成行为规范和改造学习任务，参加队列训练认真，个人内务以及打扫个人包干区卫生情况正常，与其他同犯关系正常，无违纪违规行为发生。

（五）异常表现

某年 1 月，陈某以曾患有颈椎病为由多次向监区要求到医院去检查，称"已经不能正常行走了""再这样下去可能要瘫痪"。监区警察按照相关规定及时送其到医院检查，检查结果为正常，无病症，但是陈某坚持称自己病得不能正常行动，拒绝参加劳动。4 月，陈某再次以颈椎病为由要求到医院检查，经卫生所和监狱医院拍片检查和专家会诊，认为陈某的颈椎病是旧伤，没有加重迹象，其不适感主要是心理因素引起的。出于身体健康考虑，为其加了颈椎固定器并建议心理咨询。

陈某从医院回监区后一直拒绝参加劳动，日常出收工由同犯抬担架出入。在与民警的谈话中，陈某多次称因自己的病情心理压力大，担心自己因为这个病情在出狱后的生活中受到影响，流露出自杀想法。

（六）预防与干预方案

1. 评估自杀症结。心理咨询师通过查阅陈某档案，与监区领导交谈、调取视频监控等方式，了解陈某的状况。其心理测评结果显示有重度躯体障碍、重度抑郁、轻度睡眠障碍、轻度焦虑。COPA 测评结果显示陈某性格内向不合群。

经过前期资料分析和初诊会谈，初步评估陈某的自杀想法是因为躯体障碍引起，并伴有重度抑郁症状。

2. 选择干预技术。心理咨询师选用正念减压矫治技术对陈某进行心理干预。一是因为正念减压疗法在监狱心理矫治工作中得到积极应用，且成效较明显。二是近年来心理咨询师多次使用正念疗法，在罪犯心理矫治中积累了较丰富的理论知识和实践经验，具有良好的可操作性。三是正念减压技术对治疗躯体症状障碍、治疗抑郁具有较好的疗效。

3. 制定干预方法。根据陈某的问题，心理咨询师制定了针对性的正念减压治疗方案，具体如下：

（1）通过个别心理干预，让陈某了解和接纳正念减压技术，并逐步掌握正念减压技术。

（2）通过"睡前10分钟"正念冥想训练，持续正念练习，保障正念减压技术对陈某躯体症状障碍、重度抑郁的疗效。

（3）通过定期跟踪和指导，解答陈某在正念练习中的疑惑，改善正念练习中不当之处，提高矫治效果。

（七）矫治过程

1. 通过3次个别心理干预，让陈某领会正念减压练习。

（1）了解陈某主述情况。在首次咨询中，咨询师看到陈某脖子戴着颈椎固定器，为他找了合适的沙发，用枕头垫好颈部，同时调整空调吹风方向防止直吹陈某。此阶段虽然没有语言交流，但陈某看在眼里，使其感受到咨询师的关心和关爱，设身处地为陈某考虑，为下一步良好沟通创造了条件。

进入会谈后，咨询师询问了陈某对颈椎病的自身评价，了解陈某颈椎病的历史成因和当前看法：当兵时陈某在抬树训练时颈椎受过伤，目前无法行走，身体时常感到疼痛，对医生否认自己身体疾病感到不能接受。

（2）引入正念减压理念。咨询师认为，对罪犯来说，正念不仅仅是一种心理调节方法，更是一种改造和生活的理念。而这种理念能促使罪犯看待事物的心态发生变化，为矫正不良认知和行为打好基础。

咨询师以"过去已过去，未来还未来，当下最真实"这句话为切入点，结合正念减压的原理，和陈某探讨人如何真实地感受生活，启发陈某感受"过去和未来是虚幻的""当下才是真实的"理念，启迪其正念减压的目标为"一切都是为了当下的安宁和平静"。在第一次咨询中陈某对正念有了初步理解。

（3）接纳正念理念，进行正念体验和练习。在接下来的心理咨询中，咨询师以"人本主义心理学"为导向，从陈某的角度，和他一起探讨改造期间以及改造之后的生活与体验，并结合陈某当前身体感到痛苦的状态进行体验与分析。陈某逐渐转变了自身信念，慢慢开始接受正念理念，即真正的生活就是关注当下，努力让当下变得放松、宁静，让当下的痛苦能够得到缓解，感受放松的心情是生活的第一要务。

在陈某接纳了正念减压的理念后，咨询师现场播放正念呼吸引导语音频，同时在旁边指导，帮助陈某获得正念的切身体会。期间陈某一直进入不了状态，体会不了放松，不能关注呼吸，一直觉得胸口像压了一块石头，全身都感觉是紧张的，等等。咨询师运用放松疗法，让其掌握放松与紧张的方法。

在能正常进入正念呼吸后，咨询师一边观察，一边适当指导，帮助陈某顺利完成 7 分钟的正念呼吸。之后对陈某的体会进行提问和指导，也对正念过程中会出现的一些问题以及注意事项进行了讲解，帮助陈某掌握正念练习的方法。在这个阶段，陈某关照到了自身的念头和情绪，说出了近期以来为何不劳动的内心认识：其感受到了三种内心的负面感受——除了心情压抑，还有"无助"和"仇恨"，有"我身体不好了，没得医治，却还在厂房里，无时无刻听着嘈杂的机器声却对自己无能为力""时不时想要结束自己的生命"等功能不良的认知。随着正念的练习，感到"有那么片刻痛苦真的不存在了"的良好感受。

结合一开始咨询师讲解的正念理念"当下最真实"，陈某有了切身体会，也答应咨询师接下来按照矫治方案进行练习。

2. 开展 2 个月睡前正念练习，巩固正念效果。

（1）睡前正念练习内容。睡前正念练习项目是监狱自主开发的一个正念减压项目，属于正念减压矫治体系中的一个模块，全称为"睡前 10 分钟正念冥想练习项目"。该项目以八周正念引导语为基础，包括正念呼吸、身体扫描、呼吸与身体等七个项目，剔除不适合罪犯就寝后的"正念活动"以及引导中有"坐着""脊背挺直"等内容，增加"漫步雨中""泻下流水"等放松音乐，合成睡前正念训练音频。具体练习项目设计如下：

表 5-1　睡前正念练习项目

主题	内容	目的
活动准备：正念教育	1. 介绍正念减压理论、方法与作用；2. 选取部分罪犯做心理前测。	提升罪犯参与活动的积极性，做好效果评估的前期准备。
第一周：正念呼吸	练习正念腹式呼吸方法，提升自我感知觉。	使当下的身心进入笃定和放松的状态。

续表

主题	内容	目的
第二周：身体扫描	伴随呼吸，关照身体的每一个部分，了解已经存在的身体知觉。	保持身心的完整，在觉知中休息，让身体有一种回家的感觉。
第三周：呼吸与身体	在正念呼吸的基础上，把注意力转移到全身，仿佛整个身体都在呼吸。	除了可以注意到呼吸时的感觉，也能察觉到身体的全部知觉。
第四周：声音与思想	将注意力集中在听到的内容上，仿佛第一次听到它们，允许思绪客观呈现。	学会无论现实发生何种事件让你分神，呼吸总能帮助你的注意力回到当下一刻，进入平静和安宁的状态。
第五周：探索困难	让一些困难的事情出现在脑子里，让这些事停留在脑中仔细地观察，然后让注意力回到身体上。	探索解决生活中不断出现的困难的新方法。
第六周：友好互助	在这段冥想中祝福自己，并将祝福转化为对他人的善意。	培养对自己和他人的友善感觉。
第七周：三分钟休息时间	学会休息一会儿，以开放的心态接受现状，将注意力转移到呼吸。	巩固练习效果，保持全身知觉的现状，身体有一种回家的感觉。

（2）睡前正念练习实施方法。监狱通过监舍广播系统进行睡前正念音频播放，按照每层楼 4 个~5 个小喇叭，基本满足每个小组听清音乐的需求。练习开始时间以就寝熄灯铃声为信号，每晚播放时间为 8 分钟~12 分钟。监狱在播放系统上进行程序设定，每周一更新音频内容，每周一至周日为一期，保证练习效果。

（3）睡前正念练习跟踪指导。在对陈某的干预中，开始阶段咨询师每周两次对陈某的练习进行跟踪指导。在陈某能熟练进行练习后，每周 1 次跟踪了解陈某练习的情况和效果。

3. 会诊评估，及时化解反复情绪。

在陈某正常进行正念练习 1 个月后，监区反映陈某的异常表现出现了反复的情况，思想情绪出现不稳定。咨询师及时与监区警察进行了商讨、会诊，分析陈某出现反复现象的原因，制定相应的矫治和管理对策。

经分析，陈某存在一个心结：在心理干预后，改造逐渐回复到正轨，按照当前的改造表现并结合他的服刑时间，其有假释的机会。但是如果监区考虑他之前不参加劳动的表现，假释就不太可能，因此陈某出现焦虑情绪，无法专心于日常改造。

针对陈某的心结，一方面咨询师再次对陈某进行了正念减压的个别心理干预，让其摆脱焦虑情绪，专注于当下改造生活。另一方面，监区管教警察对其开展个别教育，明确陈某是否能呈报假释要根据他的日常表现。如果按照当前不能完成改造任务的表现，肯定是没有希望，但依旧对陈某进行了鼓励。

通过两次个体心理咨询，陈某情绪反复的状况得到化解，能正常继续睡前正念练习。

三、干预成效

经过近半年的正念减压矫治，陈某的心理健康状态有了明显的提升，躯体症状障碍基本消除，自杀想法得到纠正，改造表现获得监区警察的认可。

（一）心理测评指标恢复正常

心理干预前，陈某心理评估结果为重度躯体障碍、轻度睡眠障碍、轻度焦虑和重度抑郁；在干预 2 个月后进行重测，四项心理指标均转为正常。

（二）对自身的认知得到改善

在对陈某的 3 次个体心理咨询后，陈某对自身的认知有了巨大的转变，消除了想要结束自己生命的想法。最后一次心理咨询结束后，陈某坚持不要躺在担架而是走着回劳动岗位。通过调取查看监控录像，陈某从心理咨询房间到劳动岗位 20 多米的路上，在同犯搀扶下一小步一小步努力地挪了 20 多分钟，深刻反映出陈某想要通过自己努力获得康复的良好认知。

（三）改造表现恢复正常，顺利假释

在持续的跟踪干预下，陈某改造表现趋于正常。通过日常康复练习，陈某因颈椎病导致不能走路的症状得到消除，不再向监狱警察反复要求就医，并能回到自己的劳动岗位完成劳动任务。监区警察综合其改造表现，呈报了假释并获得批准。

四、干预工作反思

罪犯因躯体疾病产生的心理痛苦，在封闭的监管环境中有可能产生抑郁症和自杀意念。对此，监狱管理人员需要引起足够的重视，针对性做好自杀预防与干预工作。正念减压技术在心理咨询中，是以一种特定的方式来觉察个人的想法、情绪和行为，以关注当下感受并不做判断为基础，适用于缓解抑郁和躯体疾病，减少心理痛苦，具有良好的疗效。

案例二：一例精准评估、科学防范罪犯企图自杀的案例报告

一、基本情况

罪犯赵某，女，27 岁，有一个孩子由婆婆照顾。因犯诈骗罪被判 6 年 3 个月。

二、异常行为表现

监狱评估矫治中心接到分监狱紧急电话，得知赵某近几天表现不正常，主要表现为晚上失眠、不关心家庭，有较大的自责心理，近两天甚至对监狱警察的谈话不理不睬，需要开展心理评估和针对性干预。

三、自杀评估与干预

（一）收集基本资料

接到电话后，评估矫治中心心理咨询师及时赶到现场，迅速从三个方面收集罪犯基本资料：一是与监区领导座谈交流，了解赵某当前存在的突出问题和对赵某的犯情研判。二是与具体管教警察座谈交流，具体了解赵某的基本情况和近期的异常表现。三是通过监管改造业务系统，查询赵某的犯罪事实、服刑情况、家庭情况等信息，了解心理健康预警和干预情况，初步分析赵某可能存在的各方面问题。

（二）确定干预方案

在充分了解赵某的成长经历、犯罪历史、家庭情况、改造表现、当前异常表现后，心理咨询师初步制定了心理危机干预方案。

第一，明确干预目的，即分析判断赵某为何近几日表现反常，特别是对管教警察的谈话表现出沉默现象。

第二，分析干预阻碍，即分析赵某不说话的原因清单，通过危机干预，一一验证是否符合赵某的情况，提高干预效率。根据罪犯一直来的改造表现和监狱心理矫治警察实践经验，赵某出现行为反常的原因，可能有以下几类，需要通过面对面心理访谈进一步验证：①赵某对监狱警察不信任，有抵触心理。②在改造中有难以启齿的问题，害怕他人知道，心理压力大。③家庭方面有比较重大的负面信息，心理打击大，沉浸在自己的伤痛中，不愿意说话。④对抗改造，有敌视心理。⑤精神类问题导致不说话。⑥其他原因导致不愿意与警察进行个别谈话。

第三，确定干预技术。干预前，熟悉正念减压、焦点解决、认知行为疗法、人本主义心理学等理论与干预技术，掌握不同技术的谈话方向和提问技巧，以便在下一步干预中灵活应用。

第四，开展面对面干预。与赵某面对面心理危机干预历时 58 分钟。在此期间，赵某全程未说一句话。咨询师也经历了犹豫、急躁，"想要放弃"的念头，但通过正念的自我调整，及时修正初始干预目标和方案，接下来通过单方面的提问及观察，尽可能多收集信息，为下一步评估提供有力依据。

通过及时调整干预方案，在与全程不说话的赵某的心理干预中，重点做好以下四个方面工作：

一是保持耐心、冷静、真诚的态度。在面对赵某不说话的情况下，咨询师保持耐心，保持不放弃心态，为下一步收集信息起到了非常重要的作用。

二是采取特定的提问方式。因赵某不说话，提问时首先需不引起赵某的抵触，避免质问等方式；其次采取投石问路、自问自答这类封闭式谈话方式，在赵某不说话的情况下，可以继续话题。

三是注意观察赵某面部表情、眼神、点头摇头、举手、身体挪动等微表情微动作。作为对咨询师谈话的反馈，分析赵某是否理解咨询师的问题，对咨询师的提问有无倾向性的表露，有无情绪性的反应等。

四是迅速进行标准对照和案例类比。在干预中及干预后，将赵某的状态与心理诊断标准进行对照，和以往不说话对象心理行为特征的案例进行类比，如抑郁症咨询案例、监禁性精神障碍干预案例、病亡罪犯子女心理危机干预案例进行类比，寻求共同特性，进一步分析诊断赵某处于哪种状态。

四、干预效果

在面对面心理危机干预之后，咨询师作出评估与干预结论，以及自杀预防管控建议。

1. 作出评估结论。综合赵某犯罪事实、成长经历、家庭情况、改造表现、个性特征、心理预警及危机干预过程分析，初步得出赵某处于急性精神障碍发作的结论，判断赵某目前有抑郁倾向，当前不说话的状态是抑郁状态下的缄默状态。按照病情生理机制，是大脑中的神经递质发生变化，其病情发展趋势呈现为极有可能在接下来几天产生自杀想法和企图自杀行为，同时也可能发展为其他极端后果，如精神分裂症等。

2. 验证评估结论。咨询师初步作出上述结论后，从两个方面验证了结论。

第一，参考监狱评估矫治重点课题研究成果，即《基于男女犯差异性分析的女犯教育矫治策略研究》，该研究成果的分析结论与赵某非常吻合，主要切合点有女性、诈骗罪、年轻、从犯、易受暗示性、离婚等。对该类型罪犯，监狱管理和教育矫治有必要引起重视，同时赵某也是这个研究理论的一个现实案例。

第二，对照管教警察的分析。面对面危机干预结束后，咨询师再次和管教警察进行了座谈，对干预后还存在一些不确定的问题进行了探讨，进一步验证了结论的可靠性。

3. 作出自杀预防管控建议。在充分研判信息、验证结论后，咨询师提出针对性自杀预防管控建议。

（1）告知监区管教警察评估结论，并分析解释赵某为何出现不说话现象。

（2）建议监区管教警察引起足够重视，强调其在病情恶化情况下，极有自杀可能性，而这很大一部分原因是精神疾病导致的。

（3）建议监区及时送赵某到医院精神科门诊，按照病情状况服药治疗。

（4）建议加强分监区管控，并建议当天晚上就进行挂屏监控，平时加强包夹控制。

五、科学预防赵某自杀行为的发生

监区根据评估矫治中心自杀预防建议，开展针对性管控和干预措施。一是安排赵某到精神科门诊，分析其精神状态。二是安排信息员密切关注赵某的改造情况，监区及时掌握赵某表现情况。三是加强对赵某的清监搜身工作，密切关注赵某的个人物品中是否有危险物品。在对赵某实施自杀预防措施后十余天时间里，监狱及时发现了赵某写遗书、准备自杀工具等异常行为，根据查获的证据，监狱及时启动应急处置，成功制止赵某企图自杀的行为，确保了监管安全稳定。

★ **思考题：**

1. 如何理解罪犯自杀保护因素？
2. 对罪犯自杀三级保护模式的价值何在？
3. 结合罪犯自杀案例谈谈如何有效开展三级保护模式？

专题六　罪犯自杀危机干预

危机干预是指对处在心理危机状态下的个体采取明确有效的措施，使之最终战胜危机，重新适应生活。危机干预的主要目的是防止自杀。罪犯由于逐渐脱离正常社会，其原有的社会支持系统弱化或失效，压力的释放途径少而且受限，因此强化了罪犯的敌对性、攻击性情绪。监狱管理对罪犯对外的攻击行为起到了遏制作用，这就致使部分罪犯的攻击性转向了自身。如果这些不良情绪得不到恰当、及时的干预和疏导，很可能造成罪犯自杀或自伤自残的行为。有资料表明，监狱罪犯中的自杀风险是其他普通人口的 3 倍~4 倍，且有增加的趋势。[1] 罪犯自杀干预包括三部分：一是对罪犯细微的和早期的征兆进行专门性的咨询或干预；二是自杀事件正在发生时的应急救援；三是事件发生后，向自杀未遂罪犯者提供一系列的有关咨询和服务。

学习任务一　自杀危机干预流程

罪犯自杀的原因非常复杂，我国监狱历来重视罪犯自杀问题，有完善的危险性评估、心理健康普查和个别教育制度，多数情况下可以通过预防和评估及早发现。一经发现便会自动启动罪犯自杀危机干预流程。监狱普遍都有罪犯自杀危机干预相关预案，内容大体相近。预案涉及现场第一时间的紧急措施、监狱突发事件应急队的现场处理、有关领导或咨询师或谈判专家的现场干预、医务人员的现场派遣等内容。

一般来说，自杀危机干预分为明确问题、确保当事人的安全、提供支持、诊察可资利用的应对方案、制定计划、获得承诺六个步骤。整个过程是连续和灵活的过程，危险性评估和危机干预技术会贯穿其中。前三个步骤主要是

----

[1]　周宇蕾：《罪犯自杀行为的特征与预防》，载《才智》2015 年第 14 期。

通过倾听等常规技术迅速建立咨访关系，提供社会支持系统，也可以通过一般化等常规技术迅速化解罪犯自杀认知和心境，没有了"糟糕至极"的"最痛苦、最悲惨"的极端认知，往往可以起到事半功倍、迅速动摇罪犯自杀决心的效果。

一、明确问题

危机干预的第一步是要明确罪犯自杀原因，明确并理解他们所面临的问题是什么。监狱警察特别是警察心理咨询师必须以与危机罪犯同样的方式来感知或理解危机情境，否则所采用的任何干预策略或干预程序可能都会不得要领，对危机罪犯可能都没有任何意义。因此，在危机干预的起步阶段，应采用倾听、共情、真诚、接纳及积极关注态度与方式。

罪犯是处于一个特殊环境中的一个特殊群体，他们在考虑问题、处理问题等方面与常人不同，往往在处理问题时非常偏激，容易走向极端，特别是那些有过特殊的人生经历、家庭支离破碎以及有其他不同寻常经历的罪犯，更容易走向极端。往往是常人想不到、认为不可能的问题，他们却认为很正常。导致罪犯自杀的原因是多种多样的，大致可以从外界和自身两个方面进行分析。

罪犯自杀的外界原因可以从社会、家庭、环境三方面来分析。从社会方面来看，中国自古以来的观念就会把"吃官司、进大牢"看作是为人所不齿的事情。一个人一旦进监狱后就会受到来自社会、家庭甚至自己的不同程度的歧视，这种状况给他们带来极大的痛苦，使他们对未来生活失去信心，甚至感到绝望，从而通过自杀的方式使自己从痛苦中获得解脱。这也就成为许多新入监的罪犯自杀的原因。从家庭方面来看，一是罪犯面临着来自家庭的压力。许多罪犯入监后受到家庭的歧视和抛弃，父母与之断绝亲子关系，配偶提出解除婚姻关系，子女的冷淡漠然，亲友的疏远，长期无人会见，长期缺乏社会支持系统，使他们背负着沉重的心理包袱。二是家庭的变故对罪犯的情绪造成很大的影响。由于心理卫生知识的缺乏，不会正确运用合理的心理调节机制和缺乏适当的疏导途径，有些罪犯会选择自杀的方式来寻求解脱。从环境方面来看，罪犯长期处在限制自由的高压环境下，如果缺乏社会支持系统的关心或从事习艺劳动无力承担时，就会感到"活着不如死了好"。此外也可能会受到改造氛围的影响，比如因为较为繁重的体力劳动滋生诈病、软抵抗甚至出现"自杀秀"等现象。监狱管理日益数字化后，基本能做到无死角监控，所以个别隐蔽的、非监控的角落就需要特别注意，绳索、刀具等工具也要特别注意管制和排查。

罪犯自杀的自身原因涉及性格、气质、认知和身体疾患等。同样的刑期和压力，不同心理素质的罪犯个体表现差异很大。这也体现在自杀风险等级评估中。性格上的自卑、冲动、偏执、自罪等也构成罪犯自杀的内部原因。罪犯在监狱内的医疗行为目前是免费的，但相对而言医疗流程比较繁琐，需要经监狱警察与监狱机关的同意才可就医。而遇到较为严重的躯体疾病患者，监狱自身的医疗机构往往力量薄弱，而外出就医条件高，若非危及生命的疾患，审批手续则更为复杂。这也会让一部分罪犯思想包袱严重，自觉活不到出狱或者躯体疾患因得不到及时治疗而影响出狱后的生活质量，从而导致悲观、绝望。罪犯在监狱服刑期间还可能出现违规、重新犯罪、担心余罪被发现等情况，导致改造分被扣除或清零，影响假释或减刑，甚至面临加刑等，这将使罪犯心态失衡甚至崩溃，从而选择轻生。另外，罪犯自杀最多的内因还是心理或精神疾患导致，2007 年初北京心理危机研究与干预中心发布的报告显示，中国人自杀 63% 有心理障碍，其中 80% 自杀者患有抑郁症。有研究表明罪犯的心理健康水平显著低于普通人群。[1]

二、确保当事人的安全

监狱警察和警察心理咨询师必须自始至终将确保危机罪犯的安全放在全部干预工作的首要位置。所谓确保危机罪犯的安全，简单地说就是将危机罪犯无论在身体上还是在心理上对自己或他人造成危险的可能性降到最低。虽然在危机干预流程中我们将确保当事人安全放在第二步，但如前所述，对每一个步骤的运用都是灵活的，这也就意味着安全问题在整个危机干预过程中都处于首要的地位。对安全问题进行评估并确保当事人及他人的安全是危机干预工作中最紧要的，不管怎么强调都不过分。因此，任何危机干预者一定要将安全问题作为全部思考和行动的出发点。

---

〔1〕 史金芳：《不同在押期罪犯心理健康与人格特质关系研究》，载《浙江省心理卫生协会第十届学术年会暨浙江省首届心理咨询大会论文集》2013 年第 431 页。

罪犯自杀危机干预如果涉及现场危机应急救援，理应将确保当事人安全转为整个干预流程的第一步。大多数自杀是有预兆的，在监狱里罪犯的危险性评估已广泛开展且相对准确，一线管教监狱警察也能基本掌握罪犯的心理动态，这就给自杀危机现场应急救援创造了良好的条件。罪犯生活在监控和警察现场管理下，有监狱危机干预预案、罪犯三联号包夹等制度保护，现场警察或包夹同犯往往能第一时间作出反应，迅速制止罪犯的自杀行为。1分钟或3分钟处置圈等措施也是第一时间制动的保障。一般情况下，现场制动后如罪犯未受伤往往会由应急队送往高戒备监区加强监管，如罪犯受伤会在加强监管下送医。在救援的同时，监狱警察应当在第一时间要求其他罪犯抱头蹲下或远离事发现场，以预防进一步事件的发生。但也偶有不能在第一时间制动且自杀等危机行为并未解除的情况，比如罪犯手拿凶器与警察僵持、罪犯爬到高处准备坠亡等情况，这时就需要采取各类保护措施。保护时需要尽最大可能稳定罪犯情绪，并就可能发生的自杀事件进行相应的安全防控。

监狱一般在制定自杀危机干预预案的同时，会成立预案领导小组和应急救援谈判小组。如果未成立，监狱一般会派遣有关领导或评估矫治中心的专职心理咨询师开展谈判工作，所以在此之前的制动和保护显得尤为重要。作为谈判人员到达现场之前需要尽快且全面地了解危机罪犯的一般资料、气质性格、自杀原因、社会支持系统、自身需要或诉求等资料。谈判工作是严肃和科学的工作，需要对应的学习和培训。救援的同时也需要确保自身安全。笔者在监狱医院工作时，曾遇到心理病房中有一名患有神经症的罪犯突然爬到天花板上的电风扇上，并用手扯开灯具里的电线接头准备触电自杀，医生从办公室第一时间赶到现场时，多名护理犯已在现场，但担心激化罪犯情绪，同时担心自己触电，都围绕在自杀罪犯身边不敢伸手。医生进入病房后让护理犯退后远离罪犯，并尽可能真诚、共情地询问和倾听危机罪犯的诉说。在准确感知罪犯自杀冲动松懈、手指略微远离电线接头的瞬间，医生突然大喊一声"你下来！"然后罪犯就条件反射地下来了，从而解除危机。现在想来，整个过程基本做到了干预前了解、干预时制动和保护。

三、提供支持

罪犯自杀除了陷入"糟糕至极"的功能不良思维模式之外，往往还认为自己已经失去了所有的社会支持。提供支持就是让危机罪犯相信自身的支持力量，这种力量可能源于他的社会支持系统，也可能源于他生命中积极向上的潜力，甚至最起码危机干预者本人会让他感受到支持的力量。作为干预工作者，我们不能想当然地假定危机当事人会觉得我们很在乎他、很关心他。因此，这个步骤实际上给干预者提供了一个机会，以向当事人保证"这里有一个人真的很关心你"。很多心理学理论和方法都能协助当事人挖掘到自身的资源，特别是后现代主义心理学中的焦点解决短程治疗和叙事疗法的问句和话术，强调"个案是他自己问题的专家""从正向的意义出发""找到例外，解决就在其中""重新建构个案的问题，创造改变"等，是非常好的短暂时间内"战地包扎、稳定情绪、获得支持、看到资源"的方法。在这个步骤中，向当事人提供支持的就是干预工作者，同时挖掘的是当事人自身的积极正向的资源。危机干预工作者必须能以一种无条件的、积极的方式接纳当事人。真正能给当事人以支持并尊重当事人作为人的价值的干预者才能接纳当事人，而其他人未必能对当事人做到这一点。

提供支持也经常是监狱评估矫治中心专职心理咨询师开展危机干预时首次咨询需要开展的工作。一般而言，监狱专职心理咨询师接手后会依据访问前准备（收集信息）、切入技术（如何接触、如何建立关系）、危机评估（评估心理健康水平、自杀危险等级）、干预（了解需求、建立关系、提高安全感、稳定情绪、讨论希望和支持）、讨论自我心理防护五个步骤开展危机干预。

四、诊察可资利用的应对方案

经过前三个步骤后，监狱警察心理咨询师就需要和危机罪犯一起探查出各种可供当事人选择和利用的应对方案。在严重受创而失去能动性时，危机当事人往往不能充分分析他们最好的选择方案，有些当事人实际上认为他们的境况已无可救药。可供选择的应对方案可以从以下三个角度来寻找：

1. 情境的支持。实际上就是当事人过去和现在所认识的人，他们可能会关心当事人到底发生了什么。

2. 应对机制。实际上就是当事人可以用来摆脱当前危机困境的各种行为、行为方式或环境资源。

3. 当事人自己积极的、建设性的思维方式。实际上就是当事人重新思考或审视危机情境及其问题，这或许会改变当事人对问题的看法，并减缓他的压力和焦虑水平。有效的干预工作者可能会想出无数适合当事人的应对方案，但只需与当事人讨论其中少数几种，因为当事人事实上并不需要太多的应对方案，他们只需要对他们的具体情境而言现实可行的方案。

在这个步骤，监狱警察心理咨询师需要注意，如果罪犯自杀的原因是某种应急创伤（如家庭成员因突发灾害离世等），那需要关注自杀罪犯是处在应激创伤后的哪一期。一般应急创伤后可以分为否认期、自怜期（愤怒）、羔羊期（讨价还价）、求助期（抑郁）、创伤期（接受）五个阶段。否认期就是不愿意相信创伤是真的。在这个阶段，大多数人的反应是："不可能吧？怎么会有这种事？"自怜期就是感到自己是一个受牵连的、可怜的人。心理反应往往是："为什么会出现这种情况？为什么倒霉的会是我？他们的错为什么会把我牵扯进来？生活在这样的一个环境中真是倒霉。"在这个阶段当事人会出现愤怒等情绪。羔羊期会追查事件发生的真相，并尝试讨价还价。当事人可能会追问责任："谁应该对这件事情负责？这事到底是谁引起的？谁是罪魁祸首？到底谁来承担这件事？"同时内心也会有讨论还价式诉求，比如"哪怕被撞断了腿也好呀！怎么死的人不是我呢！我愿意用自己死来换取亲人的活"等。求助期才是寻求帮助，才是危机干预者给予干预的最好时期。每个时期的持续时间因人而异，有些人很久都走不出否认期，有些人可能在很短的时间内进入求助期，还有些人各期之间会出现反复。监狱危机干预专职心理咨询师在进行危机干预之前需要先评估自杀罪犯处在哪一期，我们建议在求助期给予帮助。而在求助期之前可能更多的是需要自杀罪犯所在监区警察或同犯给予陪伴、保护和生活上帮助，以帮助欲自杀罪犯尽快过渡到求助期。处在求助期后，罪犯才会想办法开始处理或应对。但如果在求助期没有从危机干预者那里获得足够的支持和应对方案，不知道该怎么面对，或是不相信危机干预者的应对方案，则进入下一个阶段——创伤期。如果罪犯进入创伤期可能会表现为每天痛苦悲观，害怕恐惧，影响正常的服刑改造，甚至会演化成创伤后应激障碍。

五、制定计划

危机干预的第五个步骤即制定计划，是第四个步骤的自然延伸。这个计划应该包括：①确定出除咨访双方之外的其他的个体及组织，应该随时可以请求他们过来提供支持帮助；②提供应对机制——这里的应对机制应该是当事人能够立即着手进行的某些具体的、积极的事情，是当事人能够掌握并理解的具体而确定的行动步骤。这个计划应着眼于当事人危机情境的全局，以求获得系统的问题解决，并对当事人的应对能力而言是切实可行的。虽然在危机进程的某些特殊时刻，干预者可以是高度指导性的，但计划的制定必须与当事人共同讨论、合作完成，这样才能让当事人感觉这是他自己的计划，因而更愿意去执行这个计划。在制定计划时，一定要向当事人解释清楚在计划执行过程中可能会发生什么，并获得当事人的同意，这是非常重要的。在计划的酝酿与制定中，最重要的是不要让当事人觉得他们的权利、独立性以及自尊被剥夺。计划制定中两个核心问题是当事人的控制力和自主性，因为之所以让当事人去执行这个计划，就是为了帮助他重新获得对生活的控制感并重获信心，相信他没有因危机而变得依赖于支持者如危机干预工作者。

美国心理学家麦克·兰伯特（Michael Lambert）的研究表明，影响心理咨询成效有四大类因素：一是非咨询因素，如咨询地点、环境、服装、咨询师的人格特质、个人咨询风格等，也包括来访者自身的资源。二是咨询关系，如咨询师采用同感共情、一致化、阻抗/移情处理等技术，培养和维系良好的咨访关系。三是咨询期盼，如暗示效应、期盼作用、求助欲望。四是咨询技巧，如咨询师采用的参与性技术、影响性技术，精神分析、认知心理学、催眠、叙事、沙游等流派技巧。兰伯特的研究表明，在这四大类因素中，非咨询因素占40%，咨询关系占30%，咨询期盼占15%~20%，而咨询技巧仅占10%~15%。因此，我们在制订计划的时候，要充分考虑咨询技巧之外的因素。美国心理学家考米尔（W. Cormier）也明确提出，最有效的心理咨询师是那些可以把人格因素和科学的理论、方法完美结合的人，换句话说，就是可以在人际关系上和咨询技术上寻求平衡的人。

六、获得承诺

第六个步骤即获得当事人对计划的承诺，是第五个步骤的自然延伸，而且步骤五中的两个核心问题——控制力和自主性，同样也是步骤六的核心问题。如果第五个步骤完成得比较好，第六个步骤也就较为顺利。通常情况下，步骤六比较简单，只是要求当事人复述一下计划即可，其目的是让当事人承诺，一定会采取一个或若干个具体、积极、有意设计的行动步骤，从而使他恢复到危机前的平衡状态。危机工作者要注意，在结束一个干预疗程之前，一定要从当事人那里获得诚实的、直接的、恰当的承诺保证。在随后的干预疗程中，危机工作者要跟踪当事人的进展，并对当事人作出必要而恰当的反馈报告。对步骤六而言，前述倾听技术同样极为重要，其重要性不亚于步骤一。

通常心理危机干预进入计划实施阶段后，类似于日常的系统心理咨询，需要让当事人明白心理咨询的"助人自助、授人以渔"的原则。就像每个人的人生道路上都会遇到坎坷和泥泞，当自杀危机罪犯走到人生路上，遇到这段泥泞之路时会退缩而不敢前行，而危机干预咨询师就会过来陪他走过这段泥泞，咨询师会在当事人走过这段泥泞之路且敢于独立前行时离开。在这个过程中咨询师不是"抱着"或者"扛着"当事人在走，而是始终陪伴其前行，甚至在紧急危机干预后的大多数时间是"走在"当事人身后的。

有关承诺可以是咨访双方的约定，也可以是心理咨询知情同意书上的签署，或者在各类心理咨询流派的家庭作业中体现。在此主要介绍一下接纳承诺疗法（ACT）。它是一种以人类语言和认知的关系框架理论为基础的体验性行为心理治疗方法，采用接纳和正念技术以及承诺和行为改变过程，来创造心理的灵活性。近年来，中科院心理所祝卓宏教授等人在我国监狱开展了"破茧成蝶·监狱系统心理灵活性训练"项目，这对罪犯自杀危机干预中的承诺阶段有积极意义。

学习任务二　自杀危机干预技术

我们可以把心理咨询能力培养分为"内功（力士）""辅助（相士）""招式（术士）""心法（道士）"四个部分或角色。"内功（力士）"就是要掌握好心理咨询的基本操作技术，如同感力、洞察力、沟通等，并可在咨询实践中运用自如。笔者喜欢把这部分称之为基本功或者咨询师"武功"中的内功。"辅助（相士）"就是要掌握好心理咨询的测量和评估技术，如心理测量技术、投射分析技术等，并在咨询实践中灵活运用。现在监狱有较完善的心理健康水平普查和危险性评估系统，但相对依赖于量表或评估软件。笔者觉得"辅助（相士）"还应该包括心理咨询过程中的评估、诊断和鉴别诊断的能力，明确危机罪犯的问题原因、需要和诉求等，甚至咨询师"武功"之"装备"的打造和使用技能也在这个范畴内。"招式（术士）"就是要掌握心理咨询的不同操作技巧，如时下比较流行的精神分析技术、催眠治疗技术、家排技术、焦点解决短程治疗技术、叙事治疗技术、意象对话技术等流派技术，并可在咨询实践中予以积极运用。过去心理咨询师习惯于学习并研究一个心理咨询流派，就像进入武林一般只习得本门武功，但近年来整合趋势较迅速，很少有咨询师单一地使用某一种流派技术。笔者把这些技术称为咨询师"武功"中的招式，是需要不断地学习、练习、实战和总结的，更有甚者也可在长久研究实践后自创一些招式。"心法（道士）"就是要掌握各大心理流派的真谛，就好像精神分析、行为主义、人本主义心理学、认知心理学等各大流派都有本派的上层"武功秘籍"和心法，咨询师需要在实践中融会贯通。这部分除了咨询师个人不断学习、思考之外，专业督导也很重要。这里的督导更像是武林中的前辈传授晚辈心法和秘籍，条件较高。

　　一般而言，四个角色是循序渐进的，一名心理咨询师需要大量的基本功，即内功部分的学习和训练，就像加入武林门派后往往需要像普通弟子一样经过很多年基本功法的练习。在普通弟子阶段还需要从事大量比如砍柴、挑水等杂事，并进一步熟悉江湖。这个部分也像是辅助部分的学习阶段，是除了内功之外花费最多时间的部分。招式阶段更像是被提升为核心弟子，开始跟随名师学习固定的技能和招式。名师也会个别化培养，咨询师也开始针对来访者的不同需要加以灵活运用招式。再之后就进入"亲传弟子"阶段，即心法阶段。就像天下最高等的武功秘籍都有其内在相似性，所以咨询师往往在某一个流派领悟上层心法之后，也能在其他流派融会贯通。一般来说，心理咨询师或危机干预者花费在四个不同部分能力上的时间依次是内功、辅助、招式和心法。因此，监狱危机干预咨询师要特别注意学习和练习着力点，而不是像国内大多数临床咨询师一样花大力气在招式层面，而忽略了内功的学习。有时候在基本功不扎实的情况下强行硬套一些流派的招式往往只是花架子，这在自杀危机干预领域甚至可能是灾害性的。危机干预咨询师在危机干预过程中更要注意"重态度而轻技术，重关系而轻成效"，杜绝"唯技术论"

的趋势。所谓"天下武功，唯快不破""一力降十会"，大体也是说不需要复杂招式，把这些"基本功"练到极致就可以克敌。

此外，也有心理咨询专家总结了咨询师的"望、闻、问、切、应、析、弥、定"八大核心能力，分别对应了心理咨询师的观察、倾听、发问、切入、感应、解析、弥接和定案能力。除此之外，咨询师还需要有关系维护、处理问题、发现变化、处理变化、积极关注、巩固效果、剥离关系、抚慰包扎、科学评估、结束个案等能力。

一、基本要素和一般技能（内功）

社会临床心理咨询师、监狱警察心理咨询师和监狱警察的社会角色不同，其开展的工作的定义也不同。心理咨询是指心理咨询师运用心理科学的理论和方法，通过帮助解决来访者的心理问题，来维护和增进其身心健康，促进个性发展和潜能开发的过程。心理矫治是指监狱警察心理咨询师促使罪犯的心理和行为发生积极变化的心理咨询、心理治疗、行为矫正等活动的总称。心理危机干预是指危机干预工作者针对处于心理危机状态的个人及时给予适当的心理援助，使之尽快摆脱困难。个别教育是指监狱警察为解决某一名罪犯的具体、特殊的问题而单独进行的教育，是相对集体教育而言的。心理咨询、心理矫治、危机干预、罪犯个别教育相互之间的起源、理论基础、基本原则、工作方法、工作内容均不相同，甚至工作者与工作对象之间的关系也不尽相同，但他们的工作对象却可以是相同的。针对自杀罪犯开展危机干预工作，可以是社会临床心理咨询师、专职警察心理咨询师、所在监区包教警察，而且他们都可能起到危机干预的效果，最终目的都是将罪犯改造成身心健康的守法公民。考虑到各种工作理论方法的异同，笔者仅从心理咨询师的角度阐述罪犯危机干预工作的一般技能和基本要素。这里的危机干预工作者是社会临床心理咨询师或监狱警察心理咨询师，而非监狱管理警察或领导；这里的工作关系是平等的，而非改造与被改造、制裁与被制裁的关系。

（一）基本要素

心理咨询是一种特殊的助人职业，是人与人之间的心灵交往，是一颗心与另一颗心的交流，一种思想与另一种思想的沟通，一种经验与另一种经验的相遇，一种人格与另一种人格的碰撞。心理咨询的过程其实是咨询师知识、技能、素质与求助者心理问题和人格全面作用的过程。因此，知识、技能、素质就构成了一名心理咨询师需要具备的基本要素。知识是最表层的，技能是中间层次，素质是最内层的。心理咨询不只是信息提供、社交谈话、普通会见、说教、逻辑分析、安慰、同情、忠告、建议和解决问题，而是一个系统、严谨的过程。事实上确实有一些人并不适合做心理咨询，比如喜好批评指责、主观武断、粗枝大叶、好为人师的人。知识、技能往往是可以通过学习获得的，但素质相对难以改变。"为什么""应该"这类的词语我们在日常生活中经常会使用，在心理咨询或危机干预中却是不鼓励使用甚至是禁止的，因为这可能涉及指责和指导。很多心理学爱好者明明知道这一点，让其禁止使用这类词语却是十分艰难。改变用词习惯都这么艰难，那人格层面的素质改变更是渺茫。心理咨询师经常关注的是陪伴和成长，需要有细心、虚心、诚心、耐心、关心、热心、爱心，需要咨询师始终保持价值中立和身份关系平等。有时候心理咨询过程也会是咨询师自身成长的过程。

1. 知识，包括核心、次级和外围三层，是一个作用有别、相互联系的知识结构。核心层知识是必须具有的，比如心理卫生（含精神医学）知识，心理咨询流派理论与方法相关的知识，心理咨询会谈知识等。次级层知识是应该具有的，比如心理测验、普通心理学、社会心理学、教育心理学、发展心理学、人格心理学，以及社会学、伦理学、教育学等知识。外围层知识是最好具有的，比如相关的人文社科知识、相关的医学知识等。

2. 技能，包括发现并判断心理问题的技能，交谈技能，运用相关知识解决心理问题的技能等。知识和技能会在下面技能招式部分再详细阐述。

3. 素质，也可以理解成人格或气质，非常容易被忽视，但却是成为心理咨询师的关键。心理咨询师需要具备的素质包括热心、耐心、真心、爱心、细心、亲和力、观察力、领悟力、影响力、健康的人性观、乐观的人生态度、积极的人文关怀、良好的心理素质等。心理咨询师需要对人有一个基本的信念，即相信人有很大的潜能；相信人是愿意上进的，愿意变好的，愿意被人喜欢、接纳的；相信人是可改变的，可教育的；相信人是可以自我控制、自我调整的。

4. 咨询态度，建立与维护良好的咨询关系是心理咨询师与求助者双方共同的责任与任务。心理咨询师应具备的基本要素中的咨询理念、个性特征和心理咨询师的咨询态度等，对咨询关系的建立与维护有至关重要的影响。咨询态度不仅仅是单纯的方法，而是心理咨询师职业理念和人性的表达。

（1）尊重是指心理咨询师在价值、尊严、人格等方面与求助者平等相待，把求助者当作有思想感情、内心体验、生活追求、独立性和自主性的活生生的人去看待。尊重既是建立良好咨询关系的基础，也是建立良好咨询关系的内容。尊重求助者的价值观、人格和权益，创造一个安全、温暖的氛围，使来访者最大程度地表达自己，并感到自己被尊重、被接纳，获得一种自我价值感，以此唤起来访者自尊心和自信心。尊重意味着完整接纳、一视同仁、以礼待人、信任对方、保护隐私，尊重应以真诚为基础。危机工作者若能以完全接纳危机当事人的态度与之发生互动，就必然表现出对当事人的无条件积极关注，而无关乎危机当事人自身的品质、信念、问题等。即使当危机当事人所做的事、所说的话以及对情境的理解与危机工作者自己的信念及价值观是完全相对立的，危机工作者也应该尊重、关心并完全接纳危机当事人。危机工作者应该做到将自己的需要、价值观、愿望等放在一边，并且不以当事人的任何特殊反应作为完全接纳他的附加条件。

（2）热情是指热情助人的浓厚感情色彩。热情是咨询师真情实感、爱心、助人愿望的真诚流露。热心、耐心、周到、细致，使求助者感到自己被关心、被友好对待。只有尊重，会让对方产生公事公办的感觉；只有热情，又会使对方感到不知所措。二者相结合，才能做到情理交融，感人至深。热情必须贯穿于整个咨询过程。

（3）真诚，是指咨询师对求助者的态度真诚。一是真诚可以为咨询营造安全、自由的氛围，坦诚相待，会让对方感到可信任，可交心。二是咨询师的真诚为求助者提供了一个良好的榜样。真诚是内心的自然流露，不是靠技巧所能获得的。真诚建立在对人的乐观看法、对人有基本信任、对求助者充满关切和爱护的基础上，同时也建立在接纳自己、自信谦和的基础上。真诚是保持自己的自我本色，而不是刻意地模仿自己看到或听说过的某一咨询师。保持真诚就意味着要言行一致，意味着危机工作者不仅要对自己的自我、感受、经验等有明确的自我意识，而且在需要的时候应该拿出来与危机当事人共享。真诚有不受角色的束缚、自发性、不防御、言行一致、与别人分享自我五个基本要素。

（4）共情，也称同理心、通情达理、设身处地等，是指咨询师置身于求助者的处境，体验他的内心世界。共情不是要求咨询师必须有相似的经历感受，而是理解来访者的处境。表达共情要因人而异，相较于情绪稳定、表达清楚、需要理解愿望一般的来访者，应给予情绪反应强烈、表达混乱、需要理解愿望强烈的来访者更多的共情。表达共情应把握时机，同时应适度，要善于把握角色。体验求助者的内心如同体验自己的内心，但永远不要将二者的内心混淆。表达共情要善于使用躯体语言，并考虑求助者的特点与文化特征。共情要专注，以语言和非语言的方式向当事人传递对其的理解和自己的感受。

（5）积极关注是指咨询师对求助者言语和行为的积极、光明、正性的方面予以关注，从而使求助者拥有积极的价值观，拥有改变自己的内在动力。积极关注就是咨询师辩证、客观地看待求助者，并帮助求助者辩证、客观地看待自己。要避免盲目乐观、反对过分消极，要立足实事求是，促进求助者自我发现与潜能开发，达到心理健康的全面发展。

（二）一般技能

1. 参与性技术

（1）倾听。倾听是心理咨询和危机干预的第一步，是建立良好咨询关系的基本要求。"聽"是听的繁体字，拆分出来有十分专注的用眼睛观察，用心地听，有十目一心、耳听为王的意思。不难知道，倾听需要保持目光接触，观察求助者的表情、手势、身体姿势等非言语行为，作出一般不超过3个字的语助词和短句回应，使其得以一次倾诉完毕。回应时，咨询师的语言需要在情绪、语速、音量上与求助者同步，多使用赞同之词以示鼓励。听的时候不做判断，否则影响听的注意度。学习用受访者的用词去说，用他的眼睛去看世界。

（2）开放式询问与封闭式询问。开放式询问通常使用"什么""如何""因为什么""能不能""愿不愿意"等词来发问，让求助者就有关问题、思想、情感给予详细的说明。封闭式询问通常使用"是不是""对不对""要不要""有没有"等词，而回答也是"是""否"式的简单答案。

（3）鼓励和重复技术。直接地重复求助者的话或仅以某些词语如"嗯""讲下去""还有吗"等，来强化求助者叙述的内容并鼓励其进一步讲下去。

（4）内容反应。内容反应也称释义或说明，是指咨询师把求助者的主要言谈内容、思想加以综合整理，再反馈给求助者。

（5）情感反应。情感反应与释义很接近，但又有所区别。释义着重于求助者言谈内容的反馈，而情感反应则着重于求助者的情绪反应。

（6）具体化。具体化是指咨询师协助求助者清楚、准确地表述他们的观点、所用的概念、所体验到的情感以及所经历的事件。

（7）参与性概述。参与性概述是指咨询师把求助者的言语和非言语行为包括情感综合整理后，以提纲的方式再对求助者表达出来。

（8）非言语行为的理解与把握。非言语行为能提供许多言语不能直接提供的信息，甚至是求助者想要回避、隐藏、作假的内容。借助于求助者的非言语行为，咨询师可以更全面地了解求助者的心理活动，也可以更好地表达自己对求助者的支持和理解。

2. 影响性技术。

（1）面质。面质又被称为质疑、对质、对抗、正视现实等，是指咨询师指出求助者身上存在的矛盾。

（2）解释。运用某一种理论来描述求助者的思想、情感和行为的原因、实质等。

（3）指导。咨询师直接指示求助者做某件事、说某些话或以某种方式行动。指导是影响力最明显的一种技巧。

（4）内容表达。内容表达是指咨询师传递信息、提出建议、提供忠告、给予保证、进行褒贬和反馈等。

（5）情感表达。咨询师告知自己的情绪、情感活动状况，让求助者明白，即为情感表达。

（6）自我开放。自我开放亦称自我暴露、自我表露，指咨询师提出自己的情感、思想、经验与求助者共同分享。

（7）影响性概述。咨询师将自己所叙述的主题、意见等经组织整理后，以简明扼要的形式表达出来，即为影响性概述。

（8）非言语行为的运用。咨询过程中会出现大量的非言语行为，其或伴随言语内容一起出现，对言语内容作补充、修正，或独立地出现，代表独立的意义，在咨询活动中起着非常重要的作用。

二、危机干预的辅助和装备（辅助）

辅助和装备包含危机干预师的心理测试、危险性评估、心理诊断、鉴别诊断等能力，也包含危机干预相关设备的运用和打造能力。心理测试和危险性评估已在本教材模块二作了专门阐述，这里不再赘述。心理诊断和鉴别诊断涉及精神医学和心理学的知识，必要时需要借助精神科医师的帮助。大多数的自杀危机罪犯都需要做精神疾患的排除，否则容易事倍功半甚至南辕北辙。这里的心理诊断也需要和监管警察沟通，通过对自杀危机罪犯的需求和自杀原因等内容评估，区别伪病、"自杀秀"等特殊自杀模式。有关"自杀秀"的干预往往需要监管警察的协助，经常涉及"调动""减少习艺任务""同犯矛盾纠纷后公平处理""和分监区警察的相处""法律诉讼"等问题。调动相关部门、罪犯家属和监区警察协助处理，往往也是危机干预师必须掌握的辅助技术之一。

监狱罪犯自杀危机干预除了咨询师的能力之外，还涉及很多领域，比如监控设施建设、自杀工具的管制、罪犯监督岗和心理互助员的预警和互助机制等相关制度的落实、改善等。罪犯多采用上吊、服毒、跳楼、割腕等方式自杀，因此刀具、绳索、玻璃、精神科药物等物品的管理，三楼以上习艺场所的封闭监管等就显得尤为重要。危机干预师参与上述监管措施和机制的制定，也是其辅助能力的体现。危机干预师在工作时可能需要借助监控设备、录音笔、辅助道具、宣泄设备、生物反馈设置、电休克仪、测谎仪等，笔者也称之为危机干预师的装备。

三、心理咨询各流派操作技能（招式）

目前，心理学主要学派包括精神分析、行为主义、认知心理学、人本主义、正念疗法以及焦点解决短程治疗技术、叙事治疗技术等后现代主义心理学。每个心理学流派都有其特有的咨询技能或问话方式，我们也可以把其称之为招式。监狱警察心理咨询师常用的心理咨询流派理论和技能如下：

（一）精神分析学派

精神分析理论由弗洛伊德创立，其主要观点包含心理结构、人格结构、心理动力、心理发展、适应问题等部分。精神分析的主要技能包括自由联想、释梦等，一般较为费时，在危机干预中并不常用。但精神分析理论影响深远，大众有一定的认识基础，对有幼年创伤、原生家庭影响的求助者往往有较好的效果。北京大学首钢医院精神科主任医师钟友彬先生还在精神分析理论的基础上创立了认识领悟疗法，是弗洛伊德的意识化疗法。认识领悟疗法是充分利用求助者的认识能力，引导求助者认识自己在个体心理发育某一阶段上所发生的某种停滞，并认识到这类心理发育停滞造成的心理和行为特点，进而引导求助者认识这些停滞的心理和行为特点与现在的年龄阶段不相容，最后通过领悟自身心理与行为的不合理性，达到自觉矫治的目标。笔者在罪犯心理矫治实践应用中也逐步归纳出了自由联想式的家庭作业、认识（解释）、类比、检验、扩通（修通）、领悟、移情和阻抗处理等七种技能，将其称之后七剑下天山理论技术。[1]罪犯心理矫治实践应用中，认识领悟疗法能够确保监管安全，不仅具有灵活性大、疗效好、疗程短、易于被求助罪犯接受等特点，还具有促进求助罪犯的成长，增长其心理年龄、社会年龄的特点，从而达到降低罪犯的重新犯罪率。

（二）行为主义学派

行为主义理论是由美国心理学家华生在巴甫洛夫条件反射学说的基础上创立的心理学理论。他主张心理学应该摒弃意识、意象等太多主观的东西，只研究所观察到的并能客观地加以测量的刺激与反应。行为主义心理学的先驱者是巴甫洛夫和桑代克。桑代克提到了尝试—错误定律。华生提出了刺激-反应模式，$R=F(S)$。行为主义治疗的主要方法有系统脱敏法、模仿学习、代币法、自我管理技术、角色扮演、自信心训练、厌恶疗法、强化法、认知行为疗法、惩罚法等。在罪犯的日常管理中，行为主义运用得最广，比如对罪犯的鼓励、表扬就是正强化法，对罪犯的记分、考核就是代币法，违规行为后的高戒备管理和取消表扬奖励等就是惩罚法。对监狱自杀罪犯目前最常用的矫正手段，除了医院诊治、心理危机干预之外，就是送往高戒备监区进行矫治类或防控类管理。这里需要说明的是自杀未遂后不能只是简单地送往高戒备监区，自杀防控和心理危机干预必须要跟上。监狱心理健康指导中心专职心理咨询师要全程介入，特别是在高戒备管理结束前必须要有危险性评

---

〔1〕 叶扬主编：《中国服刑人员心理矫治教程》，中国法制出版社 2021 年版，第 31~42 页。

估报告。有学者提出自杀罪犯的危机干预，要原地关押，不要异地羁押，即对欲自杀者的羁押安排上，要安排他回到熟悉的监管环境中去改造，有利于发现和培养他的兴趣，鼓励他积极参与监区组织的集体活动、劳动、学习和进行正常的社交，不要让他长期脱离原先的互监小组，而在生面孔前感到生疏和孤独。更不能动辄以严重违规抗改为由，长期将他单独关押而增强其寂寞感和痛苦感。[1]

(三) 认知心理学

认知心理学观点与行为主义心理学观点不同，后者认为外部刺激进入大脑以后的内部加工过程是不重要的，是不可探索的"黑箱"。而认知心理学则认为，恰恰是"黑箱"中的信息加工过程才是最重要的。认知心理学不是一个学派而是一种潮流，所以无门派偏见。认知治疗的基本模式是寻找不良认知、改变不良认知、建立新的认知模式、情绪和行为的好转和社会适应能力增强。心理咨询临床上常用的是贝克和雷米的认知疗法、埃利斯的合理情绪疗法和史蒂文·海斯的接纳承诺疗法。

贝克认知疗法具体的五种技术分别是：通过提问、演示、模仿识别自动性思维；识别概念和抽象性的认知性错误；通过验证求助者原有的观念是否符合实际来进行真实性验证；帮助求助者发现自己并非是别人注意的中心来进行去中心化；鼓励求助者通过对自己情绪进行监控，发现情绪的波动特点从而进行忧郁或焦虑水平的监控。贝克认为歪曲认知具有主观推断、选择性概括、过度概括、夸大和缩小、个性化、贴标签和错贴标签、极端思维等七种特点。

埃利斯的合理情绪疗法认为外界事件为 A，人们的认知为 B，情绪和行为反应为 C，因此其核心理论又称 ABC 理论。埃利斯认为情绪和行为后果不是由某一诱发事件所引起的，而是由经历这一事件的主体对此事件的解释和评价所引起的。ABC 理论把咨询中的劝导干预、自我辩论、与不合理信念作斗争、以合理信念取代不合理信念的过程称之为 D，把效果（不良情绪或行为的消除或减弱）称之为 E。心理咨询师通过面质、苏格拉底式提问、辩论、合理情绪想象技术等方法逐步领悟、修通和再教育。埃利斯认为非理性观念

---

〔1〕 龚道联：《试论罪犯自杀危机干预的实施》，载《犯罪与改造研究》2012 年第 2 期。

具有绝对化的要求、过度概括化、糟糕至极、预先夸大后果的严重性、对他人的过分要求、过分追求完美、自我贬低等特征。

接纳承诺疗法（ACT）是第三浪潮取向中的疗法之一，同时也是第三代认知行为疗法代表之一。其创始人史蒂文·海斯认为，人类的痛苦在于用僵化的语言规则来行事，不能完全地活在当下而沉湎于过去或未来。这种疗法主张拥抱痛苦，在观念和心态上首先要接受"幸福不是人生的常态"这一现实后，再建立和实现自己的价值观。ACT派生于行为主义，应用在临床心理学领域，主要集中在精神和行为障碍治疗方面。ACT旨在提高求助者的心理灵活性，心理灵活性可以被认为是有效性与否的标准。方法是从六个方面着手来达到这一目的。这六个方面分别是"接纳""认知解离""活在当下""以己为景""价值"和"承诺行动"。六方面形成一个整体的六边形来发挥作用，六个角紧密联系与协调共同来加强这一效果。

（四）人本主义心理学

人本主义心理学兴起于20世纪50、60年代的美国。由马斯洛创立，以罗杰斯为代表，被称为除行为主义学派和精神分析之外"心理学的第三势力"。人本主义和其他学派最大的不同是特别强调人的正面本质和价值，强调人的成长和发展，而并非集中研究人的问题行为，称为自我实现。人本主义强调每个人都有不断的、持续向上的潜力，这一点在罪犯心理矫治中很重要，因为总有一些人认为某些特殊罪犯已经无药可救，采取放弃的态度。按马斯洛的理论，个体成长发展的内在力量是动机。而动机是由多种不同性质的需要所组成，各种需要之间，有先后顺序与高低层次之分，从低到高依次是生理需要、安全需要、爱与归属的需要、尊重需要和自我实现需要。罗杰斯的来访者中心疗法的主要咨询技术是设身处地地理解、坦诚交流、无条件的积极关注，使整个咨询都充满"自由""平等""温暖""真诚"的气氛。

（五）正念疗法

正念是一种透过观察自身心身变化，趋向烦恼解脱的禅修方法。正念在20世纪70、80年代被介绍到西方，为医学界和心理学界所注意，在乔·卡巴金等学者渐渐改良和不断整合下诞生了正念减压疗法（MBSR），以及辩证行为疗法（DBT）、接受实现疗法（ACT）、正念认知疗法（MBCT）等当代著名心理疗法。大量实证研究显示，通过正念训练能够有效调节情绪、缓解压力、减轻病痛，提升心理健康水平。

正念训练在 1992 年开始在西方的监狱系统中使用，研究表明，罪犯在经过基于正念的相关干预后，心理健康的多个方面都有显著效果，如压力应对、敌意、自尊、心境改善和自我管理。目前，国内监狱的正念相关研究表明，正念训练能有效改善男性长刑期罪犯的攻击性及睡眠质量。[1] 正念减压训练不仅能够有效帮助罪犯恢复平静的心境、调节情绪、改善睡眠、缓解疼痛等，还能够通过长期的训练达到对人格障碍、冲动性、攻击性、自我控制能力、犯罪思维模式等犯因性因素的矫正。[2]

团辅式八周正念练习矫治项目又称自杀危险罪犯团辅式系统矫治项目，是由浙江省监狱管理局专家工作室 2017 年在正念认知疗法（MBCT）的八周正念练习的基础上，结合团体治疗、团体咨询、认识领悟疗法、意象技术、森田疗法、内观疗法等技术，针对高自杀风险罪犯研发的八周课程体系。项目研究成果显示，团辅式八周正念练习矫治项目能有效改善自杀危险罪犯的心理健康水平。项目具有标准化、规范化、针对性、有效性、可复制、可传承等特性，可以将其纳入对自杀危险罪犯开展的项目化矫正。[3] 项目在浙江省监狱系统推广后涌现了大量针对自杀罪犯进行危机干预的正念矫治个案报告，并形成《团辅式八周正念练习矫治项目个案集》。

（六）后现代主义心理学

后现代主义心理学是后现代主义与心理学相结合的产物，是 90 年代在西方兴起的一种新的思潮，是后现代主义时代精神的产物。目前，应用在罪犯心理矫治工作中的主要为焦点解决短程治疗技术和叙事治疗技术。后现代主义心理学主张事出并非定有因、"问题症状"有时也具有功能、不当的解决方法常是问题所在、个案是他自己问题的专家、从正向的意义出发、找到例外、解决就在其中、重新建构个案的问题从而创造改变、时间及空间的改变有助于问题解决、一小步带来大改变等观点，是流动多元的、以解决问题为导向

---

〔1〕 苑泉、贾坤、刘兴华等：《男性长刑期服刑人员攻击性及睡眠质量的 6 周正念训练》，载《中国心理卫生杂志》2015 年第 3 期。

〔2〕 陈卓生：《监狱服刑人员正念减压训练：成效与展望——以广东番禺监狱的实践为例》，载《中国监狱学刊》2017 年第 2 期。

〔3〕 团辅式八周正念练习矫治项目课题组、蔡俊豪、史金芳：《团辅式八周正念练习对自杀危险罪犯心理健康水平的影响》，载《中国监狱学刊》2020 年第 1 期。

的心理学理论和方法。

焦点解决短程治疗技术一共有 13 种问句方式，其中赋能技术包括一般化（正常化）、咨询前改变、预设性询问、刻度化询问（评量提问）、振奋性鼓舞、赞许、改变最先出现的迹象等七类。解决建构技术包括奇迹询问、关系询问、例外询问、任务/家庭作业、EARS（引发、放大、强化、再寻找）询问、应对询问等六类。焦点解决短程治疗技术强调 What（什么）、Why（为什么）、Work（已做）、Wish（将做）4W 对话练习发问，强调倾听和理解，强调抱持"不预设立场"的态度，强调关注对话中的新词、新意。

叙事治疗技术就是讲不一样的故事，在新故事中呈现积极力量，一个人对自己的评价因此发生改变。积极发现问题中的正向力量，比如恐怖也是对生命的敬畏，无聊是希望生命过得有意义。叙事治疗技术强调咨询师和求助者的关系，从教育家、培养人、远离功利等多元视角来共情；强调发现资源，认为生命的本质是积极正向；强调人都有足够的积极正向经验；强调从积极正向去重新建构；强调借助过去优秀经验，人们的心理是好上变得更好，而不是凭空树立一个榜样。叙事治疗技术通过支线故事、特殊意义事件和问话技术改变自我认同。叙事治疗技术的资源取向话术可以归纳为接纳问题的对话（同意他的恐惧或焦虑，仅有的主线故事问话）、启示问话法、壮大自信的问话、肯定与欣赏的对话、面对未来的对话、行动蓝图的问话、意义蓝图的对话、解构的问题、启动资源的问话、使命的对话等十类。

四、危机干预技能的实践融会能力（心法）

前面讲了心理咨询师的基本要素和一般技能、危机干预的辅助和装备以及心理咨询各流派操作技能，基本已能应对罪犯心理矫治工作。但自杀罪犯的危机干预有别于日常罪犯心理矫治。很多时候危机干预需要先进行非心理咨询类的支持辅助，即便是当事人有心理问题也只能"战地临时包扎"，尽快让当事人稳定情绪、获得支持和看到资源。当解除自杀危机后再和当事人一起商议心理咨询或危机干预系统计划。危机干预基本上都是危机干预者主动开展的，自杀罪犯不仅没有求询意愿甚至还有可能不配合和抗拒，这就需要危机干预者拥有更丰富更高深的助人信念和技能方法。因此，笔者把经过大量心理咨询实践后掌握的各大流派的真谛，称之为心法。

心法泛指授受的重要心得和方法。这就好像精神分析学派、行为主义学派、认知心理学、人本主义心理学等各大流派都有本派的上层武功秘籍和心法，而无论哪个流派其最上层的秘籍和心法都有相通相似性。危机干预师要在危机干预、心理咨询时融会贯通，要将心法运用到心理咨询室以外的其他任何危机干预工作中。有时罪犯可能会突发一些家庭灾难，比如家庭成员突然离世或者老家受到自然灾害，这时罪犯容易产生自杀风险，而危机干预者常常显得很无奈。

这让笔者想起 2008 年汶川地震后，被派遣前往汉旺镇的心理咨询师最初也很无奈，只是在做一些帮助灾民领取水和食物的工作，并尽可能通过这类工作对灾民进行支持并传达咨询师的真诚。汶川地震时有个场景让笔者记忆犹新，那是一个供灾民临时食宿的体育场，危机干预小组到达时，哭声、喊声、嘈杂声一片，危机干预工作开展很受限制。这时有几位心理志愿者进入体育场，并且每隔一百米就放置一个音乐播放器。随着播放器播放蕴含慈悲力量的佛教音乐，体育场很快就安静了下来。这里提到的慈悲像是我们讲的上层心法，它是人类深层的心理需求，是人性的表达。真正的有效的心理援助是在容受苦难的慈悲中与苦难同在，与苦难者同在，与苦难者共同感受苦难、面对苦难。正像灾难中的恐惧可以互相传递，接受灾难的慈悲所带来的安定也可以互相感染，共同获得心理上的安宁。慈悲也能产生智慧和勇气。真正的勇气不仅可以表现人的坚强和果敢，更应该可以直面并接受自己的脆弱、无能甚至绝望。只有这样的勇气才可以真正面对灾难而不被灾难击倒。在接纳人性脆弱和无奈的基础上，我们才能真正在灾难中关爱人，关爱自己，做到自利利他。这就是大智带来的大勇。

因此，实践融会能力必须依靠咨询师的丰富实践、不断学习感悟和专业督导。更像是武林中的前辈传授晚辈心法或秘籍，往往也比较慎重和艰难。浙江省监狱系统曾提出过构建一个浙江特色的心理矫治体系，即循环提升的"66 模型"。大体是把浙江心理矫治工作体系分为工作标准、工作机制、工作团队、工作阵地、工作方法和工作内容六个方面。工作内容又具体分为心理健康教育、心理评估和诊断、心理咨询、心理治疗、心理危机干预和心理矫治理论研究六个方面。其中心理矫治理论研究又进一步循环推动心理矫治工作体系的完善。这个"66 模型"也说明了危机干预师的各类知识、技能体系的培养和进一步研发推动相关技能和心法传递的重要性。

学习任务三 罪犯自杀危机干预案例

"因疫得晴，终得领悟"——顽危犯心理矫治案例报告

一、一般情况

（一）一般资料

罪犯田某，男，1989 年 6 月出生，小学文化，未婚。有五次前科（其中四次盗窃，一次非法侵入住宅)，本次服刑因犯抢劫罪被判处有期徒刑五年六个月，目前余刑 1 年 3 个月，分管等级为特严级。

该犯入监后改造表现十分顽劣，反复出现自伤自残、对抗管教情况，多次因自伤自残、对抗管教被扣 20 分以上，累计扣分近两千分，5 次被高戒备管理。危险性评估显示脱逃危险性高、暴力危险性极高、自杀危险性极高，共有十次禁闭处置和高戒备管理。此外，该犯人经常反映监狱警察处事不公、同犯欺凌、要求调监区、扬言报复等。

（二）个人成长和家庭情况

田某出生在普通农民家庭，自幼父母离异并被判给父亲，从小由奶奶抚养。自幼严重缺乏父母关爱，父母离异后对其放任不管，但奶奶一直溺爱。自述从小奶奶很宠他，每一次去集市，一定要带他买他想要的东西。如果没有买，他会要死要活地吵，直到得到为止。与父亲关系较差，很少与父亲一起吃饭或沟通，在一起时经常吵架。田某十几岁就开始闯荡社会，其母亲离婚后一直未来看过他，平时也没有电话，有时他打过去，其母亲总是以忙为由挂断电话沟通。田某小学毕业后跟随工友来浙江，基本靠盗窃为生，连续六次犯罪，导致其自认为除了在监狱服刑和出狱盗窃外并无其他生存技能。

（三）社会功能

田某人际交往能力很差，与周围的人很难融洽相处，贪小便宜，以自我为中心，且自我调节能力差，对情绪的自控能力较差。因性格、能力和心理年龄退行等原因，导致田某在监内服刑和习艺显得另类、不合群，几乎没有社会支持系统。时常因为情绪不满和违规事件导致不适应监狱环境，对学习、

习艺和人际关系略有影响，部分社会功能轻度受损。

二、来访者主诉与陈述

（一）初诊主诉

反复自杀自残半年余。

（二）个人陈述

自述与同犯时常发生冲突或矛盾，对监狱警察的处理持较大异议。曾反复多次通过不参加习艺、不遵从警察管理、吞食异物等方式来表达诉求。自述监区警察管理不公平，部分事务犯刻意针对他，经常被事务犯欺侮，导致其和同犯关系紧张，矛盾严重。自述自己是"老改造"，懂得监狱里条条框框。因为没有家属探视和社会支持，认为监区警察理应多给予关照。自述在监狱服刑会刻意帮助他犯以换取他犯在零食上的给予，但因为监区警察和事务犯的刻意针对，导致他无法和他犯正常交往和"交换"，导致其监狱服刑举步维艰，生不如死。自述自己除了服刑和盗窃之外也不会别的技能，扬言出狱后肯定还会做"老本行"，不然生存不了，其他的也学不会。田某自述认同"卧薪尝胆""以暴制暴、以恶制恶"等理念，喜好用自杀自残等极端方式来解决问题。

三、心理咨询师观察和了解到的情况

（一）服刑改造表现

经阅档，该犯有5次前科，为自伤自残类监狱级危险犯管控、监狱最危险犯。入监后反复违规和自杀自残，如该犯因吞食汤勺被高戒备4个月，因吞食凉席竹条被禁闭并转高戒备管理三个月等。其中两次服刑是在浙江省某监狱，治疗师为此向该监狱相关部门了解情况，得知其在该监狱服刑时受到三次高戒备管理，恶习较深。治疗师又向当前监狱的分管警察了解情况，得知该犯前几次的改造经历让其错误地认为自己可以跟监狱谈条件，自认为对监狱的管理非常了解，但对于所犯罪行没有进行过反思，认为在改造过程中劳动岗位可以选择甚至逃避劳动，行为养成以及身份意识极差，同时性格较为偏激，总认为监区警察及事务犯都在针对他，并且对人对事都斤斤计较，时常与他犯发生争执。该犯在日常改造中，会选择一些极端怪异的言行，渴望得到别人的关注，时常耍无赖和出尔反尔。该犯改造整体表现较差，日常改造中以自我为中心，以各种理由、提各种要求来逃避改造，而且不达目的不罢休。

（二）心理行为表现

与心理咨询师面谈时，田某衣着整齐、问答切题、思维清晰显偏执。体格检查正常。说话流畅，存在敏感性关系妄想，总认为监狱警察或他犯针对他。存在大量不合理信念和不良认知。禁闭或严管期间情绪较愤怒，有报复心理。有悲观消极自杀意念和行为。时常有牢骚，反映监区管理警察处事不公。情感未现低落或高潮，未出现严重幻觉、妄想等精神病性症状，有自知力。田某因缺少家庭关爱与家庭教育，呈现自傲和自卑双重心理，以自我为中心，性格偏执，不懂得反省和感恩。表现为无赖和经常出尔反尔，平时好逸恶劳，性格怪异。

四、评估与诊断

（一）心理评估

依据田某的心理测评结果、心理行为表现、社会功能受损程度等综合分析显示，田某无幻觉、妄想等严重精神病性症状，有自知力，社会功能轻度受损，心理冲突未见变形，心理问题内容显泛化。排除严重精神疾患和其他躯体疾病。

（二）初步诊断

心理诊断为严重心理问题。对照 ICD-10，医学诊断为偏执型人格障碍，主要表现为对挫折和拒绝过分敏感；对侮辱（无礼）和伤害不依不饶或持久怨恨；多疑且带有弥散性，甚至把中性和友好的态度歪曲为敌意或蔑视；好争斗，为个人权利进行不屈的斗争，明显过分且与环境不和谐；先入为主地认为周围有人搞阴谋。

五、咨询目标确定

根据案例资料和诊断，同田某共同商议确定如下矫治目标：

具体目标：让田某了解自身问题的性质、成因，改变其以自杀等极端消极方式应对挫折的错误观念；消除田某情绪愤怒、报复心理、悲观厌世等消极想法；改善田某的睡眠，建立积极改造心态和合理信念，提升情绪自控力。

长期目标：掌握正念疗法练习和理念，能适应监狱环境，主动与其他罪犯正常交往，积极参加思想、文化、技术学习和文体活动，增强自信，逐步提升心理素养和承受力。

最终目标：领悟自身问题根源，彻底消除消极、退缩等负性应对方式，与人正常交往，完善人格，为今后的生活、就业、正向应对挫折和良好适应社会打下坚实的心理基础。

六、咨询过程及要点

（一）矫治难点分析

1. 生活事件因素。该犯连续出现了父母离异、母亲抛弃、犯罪、服刑、人际交往问题等一系列重大负性生活事件，这对人的心理承受力和自控能力确是一个挑战。

2. 个人成长因素。该犯有反复通过自杀自残来回避和解决问题的服刑经历，特别是在其幼年时也有为达目的、反复向奶奶要死要活地吵闹直至得到需要的物品的"成功体验"。这些体验可能烙印在其潜意识里。

3. 个性人格因素。田某性格偏执多疑、自卑自傲、叛逆自我。在教育矫治过程中，可以感受到该犯在表面上被动迎合，但内心有自己的准绳和原则，有偏执和顽固的特点。

4. 社会心理因素。该犯社会年龄和心理年龄明显低于实际年龄。社会适应能力、人际交往能力、心理承受能力、情绪控制和自我调节能力较差。自我缺失、信任缺失、安全感缺失，容易导致自我放纵，自暴自弃。

（二）矫治方案确定

心理治疗师和监区专管警察共同制定了以认识领悟疗法、正念疗法、团辅式八周正念练习矫治项目为主要框架的矫治方案，系统地为其提供心理危机干预、面谈心理咨询工作。在介入团辅式八周正念练习矫治项目时，该犯渐有好转迹象。项目实施完成后由带领项目的正念导引师对其进行了长程的跟踪随访，并使用认识领悟疗法按照一月一次的频率为其开展了长程系统的面谈心理咨询。

（三）监管改造方案确定

经心理治疗师的辅助指导，田某的管教警察也一直关心他的改造表现，并承担了大量的教育改造工作。整个心理矫治攻坚期间，监管改造措施主要有：

1. 树立信心。田某转入五监区后，监区领导非常重视对罪犯田某的攻坚工作。抱着不抛弃、不放弃的观点，监区长挂帅，以分监区领导及包教警察为主成立攻坚小组，监区长多次对田某进行教育谈话，帮助其树立改造信心。在疫情期间，监区长虽然无法进入执勤区，但是依旧关心田某的改造状态，专门打电话来跟田某沟通，询问其近来身体状况及改造表现。

2. 对症下药。田某因自幼缺少家庭关爱，对监区长的关心感触颇深，多次对其他罪犯吐露出对监区领导的感激之情，改造表现有所好转。攻坚小组经过犯情研判分析后决定，针对田某喜欢运动、好表现爱占小便宜的特点，对其进行引导，给田某较多劳动出力的机会，并给予其鼓励及相应奖励。在日常生活中也给予其一定的关心和照顾。渐渐地，田某在心中树立了"五监区的警察都是关心鼓励他的"的观念。

3. 矫正认知。田某以前总把注意力放在与监狱警察的对抗上，从不反省自己的错误，攻坚小组在对田某教育上着重把注意力转向其自身的改造上。从其以前的人生道路及以后的改造道路上替其规划，真正让其感受到监狱警察对其的关心是为他好，从而引导其关注客观因素向主观因素转变，懂得反省、懂得感恩，思想行为上变化积极向好。

4. 突出"严、引、帮、真"。首先，监区前期对该犯严格管理，不与该犯有任何讨价还价余地。田某自杀自残只能为自己改造和以后生活带来不利，因此其再不可能用这些手段来对抗管教。其次，引导田某认识到怎么做才是正道，才是可以让自己变得更好。改造成绩是靠做出来的，不是靠耍手段和对抗取得的。监区警察还将他剩余一年多的刑期分成三段进行规划，为其展现了一幅积极改造之后的蓝图。再次，监区警察也帮助其解决实际困难，如小组成员矛盾较深等，为其创造一个相对较好的改造环境，逐渐消除其在同犯中的负面影响。最后，让田某感受到了监狱警察是真心为他好。特别是疫情期间对其的关心、教育，让该犯很受触动，即使其有异常表现的迹象，也能通过及时谈话解决。

5. 加强管控安全措施，落实联号包夹。监区管教警察加强对该犯的关注和管控，强化落实罪犯包夹管控措施。所在监区加强了夜间就寝前搜身和夜间就寝全时段管控工作。

（四）咨询过程

1. 咨询流程。田某因吞食汤勺被高戒备4个月后，治疗师开始介入心理矫治工作。前期由于治疗师工作时间等原因面谈咨询流程不系统，仅在田某每次出现自杀自残或违规事件的时候，由监区警察申请后治疗师介入开展心理危机干预。田某基本2个月~3个月就会违规或自杀自残一次，治疗师也平均2个月~3个月开展1次~2次心理危机干预工作。但每次危机干预后不久，田某即出现反复，干预矫治效果不明显。治疗师在随后为全监狱高戒备监区的高自杀风险等级罪犯开展团辅式八周正念练习矫治项目时，将田某纳入小组。项目每周开展一次活动，连续开展8周，每次2.5小时，每周其他时间由罪犯自行进行日常练习。项目开展过程中，该犯对正念练习很有兴趣，渐有好转迹象。

2. 团辅式八周正念练习矫治项目内容。对田某进行正念矫治项目时先后使用了正念葡萄干练习、躯体扫描、正念呼吸禅修练习、心理时间旅行练习、正念伸展与呼吸练习、冻结和框架出厌恶感练习、正念步行、与困境共处"如其所是"练习、场景想象念头修习等内容。实施过程和内容详见表6-1。

表6-1 团辅式八周正念练习矫治项目课程安排表

周数主题	必选内容	备选内容	结束内容	日常作业
入组访谈	互相介绍、导入、介绍正念、意愿、期待、契约	查询档案、危评报告单	与管教警察沟通补充资料	填写入组访谈表并前测
第一周：超越自动巡航	（1）互相认识；（2）介绍正念；（3）正念数息；（4）葡萄干练习	躯体扫描、山洞	掉坑、了解应对模式	正念数息、躯体扫描、正念进食、巡航记录
第二周：另一种理解之道	（1）正念分享；（2）躯体扫描；（3）走在街上；（4）念头与感觉	温习正念数息、讲述16字精髓	与内在小孩/或未来的我对话	正念数息、躯体扫描、觉察日常、正念进食、愉悦经验和练习记录

续表

周数主题	必选内容	备选内容	结束内容	日常作业
第三周：回到此刻的家	（1）正念分享； （2）收拾散乱的心； （3）正念伸展运动练习	温习正念数息法，正念伸展与呼吸练习	回家、辅导情感卷入成员	正念数息、正念伸展与呼吸禅修练习、不愉悦经验和练习记录
第四周：辨识厌恶感	（1）正念分享； （2）冻结和框架出厌恶感、两支箭； （3）看待负面	正念步行、中测	两种知的方式练习	静坐修习、正念步行或伸展运动、呼吸空间、练习记录
第五周：容让事物如其所是	（1）正念分享； （2）容让与"如其所是"； （3）重要性分享	正念伸展与呼吸练习	与困境共处修习练习	静坐修习、与困境共处、呼吸空间、正念步行或伸展运动、练习记录
第六周：视念头为念头	（1）正念分享； （2）念头不是事实； （3）场景想象和讨论	正念步行	重温正念数息，并进一步说明视念头为念头	静坐修习、与困境共处、呼吸空间、练习记录
第七周：行动中的仁慈	（1）正念分享； （2）滋养和消耗； （3）胜任和愉悦感； （4）仁慈	重温正念数息	临终练习，辅导情感卷入成员	正念练习、正念数息、呼吸空间、练习记录
第八周：接下来要做什么	（1）正念分享； （2）差异填写分享；益处问卷反思和展望； （3）坚持理由	重温正念数息、后测	赠别、告别仪式	维持日常正念练习、非正式正念练习

七、咨询效果评估

（一）量表评估

田某在入监后、团辅式八周正念矫治项目前测、4周后中测、8周结束时后测、认识领悟疗法系统咨询结束时分别进行了 SCL-90 测试，结果显示症状逐步改善（详见表6-2）。同时治疗师使用了由浙江警官职业学院编制的"罪犯暴力量表（V-HCR16）"进行了危险性跟踪评估，结果显示田某自杀风险、暴力风险由"极高"、"高"，逐步改变并持保在"低"、"低"的水平，说明田某自杀和暴力风险持续下降，并分别保持在低水平。

表 6-2　田某心理矫治前后共五次 SCL-90 结果因子分

	躯体化	强迫	人际关系	抑郁	焦虑	敌对	恐怖	偏执	精神病性	其他
入监心理普查	1.5	3.7	3.22	3.15	2.4	3.17	2.43	3.33	2.7	3.14
正念团辅前测	2.67	3.7	4.33	4.08	4.0	4.17	4.14	4.5	4.6	4
正念团辅4周后	2.83	3.8	3.89	3.69	3.5	4.17	3.29	3.83	4.1	3.29
正念团辅后测	1.50	3.7	3.22	3.15	2.4	3.17	2.43	3.33	2.7	3.14
认识领悟咨询后	1.50	2.9	1.89	2.77	2.2	2.50	1.71	2.33	1.7	2.86

（二）罪犯田某自评

在正念练习第八周（结束周）的分享环节中田某写道："一路走来，我成长了很多，包括身边学员的点滴故事都使我受益匪浅。我的头脑清晰了很多，眼界开阔了很多，精神上也升华了很多，这将是一个全新的蜕变。回顾八周课程并结合自身，我看到了阳光、正能量的东西，我的世界透入了很多光亮和温暖。"随后治疗师连续三次随访，田某均自述能够坦然接受现状，顺其自然，学会了正念练习，改善了睡眠，懂得了如其所是，提升了自控和心理承受能力，对未来的改造充满信心。

（三）监狱警察评价

田某从严管监区调入五监区三分监区后，改造表现良好，已连续半年多无任何违规违纪，是一件特别不容易的向好表现。不仅平时表现稳定，还能积极承担监区的各项劳务活动，甚至在他犯情绪有波动时，还能配合监区警察对他犯进行教育引导，开始对监区有了正向的帮助，与他犯关系也有极大的改善。

（四）同犯评价

正念矫治项目小组罪犯评价田某在八周正念练习过程中前后判若两人，能积极阳光、自信地参与小组交流，并乐于帮助其他小组成员。田某所在监区同犯评价田某乐观、乐于助人，善于和人相处，很难想象田某原先反复违规、反复自伤自残。

（五）治疗师评估

经治疗师和专管警察近四年的心理矫治和教育改造，该犯目前已无悲观厌世观念，情绪已经趋于稳定。田某已了解自身问题根源，并得到了一定的领悟和成长，基本能适应监狱环境，面对挫折和压力时能够正向应对，严重心理问题基本治愈。

八、启示

监狱环境有其特殊性，罪犯是严重心理问题和自伤自残自杀的多发人群。由于认识领悟疗法、正念疗法在这个领域的特殊效用，近年来被陆续引入罪犯心理矫治工作。本案中的田某在监狱罪犯中具有一定典型性，他代表了多次犯罪不能吸取教训且在监狱服刑期间多次严重违规、反复违规、冲动、控制能力差、人际关系冲突、性格偏执的一类人。这类人严重影响监狱监管改造秩序，是监管矫治的重点对象。本案用正念疗法和项目化矫治练习进行集体矫治，用认识领悟疗法进行项目后单一跟进随诊，并辅以监管改造措施，证明对监内高自杀风险的严重心理问题罪犯具有一定的实效，但未来仍需更多的实证研究来证实。

★思考题：

1. 自杀危机干预流程怎样？

2. 如何理解自杀危机干预各技术间的关系？

3. 如果试运用自杀危机干预流程与技术开展对自杀意念罪犯的干预工作？

模块四

案例与演练

专题七　罪犯自杀防范案例与演练

学习任务一　罪犯自杀不同干预技术案例与演练

这一部分主要介绍运用不同治疗模式干预罪犯自杀的案例，希望通过这些案例，使得监狱警察能够掌握不同治疗模式下干预罪犯自杀的有效途径。

案例一：一例利用平衡模式干预罪犯自杀案例

平衡模式认为，危机状态下的当事人通常处于一种心理情绪失衡状态，他们原有的应对机制和解决问题的方法不能满足他们当前的需要。因此，危机干预的工作重点应放在稳定当事人情绪，使他们重新获得危机前的平衡状态。平衡模式适合早期干预，主要针对的情形是人们失去了对自己的控制，分不清解决问题的方向且不能做出适当的选择。除非个体再获得一些应对的能力，否则主要精力要集中在稳定病人的心理和情绪方面。在病人重新达到某种稳定之前，尽量少采取其他措施。

一、危机事件

某年 2 月 26 日晚，罪犯姚某情绪极其低落，拒绝进食，晚饭颗粒未进。这一情况发生的直接刺激因素是他唯一的儿子在 2 月初因驾车不慎坠海而亡。此事被该犯得知后，对他产生了极大的刺激。

二、个案干预情况

（一）个案基本信息

罪犯姚某，男，1972 年 2 月生，小学文化，因贩卖运输毒品罪被判处死刑缓期二年执行，某年某月入监服刑。

（二）外在表现

对姚某人口学资料、个人成长史、健康状况、教育情况、家庭情况、人际交往、日常改造表现以及犯罪事实进行调查和了解的基础上，心理咨询师对姚某进行了访谈。通过多次访谈，心理咨询师感受到姚某性格内外向不明显，遇刺激事件易激动，情绪不稳定且低落，会说谎，有掩饰的嫌疑，侥幸心理重，自我约束力极差，社会成熟度低。

（三）心理测试结果

在征得姚某同意的前提下，某年 3 月心理矫治工作人员引导姚某进行了 SCL-90、COPA（PI）（中国罪犯心理测试个性的测验）、"房树人"三种心理量表的测试，结果如下：

第一，SCL-90 中抑郁分高，有寻求死亡的想法以及自杀的观念。

第二，COPA（PI）中 P9 焦虑因子得分较高，有过于焦虑而带来的自伤、自残、自杀等不良行为。

第三，"房树人"测试表明，姚某把房子画得小但把自己画得大，只画了自己却没画家人，可以看出姚某的家庭观念淡薄，较为自我，平时有家也不回；画得树木缺乏根基，树顶端缺枝少叶，看上去似乎不会长高，画中也没有太阳，可以看出姚某对未来缺乏希望，没有上进心；房子的门窗紧闭，说明姚某封闭自己，内心不愿意与外界有联系。

用 COPA（PI）量表在不同时间测试罪犯姚某，部分因子得分如表 7-1。可以看出，这 3 个因子的分数相差不多，基本保持一致。冲动因子高分说明姚某比较感情用事，冲动鲁莽。

表 7-1　COPA-PI 三个因子不同时间测试结果

分数	3 月 29 日	5 月 6 日	9 月 15 日
P6 冲动	61	58	58
P10 暴力倾向	63	66	74
P12 犯罪思维	61	61	61

综合以上各种量表测验以及"房树人"绘画进行心理分析，结论如下：

1. 焦虑抑郁倾向明显，有一定自杀危险性。

2. 以自我为中心，极度自私，无家庭、亲情、友情观念。

3. 暴力倾向严重，冲动鲁莽、恃强霸道，报复欲强。

4. 无自我约束力、自由散漫，处理事情不喜动脑偏喜动武。

5. 喜欢寻事挑衅，惹是生非，争强好胜，胆大敢为，与人冲突时决不会退让，易走极端。

（四）相关资料

1. 罪犯姚某正值中年，有高血压，目前通过药物控制。

2. 有吸毒史，此次系涉毒型犯罪，究其原因还是父母家庭教育的不足，导致姚某成长为一个道德感、法律观、社会责任感皆低下的人，会为了获得利益，把社会道义、家庭伦理丢在脑后，更别说具备法律意识。这也是姚某先成了一个吸毒者，然后以贩养吸，成了一个贩毒者的根源。

3. 姚某在案发前都在老家进行个体经营，人到中年，对自己所处的社会有了一定的见解，并有数十年的人生阅历。

4. 从社会支持来看，姚某与家庭各成员之间依恋关系尚可。父母年事已高，有一位已婚的姐姐。儿子目前已离世，离异单身。

5. 入监后，罪犯姚某逐渐对家庭产生了愧疚感，能认罪伏法，基本适应改造环境，但由于姚某年纪不小，刑期又长，刑满释放后可能无法给高龄的父母养老送终，对未来感到渺茫，所以姚某内心不安，表现出一定的焦虑情绪，心境不稳，自暴自弃思想严重。一旦与同犯发生激烈的矛盾、冲突或出现家庭变故，不排除姚某会产生自杀的想法，故姚某有潜在的自杀危险。

（五）初步诊断

综合访谈了解到的信息、改造表现情况以及心理测量结果，初步诊断姚某为攻击性人格障碍伴抑郁焦虑状态。帮助姚某减缓及抑制其暴力倾向，让其学会控制自己情绪，是解决姚某心理问题的关键。

（六）干预目标

1. 短期目标：

（1）建立良好的咨访关系。

（2）运用行为治疗的系统脱敏技术，帮助罪犯姚某克服行为的冲动性。

（3）利用社会支持系统等辅助手段，促进罪犯姚某恢复心理健康。

2. 长期目标：帮助姚某克服暴力情绪，并引导其树立自信心，逐步完善人格，建立并巩固新的认知模式，增强社会适应性，为正常回归社会打好基础。

（七）干预过程

在促进姚某心理行为转化过程中，对其扭曲的心理进行矫治是工作的重中之重。

第一步，建立良好的咨访关系。

在开始进行心理矫治时，姚某对立、抵触心理比较严重，不愿表露自己的思想。在矫治过程中，咨询师较好地把握理解、尊重与共情，与姚某建立起一种相互信任、较为融洽的咨访关系，消除罪犯姚某心理防范意识，使其认识到心理咨询过程中不是警察与罪犯的交谈，而是完全意义上的朋友式的交流过程。

接下来，从了解姚某的生活史和犯罪史入手，认真倾听罪犯姚某的内心世界和内在情感，并加以引导，使其真正认识到自己存在的不足和一些不良心理，并让他产生主动要求改正的主观愿望。

第二步，运用系统脱敏技术对姚某进行治疗，帮助姚某克服行为的冲动性。

咨询师需要找出一系列让罪犯姚某感到冲动的事件，让其给出他对这些情境事件感受到的主观干扰程度，即 SUD。咨询师要按各个事件的 SUD 将它们排列成一个等级，这个等级被称为冲动事件层次。治疗开始时，首先让姚某学会放松。咨询师可以用语言引导以帮助姚某放松。例如，咨询师可以说："微微闭上你的双眼，深深地吸一口气，让自己放松下来。好，再来一次……现在，你感到你的身体变得越来越放松，你的手臂变得越来越轻松，你的双肩变得越来越轻松……你感到全身越来越放松。你感到非常舒适，非常愉快，非常轻松。"然后，咨询师指示姚某："当你感觉非常舒适和轻松时，就请抬起右手的食指示意一下。"当姚某开始做这一动作时，咨询师口头指示姚某想象冲动事件层次中 SUD 程度最轻的事件，让姚某口头报告在该情境清晰地出现在头脑中时他所体验的 SUD 程度。然后咨询师指示姚某再次进入放松状态，重复前面的过程，接着让他再想象刚才的事件，报告 SUD 程度。这样反复多次，如果姚某对这一冲动事件报告的 SUD 逐渐下降至某一较低水平且不再下降时，则可以认为他对这一事件的冲动已经消失。咨询师便可换用冲动事件层次中的下一个事件，直至姚某对所有事件的冲动均基本消失。

第三步，运用其他辅助手段促进其恢复心理健康。

1. 对罪犯姚某进行思想心理上的教育矫正，纠正其错误观念，引导姚某走向正途。监区和监狱评估矫治中心双管齐下，标本兼治，防患于未然，按序逐步开展工作。由于治标最简单、最容易，因此从简入难，不让姚某有自杀的机会。分监区严格落实"人盯人"战术，无论在监内还是在车间，都安排罪犯对姚某进行包夹，做到一有情况，立即汇报；同时，分监区也积极落实工具管控，不让姚某有可乘之机。

2. 发挥监狱警察自身主观能动性，利用教育改造的攻心之本作用，在姚某内心深处做工作，打消其自杀观念，让其能够放宽心改造服刑。

3. 监狱评估矫治中心从亲情的角度入手，以孩子对父母的孝为起点，逐渐开展咨询与矫治。

（1）"角色置换"说理教育。人与人之间是有感情的，尤其是亲人之间，情感更深更重。姚某的儿子去世，作为父亲的他非常悲痛是可以理解的，但假如姚某也和其儿子一样，走在了自己父母之前，那么自己的父母也会有这种感受。再加上自己的父母年事已高，还经得住这种打击吗？答案是否定的。那么，自己将是"害死"自己父母的"凶手"，作为一个有感情的人来说，田某将情理何堪？

（2）中国人都尊崇百善孝为先，古人云："身体发肤，受之父母，不敢毁伤。"作为父母的孩子，无论如何都不该自己了断自己的生命，这是不孝的体现。自己目前是年迈的父母唯一的精神支柱，为了让父母能够长命百岁，自己就要好好地活下去，活下去才有希望。

4. 换角度思考，改变其一些错误的认知。姚某再婚妻子给儿子买了巨额保险后不久，其儿子就出车祸去世，而受益人则是再婚的妻子。这也是姚某心理疑病长期存在的原因。监狱警察教育姚某以事实为依据，以法律为准绳，在没有司法部门最终作出结论的情况下就妄自猜疑，对自己心态调整以及今后的改造没有任何积极意义。引导姚某从再婚妻子角度看问题，儿子去世，巨额赔偿金也是对其妻子和自己生活的一种保障。

（八）干预效果

通过以上各种心理矫治手段以及教育和管理方法，罪犯姚某不良认知得到纠正，不良行为得以改善，情绪得到控制，逐渐放下了轻生的念头。

1.本来看不到希望的他，慢慢地看到了父母就是他的希望。另外，在儿子保险赔偿金问题上，也需要等他释放以后再处理。因此，不止一个信念支持着他。

2.姚某在前妻答应分一部分赔偿金给他后，能够劝自己的父亲少安勿躁，不可冲动行事，一切等自己释放以后再作定夺。

3.姚某在会见时对父亲的言语，已经表现出逐渐走出了丧子之痛，不再因丧子而寻死觅活，注意力得到了转移，考虑的是将来释放后可能面对的生活情境。能够为高龄父母考虑，让他们能够安度晚年，不让他们操心儿辈的事。

三、案例反思

这是一个因创伤事件引起心理失衡、情绪不稳定而产生自杀心理的危机干预个案。

对于类似个案常常表现为对己有自伤自残行为，对外攻击他人或破坏公共秩序以达到自损的目的，因此矫治方案的设计和矫治技术的正确运用很关键。

第一，及时帮助其宣泄负性情绪。当事人在危机状态下通常处于心理失衡状态，其原有应对机制与问题解决方法常常不能满足当前需要，这时个体失去了对自己的控制，找不到解决问题的方向，此时危机干预的主要精力应该集中在稳定罪犯心理和情绪上。

第二，要从整件事情的进程来看，要对罪犯做比较适合的矫治措施。首先要做到准确地评估自杀危险罪犯的内心状况，然后才能用直指内心的方法去合理应对及处置。这需要多方面入手，从罪犯日常表露出来的言论以及会见、亲情电话时与家人的对话，再结合心理量表测量的结果，多方面多角度综合评估，才能做到对罪犯心理有较为准确的把握。

第三，寻找适合当事人的正向转移途径。要帮助其将注意力从危机环境中转换出来，激发其正向的内部思维模式，寻找适合的方式有效转移其亲人死亡所带来的心理压力，最终使其心理能量有效集中到对积极事物和目标的追求上。

案例二：一例利用认知模式干预罪犯自杀案例

认知模式认为，危机导致的心理伤害主要原理在于，当事人对危机事件的境遇进行了错误地思考，而不聚焦事件本身或与事件有关的事实。该模式要求危机干预工作者帮助当事人认识到存在自己认知中的非理性和自我否定成分，重新获得思维中的理性和自我肯定成分，从而使当事人能够实现对于危机的控制。认知模式比较适合于那些心理危机状态基本稳定下来、逐渐接近危机前心理平衡状态的当事人。

一、案例基本信息

罪犯方某，男，1960 年代出生，因虚开增值税发票罪被判处有期徒刑 14 年，某年某月入监。

二、危机事件

方某刚入监时，表现较好。某年 10 月突然变得情绪低落，猜疑心重，脾气暴躁，与同监犯人经常闹矛盾，怀疑他犯在背后故意整他、在监狱警察面前说他坏话；晚上睡觉时突然唱起歌，有时还大吵大闹；在同犯面前经常说"自己这么大岁数了，不如死了算了"。

三、个案干预情况

（一）心理行为表现

1. 方某性格内向、孤僻、少语，极少与其他罪犯交往，有较明显的自闭性。

2. 过分敏感、疑心，防御心理严重，不爱表露自己。

3. 说话容易激动，情绪不稳定，自罪、自责，有较强的自卑心理。

4. 行动迟缓，精神萎靡不振。

（二）心理测试

在征得方某同意的前提下，某年 10 月心理咨询师引导方某进行了 PH2 心理测量表的测试，结果如下表 7-2。

表 7-2　罪犯方某心理测试结果

分量表	原始分	T 分
SOM （躯体化）	13	66<70
DEP （抑郁）	12	58<70
ANX （焦虑）	17	72>70*
PSD （病态人格）	7	51<70
HYP （疑心）	18	81>70*
UNR （脱离现实）	19	85>70*
HMA （兴奋状态）	14	70=70*

注："*"表示该分量显著异常

　　测验结果显示，方某可能存在以下心理障碍及行为表现：紧张、焦虑、缺乏自信、严重自罪自责；人际关系处理不好，社会适应困难；过分敏感，敌意倾向明显；脱离现实，心情混乱，不寻常的古怪的感觉体验和思维方式；行为控制能力差，具有冲动性和反复无常性。

　　（三）相关资料

　　方某生活在一个不太好的家庭，其父曾因赌博、贩毒坐过牢，所以方某对其父很反感，觉得给自己脸上抹黑。但经过努力，方某事业可谓一帆风顺，20 世纪 80 年代中期进入物资局工作，若干年后当上某商场经理，可谓春风得意。此时认识一位年轻的营业员，不顾家庭阻挠和名誉，毅然抛弃前妻与这位营业员结婚。20 世纪 90 年代进入某集团经贸公司当经理。后因虚开增值税发票被判刑。

　　（四）初步诊断

　　结合访谈了解、改造表现以及心理测量等综合分析，初步诊断方某为偏执性人格障碍。偏执性人格障碍主要体现在缺少自知之明，对自己的偏执行为持否认态度，经常会猜疑、怀疑，甚至质疑别人，与他人无法合作。如果偏执型人格障碍较严重时，会影响患者的工作与生活。帮助方某克服猜忌、怀疑，让他学会控制自己情绪，是解决该犯心理问题的关键。

（五）成因分析

1. 家庭因素。方某父亲曾因赌博、贩毒坐过牢，方某总觉得给自己脸上抹黑，发誓自己永远不像父亲一样。另外，方某与商场营业员结婚顶住了各方面的压力，并付出了沉重代价。目前因坐牢刑期长，始终担心妻子与他离婚。

2. 个性因素。方某从小性格孤僻，敏感，自卑，在事业上顺利时未明显表现出来。但进入监狱后，随着地位和环境的改变，这种性格就突显出来。

3. 生理因素。方某年龄较大，经常表现出嫉妒、惶惑、焦虑、紧张等精神症状，极易产生自伤、自杀、拒食和冲动等行为。

4. 监狱因素。刑罚惩罚和监狱环境是偏执状况的另一重要影响因素。

（六）干预目标

1. 短期目标：

（1）建立良好的咨访关系，让方某愿意跟咨询师进行交流沟通。

（2）宣泄其内心不良情绪，引导其自我反省，使之主动调整认知模式。

（3）改变对身体的过度关注，顺其自然，消除疑病心理。

（4）完善社会支持系统，建立良好的人际关系，拓展人际交流，改善家庭关系，构筑良好的亲情朋友圈。

长期目标：

改变错误的认知观念，纠正偏激心理，完善人格结构，并引导其树立自信心，增强环境适应性，为正常回归社会打好基础。

（七）干预过程

1. 采用患者中心疗法，改善方某与咨询师之间的沟通交流，建立良好的咨访关系。方某年龄较大，根据分监区实际，临时把他从大门互监调到夜间值班，这既可减少与其他罪犯的摩擦又可减轻其工作负担。与生活卫生科联系，由监狱警察到监狱外面替他购买各种补品和药物，如脑心舒等。与监狱狱政支队联系，临时叫其妻子带孩子来见面。这些措施消除了方某对监狱警察的心理隔阂。咨询师抓住这个时机，利用共情、尊重、积极关注、真诚等咨询特质，尽可能体会罪犯的精神世界。咨询师的真诚感动了方某，他逐渐表露内心真实想法，表示愿意配合治疗其心理障碍。通过几次谈话交流，方某觉得心情好多了，把长久压抑在内心的痛苦、烦恼、焦虑等情绪都发泄出来。他说："每次诉说之后都有一种解脱的感觉。"

2. 采用认知疗法，破除其顽固、偏执、妄想的顽疾。咨询师没有单纯停留在倾诉层面，而是及时抓住方某想克服心理障碍的愿望这一时机，采取苏格拉底式提问技术，使方某认识到其想法的错误和荒谬。首先，让他认识到其他罪犯向监狱警察反映的情况与他毫无关系，这只是自己的一种疑心状态。其次，给方某讲述俄国作家契诃夫的《小公务员之死》的故事，使其认识到小公务员之死的原因就是太多疑。而方某目前的想法和行为与小公务员没什么两样。同时说明这种心态对自己百害无一益。通过认知疗法，方某对自己的病因、病症危害有了足够的认知，对自己的想法和行为产生厌恶感，表示一定要积极配合监狱咨询师的工作。

3. 采取森田疗法，顺其自然，为所当为。方某在咨询师面前反复讲自己得了老年痴呆症，记忆力减退，精神呆滞，反应迟钝，头昏，语言结涩，舌干，精神衰弱，总做噩梦，失眠。咨询师就向他说明其症状是疑病所致，本身可能有点毛病，但没他所想象的那样严重，如果自己的思维专门停留在一种病态上，反而加剧病情的严重性。只要顺其自然，为所当为，病症就自然而然地会得到减轻。经过两个月的咨询，方某的疑病性症状有所缓解。

4. 采用行为疗法，进行一些交往技能训练和自我控制训练，培养其良好的人际关系。首先，鼓励其积极主动开展交友活动，在交友中学会信任别人，消除不安感。其次，针对方某神经紧张、不安、情绪不稳定的特点，进行一些放松训练，帮助其应付焦虑和不稳定情绪。经过几次训练，方某掌握了肌肉顺次放松法和深呼吸放松法。

（八）咨询效果

经过6个月的综合治疗，用PH2对方某进行复测。结果如表7-3。

表7-3　方某后测情况

分量表	SOM	DEP	ANX	PSD	HYP	UNR	HMA
原始分	17	15	14	12	12	12	7
T分	76	67	65	65	67	66	51

上表结果说明，方某心理向良性发展，心理咨询取得了一定疗效。同时，方某改造积极性大大增强，并得到分监区的表扬奖励。

四、案例反思

本案例中方某所表现出来的心理问题是偏执。偏执在监狱服刑罪犯中是一种常见的心理问题。对治疗类似心理问题，我们重点应评估其心理症状是怎么发展来的，他的童年经历如何，生活背景怎样，早年是不是经历了创伤性体验。如方某早年家庭经历以及婚姻状态对他的人格形成有很大的影响。

偏执的形成常常是一个很长的过程，偏执心理的转化是比较困难的，因此对于这类罪犯实施心理矫治时，切忌一蹴而就，而要对矫治过程中出现的反复有充分的准备，做到循序渐进。

重视矫治对象的主观能动性，获得矫治对象的配合，调动其自我认识和行动能力，让其能够积极参与进来，进而实现自我调节，改变其认知模式。此外，改善其人际关系，增加交际圈，让他自己学会处理各种人际关系也是必要的。

案例三：一例运用家庭系统排列技术干预自杀罪犯案例

家庭系统排列技术是心理咨询与心理治疗领域一个新的家庭治疗方法，由德国心理治疗师伯特·海灵格（Bert Hellinger）经 30 年的研究发展起来的。"系统排列"透过角色代表及互动呈现，探索问题的根源并指出朝向解决的方向，帮助人们面对生命中的许多困扰，回归"爱的序位"，使组织与系统回归"自然和谐、有效运作"。

一、危机事件

某年 2 月，罪犯李某在小组集体学习时私自写下一封"生死状"，内容大多描述现下压抑、痛苦的心境，以致开始怀疑人生，寻求用吞机针的方式结束生命，被值班的监管警察发现。经监区警察调查核实，该犯平时劳动较为稳定，小组内生活也平和，近期并没有发生涉及李某的特殊事件，其强烈的抑郁心理没有现实基础，进而申请心理咨询。

二、个案干预情况

（一）个案基本信息

罪犯李某，男，34岁，小学文化，无固定职业。李某伙同他人酒后将被害人殴打并实施抢劫，以抢劫、抢夺、寻衅滋事等罪被判处无期徒刑，剥夺政治权利9年，目前余刑3年1个月。

（二）外在表现与心理状态描述

1. 睡眠质量差，经常起夜，食欲也较差，颈椎酸痛，厂区劳动时经常出现开小差现象，劳动任务完成得也不理想。

2. 有时觉得自己就像个废人，劳动上总是拖组员的后腿，组员也经常瞧不起自己，曾想努力改变自己的形象，却收效甚微，希望在咨询师的帮助下改变现状，尽快好起来。

3. 对父母的感情比较矛盾。一方面觉得自己的行为给家里带来了严重的伤害，让父母在村里人面前抬不起头来，懊恼愧疚，不能原谅自己；另一方面觉得正是父母的缘故，没有给自己完整的爱，才导致现在的下场。一想到这些内心就感觉烦闷。父母关系极为紧张，经常出现家暴行为。父母对李某的成长疏于管教，日常由爷爷奶奶帮忙抚养。李某说，自入监以来，只跟父母会见过一次，从不主动拨打亲情电话。

（三）心理测试结果

1. COPA-PI测试报告存在异常的因子。

P1：外倾30分，人格明显趋于内向，好静，孤僻不合群。交际能力差，交际面窄，朋友少。与人相处、合作的能力弱，社会环境适应慢。

P3：同情21分，明显缺乏同情心。不易被感动和体察别人感情，缺乏责任感，不同情弱者和关心帮助他人，不近人情。

P4：从属32分，凡事很有主见，独立性很强。从不依赖或受制于他人，也不受社会压力的约束。从不轻易改变或抛弃自己的主见。

2. 使用心理危机预警矫治系统试测，测评数值如下。

焦虑症状（GAD-7）：16分（0~21），重度焦虑症状。

抑郁症状（PHQ-9）：12分（0~27），中度抑郁症状。

（四）心理特征分析

综上所述，结合生理、心理、社会等方面原因分析，罪犯李某智力正常，自知力完整，人格内向孤僻，有明显的躯体反应，有严重的抑郁症状。同时，因早年没有与父母建立良好的情感联系，缺乏足够的安全感，因此焦虑现象明显，遇到挫折失败时容易压抑退化，与人交往缺乏信心，存在严重的自卑心理。

（五）干预过程

为建立关系，增强信任，心理咨询师首先向李某介绍自己及工作职责，减少其对未知的恐惧感。谈话首先从李某在劳动岗位上的良好表现开始，以此为突破口，告知李某监区警察对其改造表现予以基本肯定，引发李某交谈的兴趣，进而使咨询师与李某拉近心理距离，初步取得李某的信任。

同时，咨询师也及时向李某说明了心理咨询工作的性质与保密原则。通过两次摄入性谈话，搜集其相关信息，李某与咨询师的信任关系逐步建立。咨询师指导其完成心理测试，并根据李某家族内部的相关特点，与李某共同商定，以家庭系统排列为主要技术，实施具体的咨询活动。

由于监狱环境的局限性，本次心理治疗采用画图的方式进行家庭系统排列。在家庭系统排列开始前，咨询师让李某凭借自己的直觉将家人之间的互动位置表达出来，由咨询师排列示意，如图7-1。

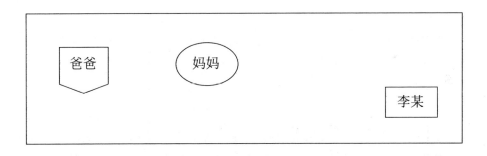

图7-1　第一次家庭系统排列结果[1]

咨询师：你看，这个图就是你内心对家人互动位置呈现的画面，但我觉得有点奇怪的是，父亲母亲离得较远，且没有目光交流。愿不愿意调整一下

---

〔1〕 图7-1~图7-5中圆形○表示女性，方形□代表男性，突出部分代表面孔朝向，即眼睛所看到的方向。

位置?

李某：暂时不用了。(语气很坚定)

(根据李某的反应可知，父母较远的心理距离且不愿调整，说明其对父母存在很大的心结。)

咨询师：那在这个图中你还想加入什么人物呢?

李某：还有爷爷奶奶。

咨询师：好，那请你在加入爷爷奶奶后，在脑海中移动调整相应的人物位置与视角。(结果如图 7-2)

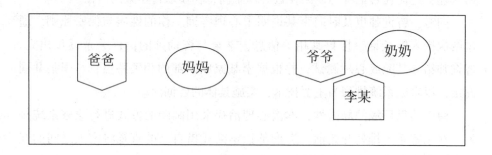

图 7-2　第二次家庭系统排列结果

咨询师：好像有了爷爷奶奶，是不是感觉不一样了? 爷爷奶奶站在你的面前，好像一个有默契的小集体在抱团取暖，虽然你和父母的距离也接近了不少，但仍在好远的地方哦!

李某：嗯，总是感觉他们离我好远，大概心理没有他们的位置吧!

由上述家庭系统排列过程可知，罪犯李某孤僻、压抑、行为退化均与童年时期没有得到父母充足、积极的关爱有关。李某年幼时曾亲眼见到父亲对母亲进行家暴的情景，而母亲时而对李某埋怨倾述，并将李某作为婚姻失败的发泄口，时而冷眼相对，成为爱无法寄托的瓶颈盖。李某一直认为自己应该为家庭的不幸承担责任，认为自己的出生加剧了父母的痛苦。这是个人良知服从家族系统良知的典型表现。由于缺乏爱的教育，长期不能找到自己的序位，导致与人交往上出现障碍，缺少朋友。李某爱妈妈，同时也恨妈妈，归根结底是因为罪犯李某与父母的爱的连接缺失。

李某也谈到了他的父亲因兄弟众多及家族粗放式管理,年幼时得到的爱也不够多,因而导致父亲表达爱的方式出现严重偏差,进而转移到李某身上,家族里不良的情绪就一代代传递了下来。而李某为表达母子依恋,从小承受了一个孩子不应该承受的责任,内心压抑、痛苦。这也是系统里秩序混乱以及情感失衡的结果。

咨询师请李某慢慢闭上眼睛,放松心情,在头脑中以排列图形的方式想象爷爷奶奶与自己三个人。李某感觉爷爷奶奶就在眼前。咨询师以植地雅哉所作的《静寂》作为背景音乐,用柔和的声音分步扮演李某的爷爷和奶奶的角色,对李某说:"孩子,不管你目前在哪里,不管你现在怎么样,你永远是我们心爱的孙子,我们爱你,希望你永远平安、健康。"

咨询师指导李某说:"爷爷、奶奶,谢谢你们!一直照顾我,包容我,让我在你们无私的关爱下长大,但你们付出太多,包揽了很多属于父母的活,你们太辛苦了!够了,真的够了。现在,请你们回到爷爷奶奶本来的位置上去。因为,我已经成人了,有能力、有责任做好自己的事,并应该承担因此带来的后果!我会以积极的心态服刑的,你们放心!"

爷爷奶奶一直履行父母的职责,扮演类似父母的角色,这是系列内部秩序的失衡(位置混乱)。咨询师通过引导对话的方式让李某明白爷爷奶奶应回归本分,自己也要承担应有的责任。

背景音乐持续播放。咨询师再次请李某闭上眼睛,想象与母亲面对面的情景,以软和的语气缓缓地说:"孩子,我一直都很爱你,每个孩子都是妈妈身上掉下的一块肉,我怎么可能不爱自己的孩子呢!当初,我们是有不得已的苦衷,才将你送到爷爷奶奶那里去住的啊!请原谅妈妈,是妈妈没有照顾到你的感受,但妈妈一直都想念你啊!还有我和你父亲的事是我们两个人的事,但妈妈没有很好地处理,妈妈从来没想过伤害你,但现在却伤害了你,妈妈很内疚,让你从小在惊恐中长大。希望你不要怨恨妈妈,也不要怨恨爸爸。孩子,你是上天赐予我最珍贵的礼物,在我们心里一直很重要,但我们父母的问题让我们自己解决,你做好自己的本分,做好我们的儿子,可以吗?"

李某不再拘谨,僵直的身姿逐渐得到缓解,面部稍微抖动,显然有所触动。

咨询师再次指导李某说："妈妈,我也爱着你,一直以来我都想保护你,可是我没做到,你在我的心里始终占有一个重要的位置。"

此时,咨询师询问李某内心的画面有没有新的变化,李某还是觉得不能直面父母,但离父母的距离更加接近。咨询师尝试现场拨通李某家里的电话,并要求李某把刚才的话说给妈妈听,李某直接拒绝。咨询师没有强迫,并建议其按照内心自我对话的方式在晚间进行练习,在适当时候申请打电话给家人。

一周后,再次咨询时,咨询师明显感觉到李某的心情比以前愉悦,焦虑和忧郁的程度有所减轻。李某谈到自己在监区警察的帮助下给妈妈打了一个电话,通话中母亲很激动。李某认为和过去抱着怨恨之心与他们会见时的感受完全不同,体会到在外地打工的父母其实很辛苦,心里开始有些理解他们。

同上次一样,咨询师要求李某根据自己的内心排列出家人的位置,并以图画的形式呈现,如图 7-3 所示。李某开始能逐步接纳父母,靠近父母,特别是妈妈,也能重新认识爷爷奶奶的角色,但仍感受到,李某与爸爸的关系存在隔阂。

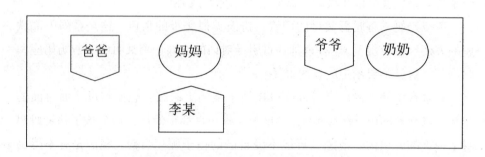

图 7-3 第三次家庭系统排列结果

咨询师:爷爷奶奶好像在遥远的地方祝福着你们一家三口。但我们看到,面对爸爸时,你仍旧不够自然,可以让爸爸靠近一些嘛?

李某:不用了。(回答很果断)

咨询师感到李某明显对父亲存在很大的抵触情绪,可能父亲的暴力行为在他内心的烙印很深。

为了矫正李某和父亲的关系,在背景音乐的辅助下,咨询师请李某闭上眼睛进行想象，并以父亲的口吻说道："孩子，这些年来，我一直有愧于你，没有好好照顾你，曾经伤害你很深，也对不起你的妈妈，但我很爱你，只是不会表达，请你原谅我。是生活的负荷让我喘不过气来，有时我控制不住自己的情绪，爸爸现在知道以前的做法不对。在我的心里，有一个很重要的位置是留给你的，现在，我要回到父亲应该在的位置，请你要照顾好自己，我们很挂念你。"

咨询师指导李某说："爸爸，我不怪你，现在我也长大成人了，有能力照顾你，在我的心里，也有一个重要位置是留给你的。"

李某起初较为激动，后来慢慢恢复平静，眼睛也更为有神，握紧的拳头也慢慢松开。

咨询师观察，李某开始学会能接受父母并愿与父母和平相处，系统的循环基本形成。当咨询师画出下图（图7-4）时，李某一度陷入沉思。

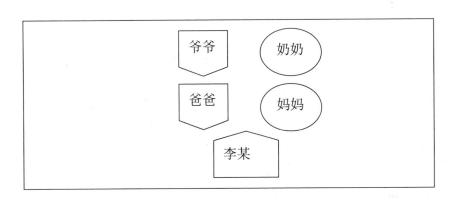

图7-4 第四次家庭系统排列结果

咨询师：这幅图给你的感觉怎么样，闭上眼睛，想象看看？

李某：当我看到父母站在自己的面前，爷爷奶奶站在父母的身后，我感到特别有力量、有安全感，感觉有一种家的传承，可以支持我走下去。我相信现在的困难是暂时的，明天会好起来的。（李某已经用"暂时"的话语替代"我没希望了"，开始去除负面的绝对化观念，展示自己理性的认知判断。）

咨询师：如果爸爸妈妈现在就在你面前，你会怎么做？

李某起初有点慌张，不知所措，后来缓缓提出希望父母能够拥抱自己。

咨询师随即请来一位年长的老师扮演父亲，在背景音乐《让世界充满爱》的渲染下，拥抱了李某。李某表示幼年的感觉有点找回来了。（李某与父母的情感连结曾出现断裂，现在重新修补，并使爱的能量在系统中顺畅。）

结束咨询时，咨询师建议李某将下图（图7-5）的感觉铭记在自己的心里，并在下次会见时主动表达出来。

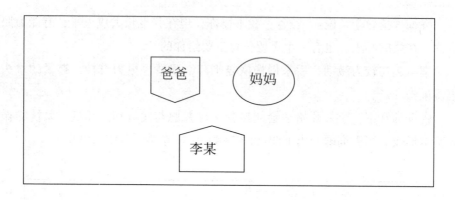

图7-5　第五次家庭系统排列结果

（六）干预效果

1. 咨询师观察。谈话过程中，李某明显增加了对父母的理解，以往的消极绝对化用语不再出现，身体较为松弛，压抑的情绪得到很好地释放，同时与各类人、事、物的关系慢慢融洽。

2. 监区警察反馈。据监区管教警察反馈，在日常改造中李某的整体情绪有所改善，趋于平稳安定，与小组组员的关系明显改善，在生活及劳动中出现了主动帮助他人的良好现象。在咨询结束时，曾就"生死状"的行为向监区领导道歉，并郑重承诺不再发生此类行为。

3. 心理测评结果。测评数值如下：焦虑症状（GAD-7）：2分（0~21）；抑郁症状（PHQ-9）：1分（0~27）。两项数据结果显示均为正常。

三、案例反思

此类罪犯长期心情低落、行为迟缓、记忆退化，往往对周围的事物失去兴趣，对未来生活失去希望。在针对自杀欲望强烈的罪犯进行干预时，应当先建立良好的咨访关系，可以从罪犯日常改造比较突出的闪光点着手，引发罪犯交谈的兴趣，建立基本的信任关系，减少罪犯对未知的恐惧感。罪犯自杀欲望的出现很大原因是正向信念培养缺失，缺乏与家庭情感的连结，感觉孤独、生活无意义，因而我们可以通过家庭系统排列技术理顺家庭序位的错乱，寻找家庭内部掩藏的系统动力，促进罪犯家族心理平衡，适应当前的改造生活环境，学会悦纳自我，促进人格完善。

案例四：一例利用人本主义模式干预罪犯自杀案例

人本主义心理咨询模式就是充分利用面谈技术，与来访者建立良好的咨访关系，使用积极关注、主动倾听、共情等一系列技巧，理解来访者并与之沟通，评估来访者并帮助来访者减轻或消除个人痛苦，以人为本，关注人的发展，引导来访者采取正确的价值取向，消除其心理危机。

一、危机事件

罪犯吴某，刚入监服刑改造。因为自己坐牢，觉得对不起家人，压力很大，多次说要自杀了结生命。为此，分监区紧急申请心理危机干预。

二、个案干预情况

（一）个案基本信息

罪犯吴某，男，28 岁，小学文化，未婚，因盗窃罪被判刑 2 年 11 个月。

（二）个人陈述及分监区警察反映

1. 个人陈述：我没有地方去了，我真的撑不下去了，我想死了算了。我也没有面子回家，我爸爸一辈子没有做过亏心事。这次我把父亲的脸面给丢尽了，我们当地人肯定都知道我坐牢的事情，而且他们都很会传别人家不好的事情，家我是回不去了。最近我连味觉也失去了，东西吃到嘴巴里，什么味道都不知道。

2. 分监区警察反映：吴某从到分监区接受改造以来，生产改造方面小问题不断，每次被提醒改正时总觉得别人在针对自己，内心十分自卑，觉得自己很差劲，没有自信。同时与家人关系一般，自认为家里父亲不要自己了，家里的财产都是留给哥哥的，自己将一无所有。

（三）初步印象

1. 身体状态。身体健康，否认心、肝、肺、肾等重大脏器疾病史，躯体医学检查正常。

2. 精神状态。对未来生活失去信心，绝望无助感充斥着内心，目光呆滞，声音低下，常常哭泣，觉得对不起父母，无脸回家，不知道以后要去哪里。有自杀观念，既往有自杀史。

咨询师观察：该求助者知、情、意协调统一，有自知力，逻辑思维清晰，没有幻觉和妄想，情绪低落。

3. 社会功能。能基本遵守监规纪律，与同犯关系相处过程中较为孤立，在改造过程中曾因为动手打人而被扣分。经常丢东西，经常找分监区警察要东西。有一段时间说什么都错，做什么都不对，都不敢讲话。习艺劳动也没有积极性，劳动改造效率不高。

（四）心理评估

1. COPA-PI测试结果。①自信心（64分）分数高：提示有较强的自卑感，缺乏自信心。对自己的能力和表现没有信心，做事容易动摇和半途而废。与人相比自愧不如。在众人面前表现不自然。关键时刻容易紧张退缩，发挥失常。②聪慧性（62分）分数高：表示思维迟钝，愚笨。学识比较浅薄。学习能力和理解能力很差，思维混乱，缺乏逻辑性，好奇心轻，不太爱动脑子，思维不够灵活，反映不够敏捷。抽象思维能力差，办事效率低。其余因子分值显示在中等范围，未见明显异常倾向。

2. SCL-90测试结果。阳性项目数52项，总分196分，总均分2.178，阳性症状均分3.04分，考虑筛选阳性。测量结果如表7-4。

表7-4　吴某SCL-90测试结果

因子	躯体化	强迫症状	人际关系敏感	抑郁	焦虑	敌对	恐怖	偏执	精神病性	其他
因子分	29	25	19	35	19	8	11	11	18	21
均分	2.42	2.5	2.11	2.7	1.9	1.33	1.57	1.83	1.8	3

吴某在躯体化、强迫症状、人际关系敏感、抑郁、其他因子上的均分都超过 2 分，提示其存在中等程度的抑郁，并伴随着一定的躯体化、强迫症状和人际关系敏感，焦虑、敌对、恐怖、偏执、精神病性均分在 2 分以下，提示焦虑、敌对、恐怖、偏执、精神病性相关症状不明显。

3. SAS 测试结果。标准分 66 分，提示存在中度焦虑。

4. SDS 测试结果。标准分 65 分，提示存在中度抑郁。

（五）初步诊断

1. 吴某知、情、意协调统一，未出现幻觉、妄想等症状，自知力完整，咨询过程中愿意倾诉，可以排除精神病。

2. 吴某觉得自己人生完全没有希望，失去对未来生活的控制感，不知该何去何从，情绪低落，常常流露出自杀的意念，有放弃生命的想法。这种状态已经持续 9 个月左右的时间，并在最近 2 个月中有趋向严重的倾向。吴某既往在受挫时曾有过自杀经历。

3. 心理测试结果提示，吴某存在中等程度的焦虑、抑郁，并伴随着一定的躯体化、强迫症状和人际关系敏感，有较强的自卑感，缺乏自信心；思维迟钝，愚笨，学识比较浅薄。

根据上述依据，诊断吴某为中度抑郁和焦虑情绪而引起的自杀危机。

（六）相关背景资料

1. 罪犯吴某原生家庭经济条件较差，靠父亲打零工维持生活。母亲及姐妹有精神异常史，表现为受激惹的情况下会出现咬人、打人等攻击性行为。父亲在其小时候经常打骂他，当有人来家告状时，往往不分青红皂白打骂他一顿。他觉得父亲更喜欢哥哥姐姐，也更关心哥哥姐姐。妈妈是爱他、关心他的，从来不打他，当被爸爸打的时候妈妈会护着他。

2. 吴某从 10 岁开始上小学。曾考上初中，但因为家里穷，没钱读书便辍学。16 岁时开始独自一人出门打工，很少与朋友亲人在一起，比较孤僻。到过山西、浙江、成都、北京等地，曾经做过挖煤工、挖掘机驾驶员、鞋工、协警等工作，操作能力比较强。没有驾驶证，想考取驾驶证。在北京时，学会了简单的英语。出门在外常常受骗，内心中充斥很多的自我否定和消极观念。

3. 吴某谈到做鞋子那段经历时，显得有精神，声音也抬高，说明那段经历给他带来了自我效能感。但受骗的经历让他产生自我怀疑，认为自己从来也没有成功过。

4. 公安机关认定的犯罪情况：曾因吸毒被行政拘留，又因盗窃被行政拘留 13 日。本次犯盗窃罪，入室窃取 Salomon 运动鞋等物品，后躺在被害人家中床上睡觉，直到第二天早上被害人回来发现后报警，被警察现场抓获，被判处有期徒刑 2 年 11 个月。

5. 吴某觉得自己只是喝醉酒进入别人的家里睡觉，并没有拿别人的任何东西，不应该被判处这么长的刑期，或者说如果自己有钱的话，根本都不用坐牢。

（七）干预目标

1. 近期目标：缓解吴某沮丧、自卑、绝望、无助等情绪状态，帮助其重新树立起生活的信心，降低自杀危险。

2. 远期目标：帮助其能够更加客观地认识自我，发现自己生命体拥有的资源，找回生存的价值，发现生命的意义和目标，促使其个人成长和人格完善。

（八）干预过程

1. 制定矫治方案，建立良好的咨访关系。

吴某处于想要自杀的危机状态之中，初次咨询过程中处处表达自我效能感丧失的状态，从咨询师的角度来看似乎找不到一个很好的方向去指导。但从人本主义的角度出发，咨询师始终深信求助者能够有力量去应对和解决自身的困境和难题，坚持无条件的积极关注，做到共情、支持、接纳和关怀，建立良好的信任型、接纳型咨访关系，在支持中挖掘疗愈和改变的力量。咨询后期，更多地采用焦点解决短期疗法的理念和技术，帮助其确立目标，发现资源和力量。

2. 咨询过程。

第一次咨询：咨询过程以倾听、支持、情感反馈、共情为主，了解吴某的相关信息。

（1）了解其成长及社会经历。详见上述相关背景资料。

（2）家庭情况及人际交往。早年靠父亲干点零活养家里人。父亲外出打工每隔一段时间会给家里寄来一部分钱支持家庭生活。每次打电话的时候，父亲只是问他有没有钱，缺少对他的关心，吴某内心有抱怨。但父亲也说，自己穷了一辈子，也想富一点，也想自己的子女能够买得起房子、买得起车，做父母的都期望自己的孩子好。家里人都希望父亲能够多赚一些钱回家，或许只有在父亲能够把钱寄回家的时候，家里人才会给父亲一些积极的回应，也才能够让父亲感受到自我的价值。因此，吴某在心底里也暗暗想："我一定要赚到钱，我才能够回家。"但是现在不仅没有赚到钱，还进了监狱，一无所有，家是回不去了。吴某不善于交往，在外打工时大多时候独自一人生活，很少与亲戚朋友在一起。曾经交往过一个女朋友，两人在一起半年后吴某发现女朋友出轨而分手。

（3）犯罪经历及监内表现情况。自觉冤枉，认为法官没有给他解释的机会。入监以后与同犯之间交流较少，组长也不怎么看得起他。东西经常会丢，经常找监区警察要东西。曾经踩了两个礼拜的缝纫机，刚开始熟练一点，却被换了下来。有一段时间说什么都错，做什么都不对，都不敢讲话，生产上也没有积极性。

（4）咨询师观察和感受。咨询过程中吴某多次哭泣，动作比较缓慢。随着所谈内容的改变，声音时高时低，有时目光呆滞，有时声音低下。吴某对未来生活失去信心，绝望感、无助感充斥着内心，觉得对不起父母亲，无脸回家，不知道以后要去哪里。但咨询师也发现其身上的闪光点，如有一定的学习能力和动手操作能力。

第二次咨询：对吴某进一步共情式倾听，无条件积极关注，适当提问，深化理解。

（1）主观感受。沮丧、绝望、觉得活不下去，想要自杀的状态是从被逮捕进入看守所开始的，持续约9个月的时间。"我觉得在这里太苦了，我真的撑不下去了，我找人帮忙的时候，没有人会来帮我。我东西放得好好的，小组长故意把我的东西丢掉。"

（2）家庭影响。父亲小时候也经常打骂他。觉得父亲更喜欢哥哥姐姐、更关心哥哥姐姐一些。妈妈是爱他、关心他的，护着他，从来不打他。舅妈待他不错，与表弟的关系也比较好，在舅妈家能够感受到温暖。每次回家，父亲最关心的问题是他有没有赚到钱。曾经因为受不了父亲对他的否定与拒绝而有过自杀的行为，被哥哥及时制止。与哥哥关系不是很好。儿时记忆力很好，听过一遍的歌就能记住。父亲曾经把他给卖了，卖了 10 万元，后来是自己逃回去的，走过一遍的路就能记住。入狱后哥哥与姐姐从未来看过他。从吴某的眼神中能看出其内心充满了对亲情与家庭的渴望。其实已经不想出来打工，想待在家里，跟父母在一起，哪怕种地也好。但父亲会认为他没有出息，想让他在大城市买房、买车，过上好日子。

（3）对犯罪的认知。判刑上觉得被判重了。自己只是喝醉酒进入别人的家里睡觉，并没有拿别人的任何东西，不应该被判这么长的刑期，或者说如果自己有钱的话，根本都不用坐牢。当初申请法律援助没有申请到，被法官否决了。

（4）改造情况。想在监内干车工的工作，以学点技术，但愿望受挫。生活上感觉东西会被别人拿走，有的组长会故意刁难他，故意把他的东西丢掉。认为警官不能说到做到，觉得警官也不可信。感觉别人认为他是在装可怜，内心敏感。

（5）咨询师观察和感受。咨询过程中吴某常常出现情绪低落的状态。眼神迷茫，目光暗淡，语音降低。感觉吴某目前处于绝望、沮丧的情绪状态之中，有自杀的想法。在既往的生活当中，内心里觉得自己不管怎么努力永远达不到别人心目中好的样子。

第三次咨询：始终做到积极关注，不断激发其希望感，对积极的内容及时予以肯定，增加其对自身的确定感。

（1）近期感受。吴某说上周曾经有过自杀的念头。尽管内心希望能够做车工，但也能够看到做辅工的好处。觉得母亲一定很想他。咨询师试着让他体会母亲对他的期望，增加其内在的亲情联结感。

（2）对犯罪的认知。咨询师在本次咨询前针对其法律问题请教了法律专家，因此在咨询过程中对吴某的犯罪及判决情况进行解释，并将相关的法律知识告诉他，帮助他从被害人的角度进行体会和感受。吴某能够认同一些，并说绝对不会有下一次。随后咨询师建议其今后能多学习法律知识，避免再踩法律雷区。建议他在未来的监狱生活中，多学习交往，并尝试着去克服自身的弱点。从吴某的言语和非言语表达当中能够看出，其内心能部分接受这样的解释。

（3）期间进行 SDS、SAS、SCL-90 量表测试，具体评估情况详见上述心理评估。

（4）咨询师观察评估。情绪状态较以往平稳，哭泣次数明显减少，认知上不再完全陷入消极负性的思维当中，能够看到不好的一面，也能够看到好的一面，能够感受到一些被公正对待的地方。认知和思维有更多积极的内容，摆脱了绝对化的不良思维状态。

第四至五次咨询：针对家庭内部在沟通方面存在的问题，用非暴力沟通方法进行指导。

（1）服刑情况反馈。近两周来没有被训诫的情况。但两周前曾被警官骂，想要撞到铁样物品上自残或自杀，但后来没有这么去做。当时想到了徐警官说的一句话："平平淡淡地在这里度过。"自觉工作效率有所提高。

（2）人际关系情况。与同犯相处时，尽量减少接触的机会，避免自己惹到别人，但仍然会有抱怨之处。开始能去表明自己的立场，在处理问题的应对方式上有提升。

（3）感受亲情。能够感受到父母亲可能因为文化有限，并没有很好地管教他，常常对他会比较严厉。但是能够感受到父母亲是希望他好的。对父亲的认知有所扩展，想到父亲能够在他没钱的时候想各种办法去借钱来支持他，父亲是以实际行动来表达对他的关爱。建议他继续感受家庭内部正向的亲情表达方式，感受来自家庭的关爱。

（4）发现优势。吴某儿时记忆力很好，有较强的学习能力，看过的东西就不会忘记。在外工作时效率还是比较高的。想做有一定技术含量的车工，虽然只做了两天，但基本的东西都能掌握。现在思考问题深入了很多，也谈到对工作的展望。

（5）咨询师观察。咨询过程中吴某没有出现哭泣的现象。情绪状态有比较大的提升，笑容比之前多了很多，无力的情况有很大好转。人也放松了许多，声音变响亮了、有力量了。认知上改变比较大，能够看到监狱中好的一面，能够看到有些警官还是不错的，能够看到父亲对他的关爱。建议他能够把这里的生活当作是学习、锻炼的机会，在克服困难当中去突破自己。

第六至七次咨询：从人本主义的理念出发开展咨询，运用焦点解决技术，激发求助者去发现自身的优势及资源，增进对自我的认识和了解，在逆境中去找到力量。

（1）现状回顾。吴某说，近期遇到与他人之间的矛盾冲突，在处理上较之前更有信心和力量。因为近期换了一个生产小组，得到组长的肯定，内心比较开心。

（2）咨询收获。每次咨询之后，内心都会变得平静一些，也会去更多地思考深层次的问题。在监狱里还是有收获的，规矩意识也更强了。

（3）未来设想。谈到对未来工作和生活的设想，感觉自己更加适合回老家去发展，需要学会跟父母亲去沟通内心真实的想法和感受。

（4）对再次咨询的期盼。吴某说，觉得自己有时候会莫名其妙做出一些自己也想不到的事情，也就是说有的时候会犯糊涂，因此希望在出监前能再次得到咨询。

第八次咨询：运用焦点解决短程疗法，激发其内在力量和资源。

（1）现状回顾。叙述自己在过去两周来出现的一些问题和与他人的摩擦及应对方法。从这两件事的处理中，可以看出吴某能够考虑到别人，知晓不要给别人去增添麻烦，也有方法和力量去面对。这一个月来都没有被扣分，工作效率也提高了。不再感到悲伤难受。

（2）面向未来。咨询师与吴某一起讨论了出狱以后会面临的问题和打算。希望吴某出去以后能尝试着以更好的方式同家里人沟通。他也开始明白，在未来的人生道路上，自己最需要的是坚持，要时刻记住"坚持"两个字。吴某也觉得经历了这次服刑生活，他自身发生了很大的改变，要给自己设定一些小目标，要争取做得好一些，让父母亲过上更好的生活。

（九）干预效果

1. 情绪状态。吴某从悲伤、无力、绝望、沮丧的状态当中走出来，神情变得轻松，笑容多了许多。

2. 认知方面。吴某对自身有了更多更好的了解，能看到身上的优势资源以及不足之处，对未来更有信心。自杀念头消除。自从对案件进行探讨之后，不再觉得自己是被冤枉的，能认识到自己的所做所为给他人带来的影响和可能产生的不良后果。决定在以后的生活中多做善事和好事，不做坏事。面向未来，时刻提醒自己要"坚持"，要给自己设定小目标。

3. 行为表现。吴某声音变响亮，更有自信心。生产效率提高，一个多月未发生违规违纪被处理的情况。在处理与他人的矛盾冲突上有更好的方法，也能替他人考虑。学习表达与沟通方法。接受心理咨询后，每月考核分稳步提升，咨询前两个月的考核分分别为 0 分与 36 分，咨询后三个月的考核分分别为 52 分、77 分、76 分，取得了较大的进步。

4. 咨询师的观察、监区警察反映的情况与个人反馈的情况基本相符合。他的变化也很好地体现在整个咨询过程中以及他自身的体悟和现实的改造中。

三、案例反思

1. 初次接触该犯，总体感觉其身上优势资源非常少，所看到的所感觉到的都是消极的内容。咨询师也曾怀疑面对这样一个罪犯，咨询能够发挥多大的作用。

2. 无条件的接纳、支持、共情、理解的力量是非常强大的。在一个充分抱持性的环境当中，罪犯愿意去自我探索，如实面对自己，看到黑暗与消极部分。在充分的看见"黑暗"之后能发现自身的力量和资源，从而实现比较好的自我整合。

3. 人活着总是有力量的。一个人只要能够活着，便会有相应的力量和价值所在。人性当中有着向善向上的力量，等待着被看到、被发现、被激发。咨询工作应当着眼于人、着眼于希望、着眼于未来。

案例五：一例利用哀伤辅导模式干预罪犯自杀案例

哀伤辅导一般是针对当事人在生活经历中受到外来打击导致创伤而进行的辅导。个体受创伤的程度因人而异，但是，如果创伤没有得到很好地解决，严重的话就会造成心理疾患，它将影响到当事人的正常生活和交际等方面。本个案属于意外死亡带来的创伤，重在探讨和研究当事人在面临创伤时的种种表现，尽可能多地找出当事人的症结之所在，以帮助和辅导当事人直至其康复。

一、危机事件

某年某月某日，咨询师接到求助电话，罪犯李某的独子（23 岁）在外地因车祸去世，其妻子得知消息后变得精神恍惚，整日以泪洗面，不吃不睡，情绪极其低落。家人担心李某知道后这一情况心理承受不了，影响改造，不敢告诉他这个不幸的消息，向监狱申请心理危机干预。

二、个案干预情况

（一）一般资料

1. 人口学信息：李某，男，高中文化，1963 年 5 月出生于湖南省某县，已婚，被捕前系某超市员工。因安全生产事故罪，被判处有期徒刑五年。

2. 家庭情况：有一个小孩，妻子无业，被捕前家庭和睦。

3. 主要案情：李某原为村干部，与人合伙经营超市。在开超市期间，因电路老化发生火灾，造成 3 人死亡的严重后果。李某是超市安全生产责任人，且在电路安装过程中收受施工方"好处费"，电路材料不达标，与生产事故有直接关系。

4. 服刑表现：李某自投入监狱服刑改造以来，表现良好，遵守监规，服从管理。家人多次会见探视，社会支持系统完善，身体健康，人际关系和谐。

5. 心理测试：查阅心理健康档案，入监测试个性特点为外向、情绪稳定、合群、冷静、攻击性低、报复性低、同情心强。危险等级为低。

（二）评估诊断

李某被捕前是家庭的精神支柱，但因为过失造成人员伤亡而服刑，心理上承受沉重的责任压力。李某在改造期间，与同犯谈论最多的、也最让他骄傲的是他的儿子，是他生活下去的主要动力，妻子的理解支持和不离不弃也让他在挫折面前更加坚强。然而，意外的重大丧失（儿子突然离世、妻子精神崩溃）对李某来说，是一个危机事件，必须进行心理干预。

（三）制定危机干预方案

1. 干预原则：尊重、真诚、理解、个体化。

2. 干预目标：

（1）哀伤处理，接受重大丧失的事实。

（2）缓解悲痛情绪，抚慰妻子，相互支持，共渡难关。

3. 干预措施：罪犯遭遇重大丧失，是威胁监管安全的一项重要隐患，监狱各部门协同工作，从各个层面化解危机事件。

（1）落实狱政管理制度，避免单独行动。

（2）完善社会支持系统，增强应激能力。

（3）展开心理危机干预，消除心理隐患。

（四）危机干预实施

危机干预实施分为三个阶段，分别是有效处理哀伤、提供应对方法和建立支持系统。

危机干预具体过程如下：

第一阶段：建立关系，引导积极应对，有效处理哀伤。

1. 咨询师采用摄入性会谈技术，了解李某的服刑改造情况，建立起咨访关系。

李某被捕入狱前曾是村干部，目前在监区担任小组长，协助监狱警察做些管理工作。

咨询师：当同犯情绪不稳定的时候，你会怎么做呢？

李某：我会安慰他，朝好的方面想。

咨询师：同犯曾经遭遇过哪些挫折？

李某：有的因为亲人过世，有的因为身患重病，有的因为离婚，有的因为减刑受挫。

咨询师：当他们遭遇不幸时，你是如何安慰他们的呢？

李某：理解他们，陪伴他们，接受既定事实，日子再难过，总会过去的。

咨询师：还记得某同犯因亲人过世而悲伤，你对他是怎么说的吗？

李某：我说人死不能复生，振作一点，他在天有灵也不希望你整日为他伤心流泪。坚持改造，早日出去，不再进来，才是他最愿意看到的。然后就陪陪他，聊聊家常。

咨询师：非常好，谢谢你的分享。

2. 联系求助者自身：如果自己不幸卷入重大负性生活事件，要如何积极应对。

咨询师：对这次服刑，你的感想怎样？

李某：对不起自己的家人，感到很后悔。现在外面所有的生活压力都由妻子一个人承担，我只想早日出去承担家庭责任。

咨询师：你的心情我能理解，原来很幸福的一个家，因为自己的过失而陷入困境。在服刑期间，你想过会遇到哪些困难吗？

李某：不敢去想啊。我现在心有余而力不足，家里有困难，我也帮不上什么忙。

咨询师：哦，是这样子。不过，我想说的是，你可能还要面对其他同犯曾经遭遇过的那些不幸，比如身体患病，家庭出现变故；又比如改造不顺利，不能按预期"新生"等。假如，我是说假如，在你的服刑生活中出现了这样一些事件，你会如何去面对呢？

李某：我不知道，我现在一时还想不到这些。但是，如果真的有那么一天，那也是没有办法的事情，怎么办呢？我想只有坚强面对吧。

咨询师：那你将会如何去表现自己的坚强呢？如何去坚强地面对呢？

李某：这个……就是……把每天的事做好，不要胡思乱想吧。

咨询师：嗯，这是一个不错的对策，转移注意，这是一个好办法。这样也许可以暂时缓解一下那些不好的情绪。

3. 对最坏的情境进行模拟，以评估求助者的应对方式。

咨询师：假如你的身边有一名同犯，他在服刑生活中正好遇到了我们刚才说到的那些不幸事件，他最关心的、可能是唯一的亲人去世了，为此感到悲痛欲绝。现在你就在他的身旁，你会怎么做呢？你希望他又会怎么做呢？

李某：一起服刑的同犯遇到那些不幸的事，我想我会陪伴在他的身边，我会拉着他的手，鼓励他要坚强点。同时，我还希望他能尽快从悲痛中走出来，不要影响他的改造生活。

咨询师：嗯，谢谢你能这么做。我想你是一个有同情心的人，你也一定能帮助到许多的同犯。假如你的生活中遇到不幸事件，我也相信你一定能积极地应对。

第二阶段：面对现实、正视遭遇，提供应对方法，有效宣泄负面情绪。

1. 家属会见。咨询师事先的会谈为家属会见做好铺垫，预备缓冲，增强李某自我卷入事件成为当事人的心理耐受力。

（1）人员安排：李某的哥哥、嫂子、母亲，负责处理车祸案民事赔偿的律师。（其妻子因情绪极度不稳，安排专人在家陪伴）

（2）会见场所：特殊情况，经监狱批准，安排在接待室进行，亲人之间可以零距离肢体接触。

（3）会见过程：刚进入接待室，李某母亲就忍不住痛哭，李某扶着母亲，不断追问："怎么啦？家里出什么事啦？您倒是说话呀！"李某嫂子也捂着脸在一旁抽泣。最后李某哥哥强忍悲伤，告诉了李某实情。李某听到消息，双腿一软，跪在母亲面前，抱头痛哭。

2. 哀伤处理：当求助者李某情绪平缓些以后，咨询师及时介入。

咨询师：请大家就座吧。我想发生这样的事，是我们所有人都不愿意相信的，但是却又不得不相信。(咨询师把手搭在李某左肩上) 李某，我能体会你现在的心情，请原谅我刚才不能亲口告诉你这个消息，因为太沉重了，我没有把握平稳地传递给你。在你的对面有一把椅子 (咨询师事先搬过一把椅子在李某的对面)，现在，请你闭上你的眼睛，然后用心想象一下，你的儿子小李就坐在这把椅子上，他表情平和地看着你，你能看到他吗？

李某：我……能看到他。

咨询师：他有表情吗？他的表情怎样？

李某：他很难过……

咨询师：你想对他说些什么呢？

李某：儿子，我的儿子，对不起啊，对不起……（痛哭）

咨询师：你是他最敬重的父亲，也是最勇敢的父亲，最坚强的父亲。他相信你不会被不幸事件所压垮，他也希望你在没有他的日子里，照顾好母亲，照顾好亲人。现在，我想请你抬起头来，对他说："儿子，你放心，我会照顾好你母亲。"

李某：儿，你放心，我一定会照顾好你妈妈。

咨询师：还有什么话想对他说吗？

李某：儿啊，你有什么愿望，记得托个梦给我。你一个人在那边生活，记得照顾好自己啊。

咨询师：你看到他的表情怎样？还难过吗？

李某：他的表情似乎变了，他好像微笑着走远了。

咨询师：好。现在请睁开你的眼睛，然后做一次深呼吸。

嫂于：是啊，李某，你要振作，小李不在了，弟媳更需要你的支持。你放心，家里有你哥和我，你安心改造，早日回家。我们会照顾好弟媳，你抽时间也打个电话给她，这个时候她最需要你的安慰。

律师详细介绍了小李车祸的过程及民事赔偿事宜。

第三阶段：建立支持系统，感受帮助温暖。

1. 咨询师支持。随后数日，咨询师进行回访，主要是倾听李某的诉说。同时，给予李某积极关注，与李某进一步商讨接下来的改造目标与改造计划。咨询师亦获得李某的承诺，当有需要时一定会寻求咨询师的帮助。

2. 日常管理。

（1）狱政管理：落实互监组制度，避免李某单独行动。

（2）警察关注：责任警察保持理解、支持的态度，采用目光暗示、肢体接触等方式鼓励。

（3）同犯陪伴：安排年龄、文化相访的同乡陪伴，提供情感支持。

（五）效果评估

1. 李某当天情绪持续低落，食欲下降，失眠，沉默不语。

2. 次日正常参加劳动，偶尔与同犯交流，悲伤情绪有所缓和。

3. 第三天主动申请亲情电话，与其妻子沟通，安慰妻子。

4. 一周后，咨询师回访，李某基本恢复日常改造生活。

三、案例反思

本案成功干预的要点包括：①良好的干预关系基础；②积极应对方式的建立；③完善的社会支持系统。

罪犯的心理危机一般出现以下几种情况，需要及时进行专业干预。

第一，入监适应期。罪犯在新的环境中，同时要面对陌生的人、事、规则，要承受生产、改造、人际关系、家庭支持、身体健康等多重压力，心理处于最脆弱的状态，加之原有的消极应对模式，容易选择极端的行为。

第二，精神疾病类罪犯病发期间。精神疾病类罪犯因其心理活动异常，常有被害妄想、幻觉、躁狂、抑郁等，行为具有突发性、破坏性。

第三，服刑期间遭遇重大丧失。罪犯在改造期间，难免会遭遇重大生活事件，如亲人去世、家庭财产损失、离婚、身患绝症等。在心理应激状态下，如果不能有效地干预，容易因自罪、抑郁、愤怒等情绪而引发自杀或自伤自残事件。

第四，临近刑满释放时。一些罪犯在经历了长期的改造生活后，要重新面对社会关系，承受生存与发展的压力，容易引起出监焦虑，尤其是过失犯，自罪观念重，容易陷入内疚、悔恨的情绪中无法自拔，自杀危险较高。

学习任务二　罪犯自杀防范全过程案例与演练

这一部分是运用不同治疗模式对一个罪犯自杀案例进行综合干预，以呈现全过程的罪犯自杀干预过程。

一、案例介绍

（一）一般资料

罪犯凌某，男，1983 年出生，小学文化，未婚。因贩毒罪被判死刑缓期两年执行，于某年某月某日投入某监狱服刑改造，有吸毒（K 粉）史。犯罪前无正式职业，家中有一哥哥和姐姐，父亲早亡，母亲年初已生病去世。

（二）危机事件

某年临近春节，凌某突然拒食，还故意趁人不注意打碎玻璃，用玻璃割自己手腕企图自杀，被及时制止，未造成后果。1 月某日下午，分监区让凌某到操场晒太阳，活动身体，该犯不配合，故意小便在裤子上，同犯帮他洗身子时，他不睁眼、不讲话，似是装精神病。当晚，凌某没有进食喝水。第二天分监区强制喂他牛奶，喝了半袋牛奶。

经过一段时间反复，待该犯病情稳定、自知力稍有恢复后，心理治疗师于 2 月及时介入干预。

二、线索识别

（一）首次摄入性谈话

1. 初步印象。心理咨询师第一次接触凌某，发现其目光呆滞，声音低沉，衣冠不整，注意力不集中，东张西望，情绪低落。行路轻缓，坐下来时始终低头，目光向前，与咨询师无目光接触，身体动作极少，面部表情冷漠，说话平静，没有生气。

2. 个人陈述。心里很压抑，晚上睡不好觉，非常痛苦。现在劳动任务难以完成，兴趣低下，不合群。能主动求医，说自己有心理问题。有时会有一种可怕的冲动，想了结自己；有时候又觉得自己会做出什么事来，非常害怕，全靠理智强压着，十分忧虑，不知该怎么办。

3. 家庭变故。从谈话过程中了解到，该犯家庭情况比较复杂：家中老母亲年初病亡，原来一起生活的 40 多岁的残疾姐姐因无生活依靠而嫁人。这是对凌某刺激很大的两起负性生活事件，觉得自己没有在母亲面前尽孝，又无力照顾残疾的姐姐，因此十分愧疚和自责。凌某哥哥亦曾经在监狱服刑过，目前已刑满释放在家务农。

4. 个人成长经历。谈话中了解到凌某小时候因为调皮经常被父亲打骂，曾经有一次被父亲追着满村跑，最后躲到奶奶家里才逃开父亲的追赶。小时候父母关系不好，母亲也时常被父亲打，曾经目睹母亲企图撞墙自杀。

（二）心理和行为日常观察

1. 人际关系状况。从分监区警察的教育谈话过程中了解到，凌某比较沉默寡言，性格内向。同犯反映凌某比较孤僻，不愿与人交往，脾气古怪，平时极少与人沟通。

2. 改造表现。改造表现差，绝食、自杀、抗拒改造。从档案中了解到，凌某在看守所期间有过自杀行为。

3. 心理和行为观察。通过多次访谈，心理咨询师了解到凌某性格内向，遇事易激动，情绪不稳定、低落，会说谎，有掩饰的倾向，侥幸心理重，自我约束力极差，社会成熟度低。

（三）改造诉求

1. 个体诉求。刑期长，想要多加一点分数，早日减刑；说自己有心理问题，做事容易走极端，要看心理医生。

2. 应对方式。某年某月某日，凌某向所在分监区递交了三封信，称要有关单位和部门批准其减刑，否则就要绝食自杀。随后各级领导找其谈话，了解到的情况与信件内容描述一致：凌某表示自己思想压力重，无法在监狱改造，要减刑以尽快回到社会。凌某反复强调自己已经知道错了，知罪悔罪，为什么不可以给他机会、换种方式进行惩罚。否则他只有死路一条。

（四）医学检查与诊断

医学检查结果凌某没有心脏、血压等方面的疾病，肠胃功能有点紊乱，进食困难，身体无其他严重疾病。

三、自杀危机评估

（一）心理健康状况评估

1. 人格特征评估。COPA-PI 测试报告较异常的因子。

P1：外倾 30 分，人格明显趋于内向，好静，孤僻不合群。交际能力差，交际面窄，朋友少。与人相处、合作的能力弱，社会环境适应慢。

P3：同情 21 分，明显缺乏同情心。不易被感动和体察别人感情，缺乏责任感，不同情弱者、不关心帮助他人，不近人情。

P4：从属 32 分，凡事很有主见，独立性很强。根本不依赖或受制于他人，也不受社会压力的约束。从不轻易改变或抛弃自己的主见。

2. 身心健康史评估。自杀企图史：有自杀观念，在看守所有自杀行为；药物滥用史：有吸毒（K 粉）史；不良嗜好史：经常酗酒；身心障碍与躯体疾病：失眠，经常无法入睡，肠胃功能紊乱，身体健康状况差。

3. 心理健康水平评估。SCL-90 测试结果显示，阳性项目数 52 项，总分 196 分，总均分 2.178，阳性症状均分 3.04 分，考虑筛选阳性。凌某在躯体化、强迫症状、人际关系敏感、焦虑、抑郁等因子均分都超过 2 分，提示存在中等程度的焦虑抑郁，并伴随着一定的躯体化、强迫症状和人际关系敏感。

4. 家庭状况评估。家庭经济状况差，没有稳定的收入来源；其哥哥曾经也在监狱服刑过，目前已刑满释放在家务农。小时候父母关系极为紧张，其父经常有家暴行为，父亲早期灌输混乱的家庭观，认为凌某的出生是个"错误"，因而对他的成长疏于管教。凌某未婚，无子女，无固定职业。

5. 应对方式评估。采用肖计划编制的应付方式问卷，测试报告较异常的数值有：自责 0.74，退避 0.54，幻想 0.53。结果显示，凌某常采用自责、退避、幻想等消极应对方式。这与凌某提出减刑回社会和选择死路的要求相一致。

（二）应激状态评估

1. 自杀风险评估。凌某感到强烈的无望和绝望，感到哀愁与忧郁，对于喜爱的活动缺乏兴趣；言谈过程透露出自杀的想法，不重视自身外表；近期经历重大负性生活事件，年初母亲去世；出现强烈的罪恶感或羞耻感，感觉对不住家人。

2. 与自杀相关的高危特征。行为特征：有药物滥用史，吸食毒品和精神药品；情感特征：无望感、绝望感；社会特征：丧失了社会身份，失去了对生活的控制；认知特征：非此即彼，以偏概全。

3. 愤怒情绪状况测评。愤怒情绪强。外部原因：自认为法院判决不公或量刑不当；内部原因：心情、情绪恶劣，心境郁闷、焦躁不安。

4. 焦虑、抑郁自评量表测评。GAD-7：13 分（0~21）显示中度焦虑症状；PHQ-9：24 分（0~27）显示重度抑郁症状。

（三）平衡状态评价

1. 危机前的平衡状态。凌某能运用日常的应对技巧和解决问题的能力来保持与环境间的平衡。

2. 心理危机的易感状态。心理不平衡出现（坐牢、母亲死亡）——无助和绝望感形成（漫长刑期，希望渺茫）——体验到受威胁、失落、恐惧和挑战感（自杀）——希望问题能被解决（希望引起监狱重视）。

（四）鉴定结论

1. 诊断依据。根据判断正常与异常心理的三原则，罪犯凌某的心理活动在内容与形式上与客观环境是统一的，也就是其抑郁焦虑情绪是由客观的负性生活事件引起的；求助者的知、情、意等心理过程是协调的，他的抑郁情绪和焦虑不安是一致的；个性是相对稳定的，性格内向、孤僻，其个性没有发生明显的改变。其表现程度持续的时间较短，目前持续了 2 个月；他的心理问题反应的强度十分强烈，但没有严重影响到思维逻辑；其社会功能受到一定的影响。从以上凌某表现出的症状、症状的严重程度、病程时间来看，可排除神经症和重型精神疾病。

2. 诊断结果。根据自杀危险性、改造表现情况、家庭与成长环境以及各种评估结果，确认为拘禁性情绪反应，属于一般性心理问题。

3. 干预重点。凌某入监后，逐渐对家中产生愧疚感，由于刑期长，对自己今后服刑生活感到茫然，所以该犯内心不安，表现出一定的焦虑情绪，心境不稳，自暴自弃思想严重，一旦与他犯发生激烈的矛盾、冲突，或出现家庭变故，不排除该犯又会产生自杀的想法，故凌某有潜在的自杀危险。帮助凌某克服焦虑抑郁情绪，让他学会控制自己情绪，是解决其心理问题和情绪困扰的关键。

四、保护因子

（一）制定危机突处预案

1. 尽速赶到现场。

（1）危机处理人员（主要是现场执勤警察）在接获消息后，应在最短时间内赶到现场，并在现场作初步心理安抚与说服工作。

（2）尽速报告监狱危机处理小组或相关负责单位。危机处理人员应一面向上级反映情况一面赶到现场，并抓紧获得其他支援的时机与信息。

（3）危机小组立即分配任务。指定人员坐镇指挥中心，同时应尽速指派心理危机干预人员赶赴危机现场开展心理劝导和危机干预。

2. 资料收集与证据固定。

（1）在心理危机干预人员赶到现场的同时，其他危机处理人员则需要收集有关罪犯的个人信息资料，包括罪犯最信任和最喜爱的重要他人，如有可能则联络他们赶到现场协助处理。

（2）指挥中心及时获得当时监控录像采集，现场执勤人员应及时开启执法记录仪采集录音录像资料，并保存完整资料。

（3）现场要准备好相关的书面资料，如询问笔录、家属谅解书、现场动态书面资料等。

3. 现场处置。

（1）在现场，心理危机干预负责人在安抚与说服罪犯的同时，也可视当时的情况，带领自杀者的重要他人（分管警察、信任警察、重要领导甚至同犯等），介入安抚及说服的过程。心理危机干预负责人要教导有关人士如何介入、安抚及说服。

（2）根据现场状况的必要性，由对外联络小组负责通知家属或监护人（有时候罪犯并不希望让家人知道，因此如何通知其家人，又能让罪犯有信任感和避免进　步刺激罪犯，则需要一定的技巧）。

（3）说服过程。应尽一切可能稳定罪犯的情绪，结合各方面的力量说服罪犯放弃将自杀作为最终目标（建议拟一个防止自杀指南以说服自杀者）。

（4）在说服的过程中，联系有关单位准备相关的支援，例如通知救护人员及救护车做好准备等。

（5）除去危险工具或设法让罪犯远离危险工具或环境。

4. 结果情形。

（1）说服成功，罪犯放弃自杀。检查罪犯是否受伤。若有，则立即给予医药支援；若无，则安排心理健康辅导中心提供适当支援。

（2）说服不成功，但罪犯存活。进行跟进措施，即检查罪犯生理状况，是否有受重伤，是否需要送院就医；若罪犯无受伤，则劝导和陪同罪犯回到休息地点，心理辅导人员及时跟进安抚其情绪、了解罪犯的困扰，适当地了解罪犯自杀的动机，并安排适当的陪伴及介入辅导，以避免罪犯再次尝试自杀。

（3）说服不成功，罪犯自杀身亡。危机处理小组立即开展善后工作；通知罪犯的家属；做好面上教育工作。

本部分工作内容可进一步参阅专题一的相关内容来开展。

（二）心理危机干预

危机干预是一种特殊的心理咨询过程，心理咨询的基本技术如倾听、共情、提问、情感反应是必要的。心理危机干预的基本思路是：

1. 咨询师保持倾听和关注，为求助者提供心理支持。

2. 提供疏泄机会，鼓励求助者表达内心情感。

3. 咨询师解释求助者的目前处境，使求助者看到希望，建立自信。

4. 咨询师指导求助者调用各种资源，有效应对危机。

心理危机干预流程如下图所示：

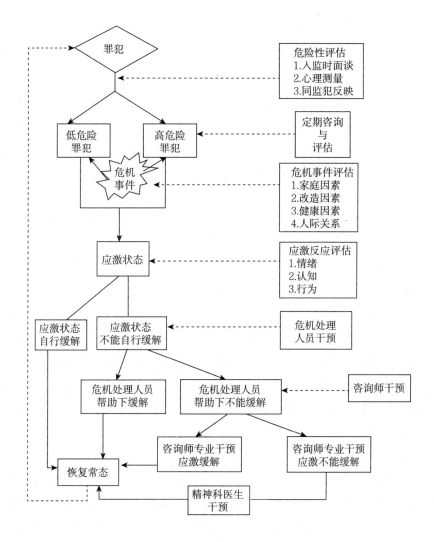

图 7-6　罪犯危机干预计划指导流程

（三）防范罪犯近期内可能出现的自杀行为

1. 企图自杀史。凌某在看守所期间和近期都有过自杀的行为，所以其自杀发生的可能性很高。自杀行为可能是该犯的一种应对方式。如果导致罪犯采取自杀行为的原因没有解决，罪犯有可能再次采取自杀行为。

2. 有家庭精神病史或自杀史。家庭成员间行为模式无论是从社会学还是心理学的角度来看都会相互影响。凌某记忆中母亲因受其父打骂而采取以头撞墙的自伤、自杀行为，对其产生影响。

3. 有自杀言论和反常举动。平时要特别注意凌某的一些特别举止与言行，如自诉想死、交代后事安排、清理东西送人、收集与自杀有关的信息与工具、病情突然好转、表现出过分合作、收藏绳带或利器行为、截药和储药行为等。

4. 精神症状加重或出现反复。如出现严重的抑郁情绪影响行为、命令性幻听妄想、对任何事情失去兴趣、回避与人交往、坐立不安、频繁上厕所等。

5. 近期内有重大的压力及创伤事件。如自己犯罪坐牢，母亲死亡、自己无法尽孝。

6. 社会支持系统缺乏。家人及亲友是罪犯重要的社会支持系统，也是罪犯处理危机的生命线，社会支持系统缺乏者自杀的危险性会大大增加。为此，监狱专门安排凌某的哥哥来会见。起初，凌某表现为极度不配合，不肯起床，躲进被窝，不睁眼、不开口说话。后经过多次劝服教育，凌某才愿意与其哥哥会见，哥哥的会见给予其很大的心理支持。后凌某自诉："您们对我的教育和关心像亲人一样，您们的工作对我来说已经到位了。我真不想给您们添一点麻烦，我想了很久，自残、自杀等都会给您们带来麻烦。其实我也想好好改造，监狱有这么好的改造环境，加上监狱是人性化管理，警官又像我们亲人一样，可是我大脑里放不下悔恨中的痛苦，特别是会见时看到家人哭，我比死还难受。"

（四）保护措施

1. 严格执行安全制度。加强联号管理，专人负责监视，一分钟观察巡查该犯一次，始终把凌某置于视线之内，有异常情况立即报告；夜晚护监密切巡视，需班班交接、记录完整，不准其蒙头睡觉；保证环境安全，清除一切可能用作自杀工具的物品，如刀剪绳索、玻璃制品、各种药物等；生活设施确保安全，管理好门窗，严密监护凌某的行动，防止高空攀爬；安排凌某下铺休息睡觉，防止从上铺坠落自杀。

2. 生理方面的护理。协助凌某，满足其如个人卫生、饮食、睡眠、排泄等用药安全，绝对保证他遵医嘱服药，重点检查有无藏药行为。

3. 支持性心理护理。在真诚、尊重、接纳、共情和支持罪犯的基础上，经常了解他的感受，给予心理疏导。告诉罪犯现在的痛苦是暂时的，不会总感觉像现在这样，其他像你一样的人通过治疗和药物都获得了帮助而好转。

鼓励凌某表达自己的负性情绪，训练他学习新的应对方式，教会他在无能力应对时如何求助，如告诉心理咨询师"我再也坚持不住了"，而不是采取自杀行动；提供和利用社会支持，充分动员和利用社会支持系统帮助他战胜痛苦，增强对抗自杀的勇气。

五、干预计划与干预目标

（一）干预计划

1. 咨询第一阶段：①时间：三周（每周 2 次）；②干预方法和技术：使用心理危机干预六步法；③目的与效果：为罪犯凌某提供心理支持；提供宣泄机会，鼓励凌某表达内心感受；解释其目前处境，使凌某看到希望，建立自信；咨询师指导凌某调用各种资源，有效应对危机；④咨询过程：详见下文"技术运用（一）"。

2. 咨询第二阶段：①时间：三周（每周 2 次）；②干预方法和技术：利用焦点解决短程治疗干预技术；③目的与效果：了解自杀罪犯凌某的相关境况；发掘自杀罪犯潜在的价值和有益之处；帮助自杀罪犯应对特殊情况；使自杀罪犯跳出自杀概念怪圈。④咨询过程：详见下文"技术运用（二）"。

3. 咨询第三阶段：①时间：一天；②目的与效果：在面临创伤的种种表现时，通过心理抚慰手段尽可能多地找出罪犯的症结之所在，以帮助和辅导凌某直至其康复。③干预方法和技术：利用哀伤辅导干预技术；④咨询过程：详见下文"技术运用（三）"。

（二）干预目标

1. 短期目标。

（1）通过倾听、共情、提问、情感反应等摄入性谈话技术，宣泄凌某被长期压抑的情绪。

（2）让凌某了解自身问题的性质、成因，改变"一切都是自己的错"的错误观念。正确理解和认识危机的发展过程，让凌某认识到"自杀"并不是问题解决的唯一途径。

（3）通过一系列短期学习与培训，让凌某掌握焦点问题解决的一些技巧，给凌某提供积极应对方式和成熟的心理防御机制。

（4）通过社交培训与指导，使凌某逐渐能够主动与人接触、交谈和交往，并建立新的社会交往关系和环境。

2. 长期目标。帮助凌某克服焦虑抑郁情绪，并引导其树立自信心，逐步完善人格，建立并巩固新的认知结构，增强社会适应性，为回归社会打好基础。

六、技术运用

自杀危机干预是心理危机干预的一种形式，也是一种特殊的心理咨询过程。所以采用的技术既包含心理咨询的一些基本技术如倾听、共情、提问、情感反应等，也包含针对自杀危机干预所运用的特殊技巧如焦点问题解决、哀伤辅导、家庭系统排列、策略性问题解决等。在干预过程中不应是单纯使用某种技术。

（一）运用心理危机干预六步法干预罪犯自杀危机

心理危机干预的基本思路是：咨询师保持倾听和关注，为求助者提供心理支持；提供宣泄机会，鼓励求助者表达内心感受；咨询师解释求助者的目前处境，使求助者看到希望，建立自信；咨询师指导求助者调用各种资源，有效应对危机。

心理危机干预通常来说没有固定程序，但六步干预法可作为心理危机干预的指导性步骤。

1. 确定问题。

一般性心理咨询的开始阶段，咨询师需要保持一份好奇心，即要主动探究是什么原因使得求助者产生自杀自残行为。心理危机干预的开始，咨询师同样需要从求助者的角度，确定和理解求助者本人所认识的问题，了解求助者目前的心理处境。

在本案例开始阶段，咨询师使用一个开放性提问来确定凌某面临的问题。

咨询师：昨天发生了什么，使你产生了要自杀的想法和打算？

凌某：我不知道自己怎么了，经常会出现这样的想法。坐牢了，刑期这么长，现在三十多岁，等到刑满释放出去也是老头子一个，没什么用了。我不知道自己能否在监狱中熬过。我努力想变好，但是这真的很难，我已经很努力了。我活得很累、非常累。

咨询师：那还有其他让你感到困惑和纠结的事情吗？

凌某：小时候父亲经常打骂我，一直是母亲保护着我，母亲是我精神上的支柱。现在母亲离我而去，我都不能给她送终，是我害了母亲，入狱前她身体都好好的。

在这段对话中，咨询师确定了凌某目前面临着两个主要问题：一是面对长期监禁罪犯产生的焦虑和抑郁情绪，对今后改造看不到希望；二是对母亲的去世怀有深深的愧疚和哀伤。

2. 保证求助者安全。

生命第一是自杀危机干预要遵守的首要原则。在危机干预过程中，咨询师要始终高度关注求助者的安全，把求助者的生理、心理危险性降到最低。为此，咨询师在确定求助者面临的主要问题之后，要对求助者的自残、自杀或伤害他人的冲动加以评估，必要时可采取措施确保求助者的安全。

本个案评估过程如下：

咨询师：如果给自己的这个自杀冲动打一个分，0 分是没有任何冲动，100 分是冲动强烈到了极点，完全不受自己控制。那昨天上午，你打碎玻璃，用玻璃割自己手腕时自杀冲动可打多少分？

凌某：95 分。

咨询师：哦，当时的冲动已经很强烈了。但即使那个时候，其实自己并没有完全放弃生的愿望。我想知道剩下不愿放弃生命的 5 分是什么？

凌某：我想到了母亲，我不能想象她在天之灵知道了我干这种事后会怎样。

咨询师：那个时候你想到了母亲，你觉得对不住她，是吗？

凌某：是的。

咨询师：我想知道，此时此刻，在我们这个咨询室里，如果再给你的自杀冲动打分，会是多少呢？

凌某：50 分吧，我这会儿感觉比较平静。

在心理咨询与治疗技术中，让求助者对自己的情绪或冲动进行评分，是一种非常直观、有效的心理评估技术。在本个案中，通过评估我们知道，凌某此时心理状况是基本可控的，凌某在咨询期间再次选择自杀的可能性较低。有了这种确信，我们可以让自己的情绪有一定的松弛，不是总处于高度紧张的状态，并能够对该犯的更深层次心理继续加以了解与关注。

3. 给予支持。

这个步骤主要强调咨询师要通过与求助者进行沟通与交流，建立起良好的咨访关系，使求助者感到咨询师是完全可以信任并且能够给予其关心和帮助的人。

在本案例中，确定凌某目前自杀冲动在可控范围内之后，咨询师继续保持对他的关心和倾听，用开放的问题具体询问凌某近期主要的经历和心理困难，使其产生倾诉的欲望。凌某愿意倾诉，说明其状况正在发生好转，同时倾诉本身也是一种情绪疗愈的过程。

凌某对咨询师表现出了较强的信任感，同时向咨询师述说了和同犯交往时的很多困惑。凌某多次说到希望自己做一个善良的人，努力对每一个人都好。咨询师对他的这个愿望表示了肯定和认可，也对其在人际交往中感受到的委屈和无助给予了理解与共情。

凌某又讲述了自己并不能被身边的同犯理解，只能封闭自己，不主动跟他们交流，隐藏了很多难以言说、别人都不可能懂的情感，现在终于找到了一个可以倾诉的地方。

通过倾听和交流，咨询师和凌某逐渐建立并逐步加深了信任的咨访关系，使其感到有一个人是真正关心并且愿意去理解他的，而这种体验是其在日常服刑生活中很难经历到的。

4. 提出并验证变通的应对方式。

处在心理危机中的个体思维狭窄，看不到每一个问题其实有许多种应对的方式。咨询师应让求助者知道还有许多变通的应对方式可供选择，其中有些选择比目前自己已知的更合适，自杀不是唯一的解决途径。帮助求助者可以通过以下应对方式来解决问题：

（1）环境支持。充分利用环境资源，鼓励求助者融入群体，让求助者知道哪些人现在或过去都能关心自己、帮助自己。

（2）采用各种积极应对方式。这里的积极应对方式是指求助者可以用来应对当前危机的行动、行为或环境资源。

（3）使用建设性的思维方式。改变求助者对问题的看法并减轻应激与焦虑水平。

（4）最终确定能实现处理其境遇的适当选择，使凌某发现"柳暗花明又一村"。

在本案例中，咨询师通过凌某的面部表情、语音语调、身体动作等信息，了解到他有严重的抑郁情绪。临床上，抑郁情绪达到一定的程度就会发展成抑郁症，即显著而持久的情绪低落，并伴随认知功能受损和躯体症状，严重的常有自杀企图，并促发自杀行为。经凌某的同意，咨询师用抑郁自评量表PHQ-9进行测查，结果为24分，表明凌某目前处于严重的抑郁状态。

咨询师进而向凌某提供抑郁状态的有关信息：

（1）目前的自杀冲动是严重抑郁的表现，而抑郁情绪作为一般性心理问题是可以治愈的。

（2）这个世界上有很多的抑郁患者，为了治愈他们，科学家已经找到了很多治疗方法，包括心理治疗和药物疗法。

在心理咨询过程中，尽量避免对凌某的心理问题"贴标签"，告知其有抑郁倾向而非抑郁症——"类抑郁症"。但在本案例中，"类抑郁症"诊断结果显然有利于引导凌某从关注自杀转向关注抑郁问题的解决。因为在此之前，凌某对自己的痛苦绝望并未有明确归因，他"不知道自己怎么了"，所以想要解决这种心理处境也无从下手，似乎自杀成了唯一的解脱之道。当确知自己得了"类抑郁症"，他的眼前就像出现了一个可与之战斗的敌人，同时也就随之产生了对胜利的想象，这种想象就是希望。

咨询师了解到凌某在此之前从未有过向专业的心理医生求助的经历。根据其目前的严重程度，咨询师建议他配合一定的药物治疗，同时辅以心理咨询。凌某问咨询师如果选择药物会不会有副作用、服用药物会有哪些可预期的效果等问题，咨询师进而为其提供了更多的抗抑郁药物的疗效信息。

在此，我们可以看到凌某已表现出了更多的走出目前心理困境的希望，也能确定凌某已明白除了自杀还有其他更理性的走出目前心理困境的方式。

5. 制定计划。

在这个环节，咨询师要和求助者共同制定行动步骤，来矫正求助者情绪失衡的状态。在本案例中，凌某接受专业诊治的同时需要有家人的支持和配合，监狱为此特意联系到其哥哥。咨询师与其哥哥沟通了凌某目前的处境和接下来的安排，得到其哥哥的积极配合。

咨询师向凌某强调现在最重要的事情是尽快让自己的抑郁状态得以缓解

并恢复正常，并明确了以下安排：

（1）到监狱医务所住院并诊治。

（2）根据医生的诊断，进行药物或心理治疗。

（3）凌某如果情况好转后可以回到分监区正常劳动，同时可以去监狱的心理咨询中心接受心理辅导。

到监狱医务所住院治疗，这会让凌某感受到转介是一种负责任的更好安排，而不是对他的弃之不顾。这对低自尊、高敏感的人尤为必要，同时也是对将来有可能需要延续的咨访关系的一种保护。

6. 得到保证。

回顾有关计划和行动方案，并从求助者那里得到诚实、直接的承诺，以便求助者能够坚持实施为其制定的危机干预方案。这个环节较为简单，在本案例中凌某向咨询师保证不会再轻言自杀。"我想了很久，自残、自杀等都会给警察和自己带来麻烦，我也不想这么做。"

★技术运用思考：

心理危机干预六步法是一种操作性很强的方法，但具体应用时咨询师不能完全程式化。我们在做本案例的干预时，虽然没有提前按照这六个步骤设定好干预程序，但危机干预的过程和六步法的步骤是基本吻合的。这就像所有的心理干预技术一样，所谓方法更多是为我们指出了一种切入点、一种提醒，而不能生硬地将它们套用在充满流动性和未知性的心理干预过程中。

有学者曾贴切地将心理危机干预比作医院的"急救室"，这揭示了及时性是心理危机干预的重要原则。遭遇心理危机一般会有四种结果，即顺利度过并获得成长、度过危机但留下创伤、陷入危机从而形成神经症或精神疾病、以自杀结束危机。在本案例中，及时的心理危机干预主要目标是阻止自杀行为，而在更多案例中危机干预则是为了使求助者避免因陷入危机而形成心理疾病。

在日常心理咨询实践中我们常常发现，求助者的心理疾病一般都不是短时间形成的，许多个案的心理疾病都是源于他们成长过程中曾经历过一次严重危机事件，因历时已久，心理危机导致的创伤性体验已弥散至其人格里面，延至此时的心理疾病若要得到彻底的治愈就显得尤其困难。

如果在心理危机最初发生时，求助者就能得到及时的专业帮助，那么他们就有更多的机会在心理咨询师的陪伴与帮助下度过最艰难的时日，顺利从心理危机走出来并获得成长。

另外，危机干预还需要注意若干原则：①引导求助者及时、有效地接受帮助；②帮助求助者有所作为地对待危机事件；③向求助者提供必要的信息；④不要责备他人，以防止求助者责备他人去承担责任，采取消极回避的方式。

（二）运用焦点解决短程治疗干预罪犯自杀危机

抑郁是自杀罪犯最常见的心理特征。罪犯面对高墙电网、面对失去自由且严格约束的监狱生活、面对漫长的刑期等，让个别罪犯感到前途无望，加之思亲念家、负性生活事件以及家庭变故等引发其悲观绝望，抑郁倾向越发严重。严重抑郁而自杀的可能性比其他任何一种疾病都大，很容易使人实施自杀而"解脱"自己。而焦点解决短程治疗干预严重抑郁自杀罪犯有其独到之处。具体做法是：

1. 通过开放式提问、刻度化提问等了解发现自杀罪犯的相关境况。

（1）开放式提问。本案例中，咨询师发出"你在这以前做了些什么，从而减少抑郁对自己改造生活的影响"等问题，进一步发现凌某也曾一度与有关"越不过的问题"进行了有力的抗争，对此咨询师对凌某及时进行回应与赞赏。同时咨询师再次发问："尽管你似乎感到悲伤绝望，有哪些事仍然是值得你去做的？"凌某经过回想说出他服刑改造、与家庭联系等诸多事情，从而发现仍然有不少有意义的事值得去做。

（2）刻度化提问。刻度化提问是一种针对性和实效性非常强的方法，也是焦点解决短程治疗干预罪犯自杀不可缺少的一项技能。刻度化提问能够及时有效地帮助自杀罪犯，特别是那些不善于表达、不愿意表达以及聋哑犯等语言表达受限的罪犯，能够帮助他们有效地进行自我评估，查找了解自己目前的情绪状况以及认知状态。监狱心理咨询师利用"在1~10的刻度上，如果1代表我会选择自杀，10代表我可以安心服刑、开心地活着，你觉得你现在可以打几分""你最差的时候打几分""如果要提高1分，需要做些什么"等刻度化提问，进一步把罪犯拉回到现实中，感受那些美好的境遇，不断促进罪犯向着积极的方面改变。

2. 保持尊重和好奇心，发掘自杀罪犯潜在的价值和有益之处。本案例中，咨询师自始至终都对凌某保持着尊重，对他的事情保持着应有的好奇心。咨询师这种正向立场或许能够悄然带动凌某发生细微改变，慢慢积少成多、集腋成裘，让凌某能够从他艰难的服刑改造生活中发现这么多有意义的事，也能够从抑郁状态中找到自己一直未发现的潜在价值，从而发展出用新眼光看待"越不过的问题"。比如，告诉凌某"你还年轻，等刑满释放后还是很有希望的""改造中可以学到很多你在社会上学不到的东西"等；还可以列举罪犯刑满释放后利用监狱学到的本领，开创自己事业的真实例子，促进罪犯看到希望。

3. 引导自杀罪犯探寻并建立"例外"情形。一个罪犯如果说他非常抑郁，从另一个角度看，这个罪犯以前一定有着十分开心的时候，因为只有比较才能发现自己不同的情绪状态。心理咨询师在了解罪犯抑郁状态的同时，充分利用发掘、强化他们抑郁状态中的"例外"情形，然后慢慢应对、回应并挑战罪犯的"抑郁"世界观，一直到他们能够对那些自认为"越不过的问题"看法更加全面，能够一分为二地去看问题；既看到问题糟糕的一面，也能够看到问题好的一面。本案例中，心理咨询师利用抑郁康复焦点解决评定量表，和凌某一起分析，并引导他从中挖掘适合自己的"例外"情形，并督促、监督他在随后的咨询中如何发现自己的相关能力以及如何积极地去创造并积累改变。

焦点解决短程治疗颇为重视发掘自杀罪犯的"例外"情形，尽可能拓展罪犯改变的可能。"例外"是描述与问题发生不一致的状况，这和叙事疗法上的"特别的结果"非常相似。实际上，就算是一个人在生活中遭受再大的困难，也不会是永远的、一天24小时甚至是一周7天一刻不停地遭受困难，总会有"例外"的情形。它本质上代表着一种期待，一种寻求建构解决的方法。如果自杀被罪犯当作一种面对问题的解决方法，"例外"就像是在"问题盔甲上敲出的一道裂缝"，提供了另一种解决问题的可能选择。譬如，问自杀罪犯"最近你什么时候有过从痛苦中出来感到片刻好转的时候""当你不去考虑自杀这个问题的时候，你觉得和现在有什么不同"等。

4. 帮助自杀罪犯制定危机反应计划或卡片应对特殊情况。心理咨询师要和抑郁罪犯一起，为罪犯自杀危机制定相关危机反应计划，制作好危机应对卡片。通过危机卡片的帮助，一旦罪犯遇到一些特殊情形想不开时，能够做到及时查找危机应对卡片，寻找自己有哪些资源以便及时自助，以及寻找哪些人寻求帮助等，从而起到及时补救作用。

5. "奇迹提问"帮助自杀罪犯跳开问题看解决方案。奇迹提问是焦点解决短程治疗的核心方法。就本质而言，它是一种想象和创新的方法。奇迹提问直接切入自杀罪犯的问题重点，让自杀罪犯去想象没有当下问题时的未来状况，进一步引导罪犯"从陷入问题的思考向解决问题的思考"的戏剧化转变。自杀罪犯要想回答咨询师提出的奇迹提问，就不得不去想象。随着按照奇迹问题引导的想象不断推进，自杀罪犯就能够在潜移默化中，在日常服刑改造生活里悄然产生渐进性的积极改变。

咨询师：假设有一个奇迹发生，你的问题都消失了、都解决了，你会发现事情有什么不一样？

凌某：那我心情会一阵轻松。

咨询师：你注意到的第一件事情是什么？

凌某：会和其他同犯一样，能够跟他们一起沟通交流了。

这样一来，帮助凌某不断探索"奇迹画面"，进一步推动自杀罪犯跳出貌似"死胡同"的概念怪圈而寻找新的解决方案。

6. 布置"家庭作业"，进一步巩固罪犯已经发生的变化。布置"家庭作业"是心理咨询师对自杀罪犯每次干预后，给其提供一些反馈建议以及下一步应做的事情。焦点解决短程治疗经常使用的"家庭作业"是"焦点解决第一次格式化任务"，即咨询师通常提出建议作业，如"在这次和下次我们见面之间的这段时间里，注意在你生活中发生的那些你希望继续的事情，并做好记录"。提供这样的建议作业，有助于促进当事人建构起一座"穿越问题的桥梁"。

有时候，咨询师还可以建议罪犯多关注那些意外的情形。同时，向罪犯强调"一切都会过去的"，这并不是他们生活的全部，从而进一步警醒那些自认为已经被压垮或者被消极情绪包围的罪犯。这一方法常常是非常有用的。

★技术运用思考：

以开放性提问对罪犯开展摄入性会谈。开放性提问是和封闭式提问相对应的，是一种没有单一答案的提问。焦点解决短程治疗干预罪犯自杀，主张多运用开放式提问来开展摄入性会谈。很多罪犯自杀都是自认为实在是无路可走了，而把自杀作为"解脱"的一种方法，而不是一个实际目标。针对自杀罪犯，监狱心理咨询师通过开放性提问，通过查找有助于制止罪犯自杀的有效资源，引导当事人探讨自杀不是唯一解决问题的方法，并尝试发现可替代的问题解决方案以及达到目标的新路径，从而助推自杀罪犯获得价值感而开启新生。

利用语言转换和发掘"例外"，拓展罪犯改变的可能。焦点解决短程治疗非常重视语言的转换，通过逐渐的、一点一滴的语言上的转换，慢慢抵消自杀罪犯对自己以及有关问题的消极看法。比如，自杀罪犯最常说的一句话是"我已经看不到任何出路"。这时候心理咨询师应该迅即作出反应："只是到目前为止，你还没有看到任何出路"。这看似是一个简单的回话，实际上咨询师的回应既精准又及时地与罪犯进行了共情，尤其是悄然中把自杀罪犯自认为那种永久的、不可改变的状态调整为只是在一个时间段上（即只是到目前为止）的状态。

及时觉察罪犯优势并赞赏鼓励。焦点解决短程治疗经常利用许多直接和间接的赞赏，着力凸显和强化自杀罪犯的优势和有效资源，这对于一个由于自杀而陷于消极与自我诋毁状态的罪犯来说，影响的意义不可估量。对当事人的正向理解、判断以及积极意图等，咨询师可以直接回应并作出赞赏。对自杀罪犯以前能够那么长时间忍受痛苦，咨询师可以通过"你是怎么做到的""你是怎么面对的"等进行间接赏识，以洞察其具有的能力。有时候咨询师还可以运用抬眉、睁大眼睛以及表达出渴望得到更多信息等非语言形式，对罪犯的勇气、不屈不挠与问题抗争等表达出应有的欣赏。

（三）运用哀伤辅导干预罪犯自杀危机

凌某母亲年初生病去世，给他带来极大伤痛。母亲在凌某的感情中是一个重要精神支柱。心理咨询师重在探讨和研究罪犯凌某在面临伤痛时的种种表现，尽可能多地找出凌某的症结所在，以帮助和辅导凌某直至其康复。危机干预具体过程如下：

1. 通过摄入性会谈，了解其改造生活情况。

咨询师：你对这次服刑，有何感想？

凌某：非常后悔，对不起家人，特别是母亲。自己坐牢了，母亲去世都不能给她送终。是我害了母亲，我入狱前她身体都好好的。

咨询师：我能理解你的心情，本来母亲是你生活的精神支柱，现在她去世了，你感觉母亲去世与你有关，是吗？

凌某：是的，都不敢去想。家里还有残疾的姐姐，以前我们感情都很好。姐姐原来都由母亲照顾，现在不得不嫁人，也不知生活情况如何。可能受人欺负吧！

咨询师：是啊。你也有可能要面对其他同犯遭遇过的不幸，比如身患疾病、家庭变故、改造不顺、财产丧失等。假如在你的生活中遇到类似事件，你如何面对呢？

凌某：我不知道。如果真有那么一天，也是没办法的事情，坚强面对吧。

咨询师：你会如何表现出自己的坚强呢？

凌某：做好每天的事，尽量不去胡思乱想。

咨询师：嗯，转移注意，可以暂时缓解一下不好的情绪。

（任何人都有可能成为重大负性生活事件的当事人，要做好最坏结果的心理准备）

2. 预见应对：模拟最坏的情境，评估凌某的应对方式。

咨询师：假如这里有一个同犯，他的生活中正好遭遇到我们刚才说到的不幸，他最关心的、唯一的亲人去世了，悲痛欲绝。你就在他身旁，你会怎么做？你希望他怎么做？

凌某：我会陪伴他，拉着他的手，鼓励他坚强点。希望他能尽快从悲痛中走出来，不因这个不幸而影响自己的改造。

咨询师：嗯，谢谢你。我想你一定能帮助到更多的同犯，也相信你一定能积极地应对自己生活中的挫折。

（与当事人的不幸相联结，模拟更具体的应激情境并强化凌某的积极思维）

3. 正视现实，宣泄负面情绪。

（1）安排家属会见：经监狱特殊批准，安排其哥哥过来会见，起初凌某几次拒绝会见，在分监区警察多次劝服教育下，该犯才尝试与哥哥会见。谈话中，凌某多次问哥哥母亲去世时的情况，问母亲有没有留下什么话，问姐姐目前生活情况如何等。

（2）哀伤处理：约十分钟后，当事人情绪稍微平缓，咨询师介入。

咨询师：请大家就座，这个事是我们所有人都不愿意相信的，可是又不得不相信。(咨询师把手搭在凌某左肩上)凌某,我能体会你现在的心情,请原谅我打断你哀伤的情绪。现在,在你的对面有一把椅子,请你闭上眼睛,用心想象一下,母亲就坐在这里,表情平和地看着你,你能看到她吗?

凌某:我能看到,她很难过……

咨询师:你想对她说些什么呢?

凌某:妈,对不起……(捂面痛哭)

咨询师:你是你母亲的希望,她相信你不会被挫折压垮,希望你在没有她的日子里,你能照顾好自己,对得住家人,有信心去改造,争取早日出去。

咨询师:你还有什么话想对她说吗?

凌某:妈,你有什么愿望,记得托个梦给我,你一个人生活,要好好照顾自己……

咨询师:你看到的她还难过吗?

凌某:我似乎看到母亲了,她微笑着走远了……

咨询师:好。请睁开眼睛,做一次深呼吸。

咨询师次日回访,倾听凌某的诉说,并与他商讨接下来的改造计划。同时,咨询师也获得凌某的承诺,如有需要一定会来求助咨询师,以获得心理帮助。

"监狱警官对我的帮助和关心像我的亲人一样,谢谢您们!我知道不能给您们再添麻烦。我也想了很久,自残、自杀会给警官们带来麻烦的,所以我不会采取这样的行为了。接下来我会好好改造,请您们相信我。"

★技术运用思考:

哀伤辅导一般是针对当事人在生活经历中受到外来打击导致的创伤而进行的辅导。个体受创伤的程度因人而异,但是如果创伤没有很好地得到解决,常常会引发心理疾患,将影响到当事人的正常生活和人际交往等诸多方面。本个案是因亲人死亡带来创伤,哀伤辅导中要重视探寻罪犯在面对创伤时的种种表现,要尽可能多地找出罪犯的症结之所在,以帮助和辅导罪犯获得康复。

七、干预效果

经过两个多月的心理危机干预,取得了一定的疗效。

（一）日常改造与行为观察

1. 情绪状态：凌某从悲伤、无力、绝望、沮丧的状态当中走出来，神情变得轻松，脸上的笑容多了起来。

2. 认知方面：对自身有了更多的良好认知，能看到自己身上的优势资源以及不足之处，对未来更有信心，消除了自杀念头。能认识到自己的所作所为会给他人带来的影响和可能产生的不良后果，决定在今后的生活中多做善事和好事，不做坏事。面向未来，时刻提醒自己要"坚持"，并给自己设定小目标。凌某自诉："现在监狱、分监区政策很好，对自己如亲人，如果不明不白去自杀，对不起监狱和分监区警察。"

3. 行为表现：声音变响亮，更有自信心。生产效率提高，数月未发生违规违纪的现象。在处理与他人的矛盾冲突上有更好的应对方法，也能替他人考虑了。

（二）监区警察反馈

据监区包教警察反馈，在日常的改造中，罪犯凌某的整体情绪有所改善，趋于平稳安定，与小组同犯的关系明显改善，在生活及劳动中出现了主动帮助他人的好现象。每天陆续有少量进食，如牛奶、方便面、酥糖等。

（三）心理测评

心理测评数值如下：

焦虑症状（GAD-7）2分（0~21）；抑郁症状（PHQ-9）1分（0~27）。

测评结果显示其情绪恢复至正常状态。

案例涉及表格：

表7-5 罪犯的一般资料

监狱_____ 监区_____ 分监区_____ 检测员_____ NO. _____

姓　名		出生日期	
性　别		婚　姻	
出生地		宗教信仰	

续表

民　族		原职业	
文化程度		特长和爱好	
犯罪类型		刑　期	
犯罪次数		服刑次数	
精神病史		身体健康状况	
药物滥用史		家庭状况	
捕前经济收入		社会关系	
童年被虐待史		品行障碍	

表7-6　人格特征评估表

监狱＿＿＿＿监区＿＿＿＿分监区＿＿＿＿检测员＿＿＿＿NO.＿＿＿＿

姓　名	性　别	年　龄	刑　期

中国罪犯心理测试个性分测验（COPA-PI）			
内外倾		同情心	
情绪稳定性		自信心	
同众性		焦虑感	
冲动性		聪慧性	
攻击性		心理变态倾向	

报复性		犯罪思维模式	
信任感			
点评与建议			

表 7-7 身心健康状况评估表

监狱_____监区_____分监区_____检测员_____NO._____

姓 名	性 别	年 龄	刑 期
精神病史评估	有（　　） 无（　　） 如果是，列出内容和发病时间：		
当前精神药物治疗	有（　　） 无（　　） 如果是，列出最后一次的用量和时间：		
自杀企图史	有（　　） 无（　　） 如果是，列出自杀行为发生时间：		
精神病家族史	有（　　） 无（　　） 如果是，列出相关内容（与罪犯的关系及疾病名称）：		
躯体疾病史	是（　　） 否（　　） 如果是，列出内容和发病时间：		
药物滥用史	是（　　） 否（　　） 如果是，列出滥用药物时间：		
酗酒史	是（　　） 否（　　） 如果是，列出酗酒经历情况：		

续表

点评与建议

表 7-8 家庭状况评估表

监狱_____监区_____分监区_____检测员_____NO._____

姓　名	性　别	年　龄	刑　期
家庭收入			
经济状况			
是否单亲家庭			
虐待史			
家庭成员			
与父母关系			
夫妻关系			
亲子关系			
家庭主要矛盾			
危机情况联系人及联系方式			

点评与建议

表 7-9 罪犯心理健康水平评估

监狱_____监区_____分监区_____检测员_____NO_____

姓　名	性　别	年　龄	刑　期
躯体化			
强迫症状			
人际关系敏感			
抑　郁			
焦　虑			
敌　对			
恐　怖			
偏　执			
精神病性			
其　他			

续表

点评与建议

表 7-10　应对方式评估

监狱_____监区_____分监区_____检测员_____NO._____

姓名	性别	年龄	刑期

选用应对方式问卷进行评估	
解决问题	
自　责	
求　助	
幻　想	
退　避	
合理化	

点评与建议

表 7-11 自杀风险评估检核表

监狱_____ 监区_____ 分监区_____ 检测员_____ NO._____

姓名	性别	年龄	刑期

指导语：下列各题为一个人企图自杀时的可能反应。应对疑似为自杀的高危险个案时，请对以下条目逐项询问，并将符合的条目号圈上。

1、（ ）感到强烈的无望/绝望	11、（ ）在改造中的功能表现不如以往
2、（ ）自尊心非常低	12、（ ）从群体活动中退缩下来
3、（ ）感到哀愁与忧郁，并且对于喜爱的活动兴趣缺乏	13、（ ）从过去的经常性活动中退缩下来
4、（ ）酒类或药物的使用量较以往多	14、（ ）不重视自身外表
5、（ ）近期有经历失落事件或是与重要他人分离	15、（ ）精神集中感到困难
6、（ ）饮食、饮酒与睡眠形态出现戏剧化的转变	16、（ ）出现身体症状，如头痛或倦怠感
7、（ ）变得非常喜怒无常	17、（ ）强烈地出现罪恶感或羞耻感
8、（ ）突然变得沉静	18、（ ）出现暴力、敌对或反叛的行为
9、（ ）言谈过程中，透露出自杀的想法	19、（ ）近期曾接受精神科住院治疗后出院
10、（ ）对于死亡有预期性想法	

点评与建议
严重程度：轻（ ）   中（ ）   重（ ）

表 7-12　与自杀相关的高危特征简评表

监狱＿＿＿＿监区＿＿＿＿分监区＿＿＿＿检测员＿＿＿NO.＿＿＿＿

姓名	性别	年龄	刑期

行为特征	情感特征
（　）有药物滥用史，如吸毒、精神药品 （　）儿童期残害动物或纵火行为 （　）虐待配偶或孩子 （　）犯罪时使用暴力 （　）犯罪时使用性暴力	（　）无望感、绝望感 （　）无助感 （　）食欲减退 （　）睡眠障碍 （　）精神病性症状
社会特征	认知特征
（　）丧失了社会身份 （　）失去了对生活的控制 （　）失去了个人隐私、家人、朋友以及个人的尊严 （　）入狱引起的个人/家庭经济问题所带来的痛苦	（　）非此即彼 （　）以偏概全 （　）将遇到的问题归因于命运的安排，相信问题是无法解决的 （　）对困难常估计不足，或缺乏解决困难的技巧 （　）对人、对事、对己、对社会倾向于从阴暗面看问题，心存偏见和敌意
点评与建议	

表7-13　心理、行为症状评估表

监狱_____监区_____分监区_____检测员_____NO._____

姓名	性别	年龄	刑期

心理/行为症状	躯体症状
（　）与抑郁有关	（　）头痛
（　）与焦虑有关（神经过敏、焦虑、紧张）	（　）腹痛
（　）精神病性症状	（　）背/胸痛
（　）痉挛/意识改变	（　）其他疼痛
（　）人际交往问题	（　）虚弱/嗜睡
（　）自杀未遂	（　）发热
（　）暴力/冲动行为	（　）头昏眼花
（　）记忆问题	（　）体重减轻
（　）智力问题	（　）睡眠紊乱
	（　）头部外伤史

点评与建议

表 7-14　愤怒原因测评表

监狱＿＿＿＿监区＿＿＿＿分监区＿＿＿＿检测员＿＿＿＿NO.＿＿＿＿

姓　名	性　别	年　龄	刑　期

外部原因			

挫折	引起烦恼和激怒的人或事物
（　）需求挫折： （　）行动挫折： （　）目标挫折： （　）损失挫折：	（　）具体人物名称： （　）具体事物名称：

虐待行为	不公平
（　）言语虐待 （　）身体虐待	（　）自认为法院判决不公或量刑不当 （　）自认为警察处理不公平 （　）其他：

内部原因		
思维原因	感情原因	行为原因
评价：对某事物的积极评价（　） 　　　　消极评价（　） 期望：对生活、对工作、对别人、对自己的期望 　　　　高（　）低（　） 自我言语：无（　）有（　）消极、积极	紧张：（　）有　（　）无 心情恶劣：心境郁闷、焦躁不安	退缩：（　）有（　）无 敌对：（　）有（　）无

点评与建议